新时代中国经验

公众环境行为及其影响因素

彭远春 著

Research on the Public Environmental Behavior and Its Influencing Factors

社会科学文献出版社
SOCIAL SCIENCES ACADEMIC PRESS (CHINA)

本书为国家社科基金项目“我国公众环境行为及其影响因素研究”（项目编号：12CSH033）结项成果

总　序

一

中南大学社会学学科于1999年筹建，2000年招收首届社会学本科生，同年获社会学硕士学位授予权并招收硕士研究生；2003年获人类学硕士学位授予权，2005年获批社会学一级学科硕士点，2005年增设人口学硕士点，2010年获批社会工作硕士（MSW）学位点，2012年自主设置“社会政策与社会管理”交叉学科博士点，2017年底，获批社会学一级学科博士点，2019年社会学本科专业获批进入教育部“双万计划”。目前正在培养的学生类别有：社会学本科生、社会学（一级学科）硕士研究生与博士研究生、社会工作专业硕士生、社会政策与社会管理二级点博士研究生以及博士后。

截至2020年，社会学学科有教师22人，其中教授10人（博士生导师7人），他们是李斌、潘泽泉、胡彬彬、李桂平、车文辉、董海军、谷中原、吕鹏、刘惠颖、刘灿姣；副教授10人，他们是彭远春、米莉、杨成胜、谢新华、刘玉梅、马润生、陈立新、尹碧昌、颜敏、吴灿；讲师2人，他们是黄娟、田孟。本学科教师中有：文化名家暨“四个一批”人才1人，国家“万人计划”哲学社会科学领军人才1人，教育部新世纪优秀人才2人，湖南省芙蓉学者1人，全国一级学会（中国社会学会）常务理事1人，教育部高等学校教学指导委员会委员1人，全国二级学会（中国社会学会社会调查研究方法专业委员会）会长1人，中国社会学会社区研究专业委员会副会长1人，湖南省重大决策咨询智囊团专家1人，中南大学

“升华学者计划”特聘教授 2 人。另外，本学科还相继聘请了国内外多名教授为客座教授。

本学科设置有社会学、人口学、人类学、社会工作 4 个研究所，拥有中国村落文化研究中心、中国农民工研究中心、和谐社会研究基地等 10 个研究中心及基地，1 个专业委员会——湖南省社会学会社会调查方法专业委员会，建有 1 个社会调查资料统计分析中心、1 个计算机辅助电话调查系统以及 10 个校外社会调查基地。

本学科致力于国内外学术交流，承担学科发展责任，践行学科使命。本学科承担了 2012 年的中部地区社会工作人才队伍建设高端论坛第三届会议，2013 年的教育部社会学类专业教学指导委员会暨系主任联席会议，2015 年的以“经济新常态下的社会改革与社会治理”为主题的中国社会学学术年会，2019 年 11 月的首届中国社会物理学论坛暨第二届中国计算社会科学论坛。中南大学社会学学科已经成为中南地区社会学研究与人才培养的重镇，在教育部第三轮学科评估中排名第 20 位，第四轮学科评估为 B－。

本学科经过近 20 年的建设，形成了 5 个特色鲜明、相对稳定的培养方向：社会学理论与方法，社会政策与社会管理，城市化与城乡社区发展（应用社会学），人口健康、社会心理与经济行为（人口学）以及民间习俗与中国村落文化（民俗学与人类学）。（1）社会学理论与方法方向带头人潘泽泉，为美国密歇根大学访问学者、教育部新世纪优秀人才、湖南省重大决策咨询智囊团专家、湖南省宣传文化系统“五个一批”优秀人才，主持教育部重大招标课题“有序推进流动人口市民化研究”，其所著的《国家调整农民工社会政策研究》入选国家哲学社会科学成果文库，两次获高等学校科学研究优秀成果奖，出版专著 6 部、发表论文 100 余篇。（2）城市化与城乡社区发展方向带头人李斌，为美国斯坦福大学访问学者，2020 年入选湖南省芙蓉学者，中国社会学会常务理事，中国社会学会社区研究专业委员会副会长，教育部高等学校教学指导委员会委员，教育部新世纪优秀人才，主持国家社科基金重大课题“新型城镇化背景下的城乡关系研究”，发表论文 100 余篇，出版专著 7 部、大型书系 4 套。（3）社会政策与社会管理方向带头人李桂平，出版学术著作 6 部，在《财政研究》《法学》等刊物发表论文 40 多篇。（4）人口健康、社会心理与经济行为方向带头人董海军，为美国德州农工大学社会学系访问学者，中南大学“升华育英计划”人选，成果获第六届高等学校科学研究优秀成果奖（人文社会科学）二等奖，出版著作5部，发表论文60多篇；开设“舞龙舞狮”国家级精品资源共享课程，曾获得教育部第七届高校校园文化优秀成果一等奖1项，负责管理运动创伤与康复中心、健康理论教育功能实验室、体育保健实验室、运动生理实验室、运动与解剖实验室、体能训练实验室。（5）民间习俗与中国村落文化方向带头人胡彬彬，为中国村落文化研究中心主任、博士生导师、文化名家暨“四个一批”人才、国家“万人计划”哲学社会科学领军人才、国家社科基金重大项目首席专家、湖南省政协常委。

二

迈克尔·曼[①]的社会变迁理论基于其本体性论断，认为政治权力、军事权力、经济权力和意识形态权力是人类社会权力的四种基本表达形式。我们知道，中国经过40多年的转型，国家综合实力已经发生根本性变化，经济总量已经跃居全球第二，科技实力与军事实力也得到增强，总而言之，目前中国上述四种基本表达形式所指的对象与内容均发生了结构性变化。其中，变化的逻辑与变迁的结果之间的关联有些较好地遵循了人们的良好愿望，有些则并没有，其总体的呈现是：各行各业的效率获得了极大提升，同时分化也前所未有。国内，改革开放总设计师邓小平推动市场化改革的初衷是让一部分人先富起来，然后“先富带动后富，最终实现共同致富”，2020年中国即将实现全国范围内的所有贫困县脱帽、贫困村出列的伟大壮举。世界格局层面，中国一直希望能够“和平崛起”，经济体量已经稳居世界第二，不少科学技术实现赶超。然而，权力运作的逻辑似乎并没有因为良好的愿望而变得“温驯”。国内不同阶层之间的“任性”，即所谓的“有所为，有所不为”现象大行其道。如此逻辑致使优势地位群体

① Mann, Michael, *The Sources of Social Power*, vol. 1: *A History of Power from the Beginning to A. D.* 1760 (Cambridge: Cambridge University Press, 1986); Mann, Michael, *The Sources of Social Power*, vol. 2: *The Rise of Classes and Nation-states*, 1760 - 1914 (Cambridge: Cambridge University Press, 1993).

的欲望非常容易成为“有所为”，而弱势群体的基本权利则沦为“有所不为”。这就导致处于弱势地位的个体、群体乃至阶层难以获得应有的发展，各种稀缺资源的分布日趋“极化”，群体之间的不合理差距扩大。因“权力”而有的亢奋、兴奋、郁闷、无奈、悲痛、愤怒与反击不仅填满了我们的影视作品、游戏王国与阅读材料，而且在日益成为我们的基本生活惯习。国际上，中国经历 18～19 世纪的屈辱后，奋起直追，取得了长足发展。但是以美国为首的“联盟”正在对中国实施有计划有预谋的“围堵”与“扼杀”：中美贸易战、科技战、信息战、钓鱼岛问题、台湾问题、南海问题等，无时无刻不在提醒以国家军事霸权为基石的美元霸权、科技霸权、话语霸权仍然是当今世界大行其道的基本逻辑。正因为迈克尔·曼的四种权力表达形式具有很强的理论穿透力与解读能力，赵鼎新才称其为一个比较好的社会学理论范式。①

尽管历史与现实似乎一直在揭示权力逻辑作用下形成的“权力社会”的各种表现形态，然而对“权利社会”的追求一直是中国政府的目标：从毛泽东的“为人民服务”，到邓小平的“只要人民满意”，到江泽民的“代表最广大人民群众的根本利益”，再到胡锦涛的“权为民所用、情为民所系、利为民所谋”，再到习近平的“人民对美好生活的向往，就是我们的奋斗目标”的新时代中国特色社会主义思想。老百姓既要过好日子，更要过有尊严的日子，需要社会运行从“权力逻辑”变更到“权利逻辑”，即从“权力社会”过渡到“权利社会”。

三

屈原《离骚》云，“纷总总其离合兮，斑陆离其上下”。我们有幸处于这样一个伟大的时代，有幸经历人类历史上不曾有过的快速跳跃式的发展，目睹并感受周边人群的物质、精神与心态从贫困到小康再到富足，远离自卑走向自尊与自强。面对纷繁复杂的变迁，并能够从中整理出主线逻辑，是当代社会科学的基本使命。因此，社会科学研究者不仅要认真阅读增强理论能力，更要进入实践场域，体验社会事实本身以及变迁，同时保

---

① 赵鼎新：《从美国实用主义社会科学到中国特色社会科学——哲学和方法论基础探究》，《社会学研究》2018 年第 1 期，第 17～40 页。

持将社会事实与宏大理论对接的冲动与实干精神，观社会原本之现象、发真实之疑问、询实用之解答，形成并拓展中国特色之理论。

中南大学社会学学科本着上述精神与时代使命，深刻领会“积跬步以至千里，积怠惰以致深渊”的古训，记录、总结、提炼与升华社会学师生的经验感悟与理论思考。在中南大学双一流学科经费的支持下，我们推出了“新时代中国经验”学术书系。本书系的前三本书《中国特色社会治理与变迁研究》《社会调查过程与新升华》以及《知识与模式：社会工作案例精选》已经委托中南大学出版社于 2019 年出版。作为“新时代中国经验”学术书系的后续两本书，《公众环境行为及其影响因素》《振兴与融合：新型城镇化背景下的城乡关系》则委托社会科学文献出版社出版。

德谟克利特说过，智慧生出三种果实：善于思想、善于说话、善于行动。中南大学社会学学科致力于“三个善于”，承担使命，勇于发展。

前　言

严峻的环境状况与人类行为密切相关，而要改善环境状况、提升环境质量，除了采取科学和技术治理手段，还需要改变公众已有的环境破坏行为，积极培育公众环境行为。这都建立在正确认识和理解公众环境行为，找到影响公众环境行为的重要因素的基础之上。本书借鉴国内外环境行为相关研究成果，对应我国具体实际以及实施主体的日常生活实践，结合结构二重性、日常生活实践、生活环境主义等理论，基于2003年中国综合社会调查环境模块、2010年中国综合社会调查、2013年中国综合社会调查健康模块与环境模块、2015年中国综合社会调查能源模块、大学生环境素养调查数据以及H市居民垃圾分类的观察与访谈资料，采用理论导向的实证研究与定性研究方法对公众环境行为及其影响因素展开探讨。

研究发现：我国公众实施环境行为的水平较低，呈现日常性、浅层性、弱参与、简易性等特征。具体而言，城市居民较农村居民实施更多的私域环境行为，但公众在公域环境行为实施方面并无显著差别。2003～2013年十年间，我国城市居民的环境行为并没有显著变化，整体依旧处于较低水平。相比于2003年城市居民私域环境行为与公域环境行为的相应水平，2013年城市居民私域环境行为水平有一定提升，公域环境行为水平则有一定幅度的下降。

信息分割假设、环境意识假设在本书中均得到验证，但阶层地位假设未获支持，环境污染驱动假设、环境保护二元体系假设仅得到部分验证，即大众传媒接触越多、环境意识水平越高，对居住地环境保护力度有着明确判断的公众就会越积极地实施环境行为，而阶层地位对公众环境行为并无显著影响，且环境意识作为中介变量，对公众环境行为的实施起着较为重要的作用，内在约束的影响相对大于外在制约的作用。

公众的客观健康状况越差，则其获取的环境健康知识越丰富，并会促使其积极采取健康促进行为，进而实施更多的私域环境行为与公域环境行为。公众的主观健康状况越好，越倾向于实施私域环境行为，并通过环境忧虑感、环境健康知识、健康促进行为对私域环境行为和公域环境行为产生间接影响，其中环境忧虑感、环境健康知识和健康促进行为对私域环境行为起着部分中介作用，对公域环境行为则存在着遮掩效应。故在环境教育与环境宣传过程中，应基于公众健康状况等因素采取差异化策略，以唤起其环境情感共鸣或提升其环境认知水平，增促其实施更多的环境行为。

用于衡量客观阶层地位的职业类型和收入水平对节能行为均无显著影响，而主观阶层地位却对节能行为有着显著的负向影响。相比于中西部地区居民，东部地区居民的节能行为水平更低，而城乡居民在节能行为方面并无显著差别。主观规范水平越高，居民的节能行为水平亦越高。整体而言，在我国居民的节能行为影响因素当中，结构制约的作用并不明显，而主观规范则起着重要的促进作用。若要对节能行为加以引导，则要更注重激发居民的能动性。

公众实施垃圾分类行为的水平较低，即正确实施垃圾分类与正确投放垃圾的行为的比例有待提升。垃圾分类的主体衡量过程包括信息收集、行为准备、行为实施和行为反思四个阶段。居民对垃圾分类行为的主体衡量过程包括行为效率、行为价值和主体角色的建构，其不同阶段侧重的要素存在差异，主要包括信息、操作距离、物质资料、风险收益等。若要突破生活垃圾分类问题的社会两难困境，就需要根据行为主体衡量的过程消除行为障碍，从根本上确立起居民的主体性。

大学生环境行为实施水平相对较低，绿色消费行为的实施水平相对高于环境参与行为的实施水平。整体环境身份对大学生环境行为的影响有限，而环境态度对大学生环境行为并无显著影响。大学生环境身份显著性和环境身份突出性越强，其实施的绿色消费行为和环境参与行为越多。环境身份承诺广度对大学生环境行为有着显著的正向影响，而环境身份承诺深度对其并无显著影响。环境行为意向对大学生绿色消费行为有着显著的直接影响和一定的中介作用，而环境行为意向对大学生环境参与行为并无显著影响。进而本书提出明晰与突出大学生环境保护者的身份，重视校内环保组织的发展与壮大，推进环境教育改革，增促大学生将环境行为落实到日常生活实践之中。

本书的创新之处可能在于：(1) 对城乡居民环境行为进行对比分析以及考察城市居民环境行为的历时变化；(2) 超越一般意义的环境行为研究，对能源节约、垃圾分类、绿色消费、环境参与等具体环境行为及其影响因素进行较深入探讨；(3) 结合我国社会实际、实践主体的日常生活实践与微观行动本身特质，侧重于探究结构性因素对公众环境行为的制约作用以及行为主体对环境行为实施的能动反应；(4) 突破单一研究方法的限制，采取多元线性回归、验证性因子分析、路径分析等统计方法对环境行为进行理论导向的实证研究，采取观察法、访谈法对公众垃圾分类实践的主体衡量过程进行分析。

目　录

第一章 绪论

一 研究背景

（一）环境状况日趋严峻：关注生活者的致害者化[①]

第二次世界大战之后，世界各国都致力于经济的恢复与增长，世界经济迎来了黄金发展时期。而经济的飞速发展，带给环境沉重的负荷，诸多国家的环境状况日趋恶化，资源短缺、能源危机、环境污染、生态破坏等问题越来越突出，人们对环境质量的关心与担忧程度亦不断上升。1970 年的地球日活动标志着环境保护运动登上历史舞台，成为新社会运动的重要组成部分，促使人们逐渐意识到环境问题的产生和恶化与人类的不当行为方式密切相关。1972 年罗马俱乐部发布《增长的极限》研究报告，对正处于高增长、高消费的“黄金时代”的西方世界发出了“人类困境”的预言。而 1972 年斯德哥尔摩人类环境会议提出的“只有一个地球”“为了这一代和将来世世代代保护和改善环境”等口号，逐步成为人类共识，为环境保护运动开启了新的征程。

我国环境保护的发展起步相对较晚。新中国成立以来，我国社会的主要矛盾决定了经济发展的重要性和紧迫性。在经济发展的紧迫任务面前，我国虽然已经看到西方发达国家“先污染后治理”的沉重代价，但为了实

---

① 以前作为受害者和牺牲品的社区居民或劳动者、消费者，现在则变成了环境问题的发生源，在日常生活的各个侧面，有时是直接地，有时是间接地，引起了环境的污染或环境的破坏，具体来说，主要有汽车排放的废气和发出的噪音、生活废水和生活垃圾等。详见饭岛伸子：《环境社会学》，包智明译，社会科学文献出版社，1999，第 24 页。

现经济的快速发展，相对忽视了环境保护，我国环境承受着巨大的压力。直到斯德哥尔摩人类环境会议后，我国才深刻地认识到环境问题对经济社会发展的重大影响，意识到自身也存在着较为严重的环境问题，并于1973年8月在北京召开第一次全国环境保护会议，我国环境保护事业由此起步。

改革开放以来，随着科学技术的不断进步以及工业化与城市化进程的加速，我国经济迅速发展，城乡居民生活水平显著提升。但我国长期依托廉价的劳动力、土地、能源、自然资源等要素，实行出口导向型的外贸策略，使得高能耗、高污染和劳动力密集型产品在我国的出口贸易中占有相当大的比重，形成了以资源消耗和环境污染为代价的传统型发展模式。这种模式有着“重国际市场、轻国内需求；重低成本优势、轻自主创新能力；重物质投入、轻资源环境；重财富增长、轻社会共享”等弊端，难以实现人与自然的和谐、结构的优化与过程的可持续以及社会成果的共享。在改革不断深化的情势下，传统型发展模式的弊端凸显，未能有效协调经济发展与环境保护的关系，致使环境问题日趋严峻，给我国经济发展和环境保护带来严重挑战的同时，亦给城乡居民的生活和健康带来了严重的威胁。正如《2019年中国生态环境状况公报》所呈现的①：

> 2019年，全国337个地级及以上城市中，有157个城市环境空气质量达标②，占全部城市数的46.6%；180个城市环境空气质量超标，占53.4%；337个城市平均优良天数③比例为82.0%，平均超标天数④比例为18.0%。16个城市优良天数比例为100%，199个城市优良天数比例在80%～100%之间，106个城市优良天数比例在50%～80%

① 中华人民共和国生态环境部：《2019年中国生态环境状况公报》，https://www.mee.gov.cn/hjzl/sthjzk/zghjzkgb/202006/P020200602509464172096.pdf，最后访问日期：2020年7月30日。

② 环境空气质量达标：参与评价的六项污染物浓度均达标，即为环境空气质量达标。PM2.5、PM10、SO_2 和 NO_2 按照年均浓度进行达标评价，O_3 和 CO 按照百分位数浓度进行达标评价。按照《环境空气质量评价技术规范（试行）》（HJ663－2013），将日历年内有效的 O_3 日最大8小时平均值、CO 24小时平均值按数值从小到大排序，取第90%位置的 O_3 日最大8小时平均值与国家标准日最大8小时平均浓度限值比较，判断 O_3 达标情况；取第95%位置的CO 24小时平均值与CO 24小时标准浓度限值比较，判断CO达标情况。

③ 优良天数：空气质量指数（AQI）在0～100的天数为优良天数，又称达标天数。

④ 超标天数：空气质量指数（AQI）大于100的天数为超标天数。其中，101～150为轻度污染，151～200为中度污染，201～300为重度污染，大于300为严重污染。

之间，16个城市优良天数比例低于50%。337个城市累计发生重度污染1666天、严重污染452天，以PM2.5为首要污染物的天数占重度及以上污染天数的78.8%，以PM10为首要污染物的占19.8%，以O_3为首要污染物的占2.0%。酸雨区面积约47.4万平方千米，占国土面积的5.0%，其中较重酸雨区面积占国土面积的0.7%。469个监测降水的城市中，酸雨频率平均为10.2%，出现酸雨的城市比例为33.3%，酸雨频率在25%及以上、50%及以上和75%及以上的城市比例分别为15.4%、8.3%和2.6%。

全国地表水监测的1931个水质断面（点位）中，Ⅰ～Ⅲ类比例为74.9%，比2018年上升3.9个百分点；劣Ⅴ类比例为3.4%，比2018年下降3.3个百分点①。长江、黄河、珠江、松花江、淮河、海河、辽河七大流域和浙闽片河流、西北诸河、西南诸河监测的1610个水质断面中，Ⅰ～Ⅲ类水质断面占79.1%，比2018年上升4.8个百分点；劣Ⅴ类占3.0%，比2018年下降3.9个百分点。监测水质的110个重要湖泊（水库）中，Ⅰ～Ⅲ类湖泊（水库）占69.1%，比2018年上升2.4个百分点；劣Ⅴ类占7.3%，比2018年下降0.8个百分点。全国10168个国家级地下水水质监测点中，Ⅰ～Ⅲ类水质监测点占14.4%，Ⅳ类占66.9%，Ⅴ类占18.8%。全国2830处浅层地下水水质监测井中，Ⅰ～Ⅲ类水质监测井占23.7%，Ⅳ类占30.0%，Ⅴ类占46.2%。

由于城乡二元结构持续存在，传统粗放的农村经济发展模式仍未得到根本改变。随着社会转型的加速以及工业化、城市化进程的加快，农村生活污水、垃圾、农业生产以及禽畜养殖废弃物排放量日渐增大，加之工业废弃物和城市污染物向农村地区的大量转移，致使农村居民与生态环境之

① 依据《地表水环境质量标准》（GB 3838－2002）中除水温、总氮、粪大肠菌群外的21项指标标准限值，分别评价各项指标水质类别，按照单因子方法取水质类别最高者作为断面水质类别。Ⅰ类、Ⅱ类水质可用于饮用水源一级保护区、珍稀水生生物栖息地、鱼虾类产卵场、仔稚幼鱼的索饵场等；Ⅲ类水质可用于饮用水源二级保护区、鱼虾类越冬场、洄游通道、水产养殖区、游泳区；Ⅳ类水质可用于一般工业用水和人体非直接接触的娱乐用水；Ⅴ类水质可用于农业用水及一般景观用水；劣Ⅴ类水质除调节局部气候外，几乎无使用功能。

间的关系日趋紧张，农村地区的生态环境日益恶化，主要表现为：耕地不断减量降质、水土流失加剧、森林资源不足且破坏较严重、农业生产污染增多以及农村工业污染增加等。

据统计，目前全国耕地平均质量等级①为4.76等，其中质量等级为一等至三等的耕地面积比例为31.24%，四等至六等的耕地面积比例为46.81%，七等至十等的耕地面积比例为21.95%。全国水土流失面积273.69万平方千米，其中水力侵蚀面积115.09万平方千米，风力侵蚀面积158.60万平方千米。全国森林面积为2.2亿公顷，森林覆盖率为22.96%，森林蓄积量为175.6亿立方米。2019年，水稻、玉米、小麦三大粮食作物化肥利用率为39.2%，农药利用率为39.8%。②

在工业污染、生态破坏依旧严重的同时，随着城市不良生活方式与消费主义的迅速扩散，生活污染已成为我国环境问题的重要方面，“生活者的致害者化”愈发凸显，即居民的日常行为与不良生活方式很大程度上已成为环境污染与生态破坏的重要致因③。生活者不合理的生活方式和消费习惯导致了大量生产—大量消费—大量废弃的恶性循环，加剧了环境污染与生态破坏。

《第一次全国污染源普查公报》表明④：普查对象总数592.6万个，其中包括工业污染源157.6万个，农业污染源289.9万个，生活污染源144.6万个，集中式污染治理设施4790个。可见，生活污染源占污染源总数的24.4%，这一比例不容忽视。另据国家统计局的相关数据⑤，近年来我国生活能源消费量和人均能源生活消费量逐年增加，如2013~2017年，其分别由45531万吨标准煤增至57620万吨标准煤、由335.0千克标准煤增至

① 耕地质量等级评定依据《耕地质量等级》，划分为十个等级，一等地耕地质量最好，十等地耕地质量最差。耕地质量等级为一等至三等、四等至六等、七等至十等的，分别被划分为高等地、中等地、低等地。

② 中华人民共和国生态环境部：《2019年中国生态环境状况公报》，https://www.mee.gov.cn/hjzl/sthjzk/zghjzkgb/202006/P020200602509464172096.pdf，最后访问日期：2020年7月30日。

③ 彭远春：《试论我国公众环境行为及其培育》，《中国地质大学学报》（社会科学版），2011年第5期。

④ 中华人民共和国生态环境部：《第一次全国污染源普查公报》，http://www.mep.gov.cn/gzfw/xzzx/wdxz/，最后访问日期：2020年7月9日。

⑤ 详见http://data.stats.gov.cn/index.htm，2018年及以后的相关数据尚未更新。

415.6千克标准煤，生活液化石油气、生活天然气与生活电力等能源消费量及人均消费量亦不断攀升（见表1－1）。

表1－1 我国生活能源消费量

项目	2013年	2014年	2015年	2016年	2017年
生活能源消费量（万吨标准煤）	45531	47212	50099	54209	57620
生活煤炭消费量（万吨）	9290	9253	9347	9492	9283
生活液化石油气消费量（万吨）	1846	2173	2549	2955	3225
生活天然气消费量（亿立方米）	323	343	360	380	420
生活热力消费量（万百万千焦）	81472	86482	93841	98623	106330
生活电力消费量（亿千瓦小时）	6989	7176	7565	8421	9072
人均能源生活消费量（千克标准煤）	335.0	346.1	365.4	393.2	415.6
人均煤炭生活消费量（千克）	68.0	67.8	68.2	68.8	67.0
人均液化石油气生活消费量（千克）	13.6	15.9	18.6	21.4	23.3
人均天然气生活消费量（立方米）	23.8	25.1	26.2	27.5	30.3
人均电力生活消费量（千瓦小时）	515.0	526.0	551.7	610.8	654.3

注：人均能源消费量按年平均人口数计算。

而生活消耗所产生的废弃物数量亦处于逐年增长的趋势。如2010年我国城市生活垃圾年清运量为1.58亿吨，2015年超过1.91亿吨，2018年达到2.28亿吨①。生活污水排放量亦保持持续增长，由2005年的281亿吨增长至2015年的535亿吨，远超工业污水排放量，生活污水成为污水排放的主要来源，详见图1－1。

除生活垃圾污染与水污染之外，大气污染的形势亦较为严峻，空气中的硫化物和氮氧化物是导致酸雨的直接原因，而烟（粉）尘则是引发雾霾的重要因素。如图1－2所示，从2015年以来，我国二氧化硫排放量、氮氧化物与烟（粉）尘排放量虽大幅下降，但年排放量仍处于1000万吨左右。另从烟（粉）尘排放来源来看，工业烟尘的排放量远超生活烟尘，但近年来工业烟尘排放量呈现明显的下降趋势，且下降的速度较快，而生活烟尘的排放总量基本在220万吨左右波动②。

① 详见 http://data.stats.gov.cn/index.htm。

② 数据源自前瞻数据库，详见 https://d.qianzhan.com/。

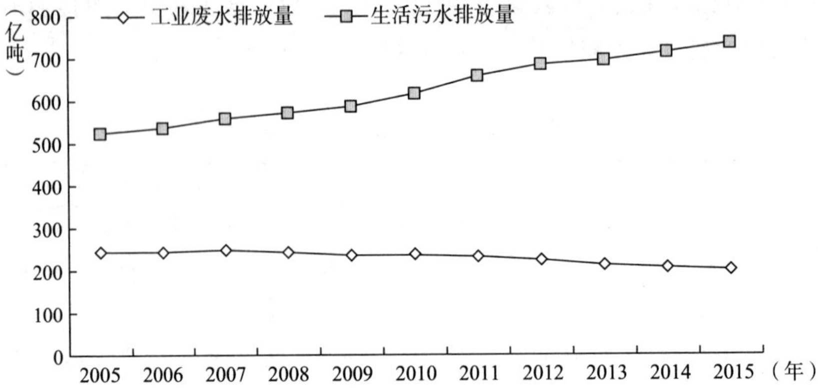

图 1-1　生活污水与工业废水排放量

注：根据中国经济与社会发展统计数据库相关数据制作，详见 http://data.cnki.net/。

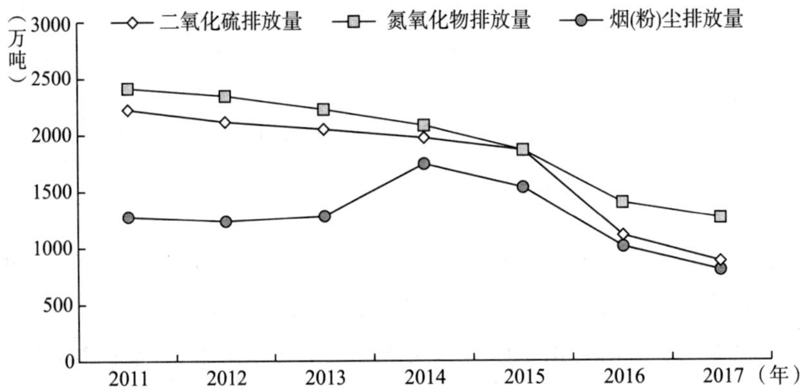

图 1-2　二氧化硫、氮氧化物及烟（粉）尘排放量

注：根据国家统计局数据库的相关数据制作，详见 http://data.stats.gov.cn/index.htm。

而生活污染较为隐蔽的特点使得生活者难以意识到自身亦是施害者，他们常常漠视自身日常行为对环境的负向影响及可能侵害；生活污染的公共后果使得生活者即便认识到自身亦是施害者，但他们可能认为个体自身行为调整对整体环境质量改善的作用甚微，进而从众而不关注自身行为的改变。由此，政策制定者、政府部门管理者、研究者以及公众自身在有意无意间忽视了生活者对环境的不利影响及可能侵害。实际上，如果每个人任意行动，那么结果将会出现包括自己在内的整体环境都要遇到麻烦的现象。[①] 因此，对公众环境行为状况及其影响因素进行深入探究，有助于更好地理解环境问题的社会原因、社会影响及社会应对。

（二）环境质量的改善：民众对美好生活的需求

在资源约束趋紧、环境污染严重、生态系统退化的严峻形势下，党的十八大提出了“美丽中国”这一概念，强调大力推进生态文明建设。而建设生态文明是关系人民福祉、关乎民族未来的长远大计，要从源头上扭转生态环境恶化趋势，为人民创造良好生产生活环境，为全球生态安全做出贡献。党的十八大报告分别从优化国土空间开发格局、全面促进资源节约、加大自然生态系统和环境保护力度、加强生态文明制度建设四个方面对生态文明建设进行了阐述，进一步提出要加强生态文明宣传教育，增强全民节约意识、环保意识、生态意识，形成合理消费的社会风尚，营造爱护生态环境的良好风气。[②]

党的十九大指出，建设生态文明是中华民族永续发展的千年大计，必须树立和践行“绿水青山就是金山银山”的理念，强调我们要建设的现代化是人与自然和谐共生的现代化，既要创造更多物质财富和精神财富以满足人民日益增长的美好生活需要，也要提供更多优质生态产品以满足人民日益增长的优美生态环境需要；必须坚持节约优先、保护优先、自然恢复为主的方针，形成节约资源和保护环境的空间格局、产业结构、生产方式、生活方式，还自然以宁静、和谐、美丽。[③] 习近平总书记在全国生态环境保护大会上指出，我国生态环境质量持续好转，出现了稳中向好趋势，但成效并不稳固；生态文明建设正处于压力叠加、负重前行的关键期，已进入提供更多优质生态产品以满足人民日益增长的优美生态环境需要的攻坚期，也到了有条件、有能力解决生态环境突出问题的窗口期。[④]

与此同时，随着我国社会经济水平和人民生活水平的日益提升，公众

---

① 鸟越皓之：《环境社会学——站在生活者的角度思考》，宋金文译，中国环境科学出版社，2009，第 70 页。

② 胡锦涛：《坚定不移沿着中国特色社会主义道路前进　为全面建成小康社会而奋斗——在中国共产党第十八次全国代表大会上的报告》，人民出版社，2012。

③ 习近平：《决胜全面建成小康社会 夺取新时代中国特色社会主义伟大胜利——在中国共产党第十九次全国代表大会上的报告》：http://www.xinhuanet.com/2017-10/27/c_1121867529.htm，2017 年 10 月。

④ 《习近平出席全国生态环境保护大会并发表重要讲话》，www.mee.gov.cn/home/ztbd/gzhy/qgsthjbhdh/qgdh_zyjh/201807/t20180713_446605.shtml，2018 年 7 月。

也更为关注环境质量，更加关注生活质量和生命健康。良好的生态环境成为人们衡量美好生活的重要指标，促使其投身于关心与保护环境的行动中来，即公众注重生活质量、维护生命健康的需求构成了我国环境保护的内在动力。[①] 此外，诚如鸟越皓之所言，人们不再拘泥于把被污染了的水体、被破坏了的环境尽力进行“修复”“补修”等思维，而是将认识的基轴由受害性向创造性方面转变。[②] 而环境问题的产生、演变与人类活动、人类行为密切相关，故需立足于行为主体本身以寻求解决之策。

（三）环境治理的推进：需公众等多元主体的广泛参与

面对日益严峻的环境状况，我国政府一方面通过确立环境治理总体规划、建立与完善环境制度、制定与落实环境政策，另一方面则通过加大环境治理投资、推进环境基础设施建设，在环境治理中起着主导作用。如自2011年以来，政府在环境污染治理方面的投资总额与城镇环境基础设施建设方面的投资额都有明显增加，而在工业污染源治理方面的投资额没有明显变化（见图1－3）。

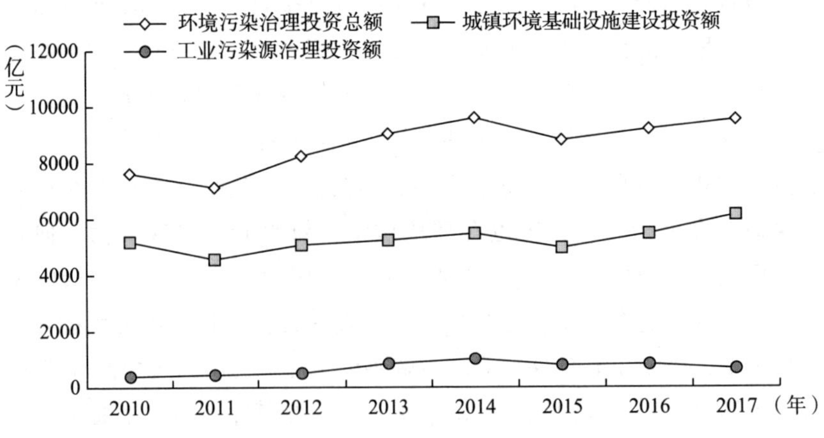

图1－3 环境污染治理投资额

注：根据国家统计局数据库的相关数据制作，详见 http://data.stats.gov.cn/index.htm。

总体而言，我国奉行政府主导型环境保护模式，在取得了一定成效的

① 彭远春、张甜甜：《环境约束下的我国社会管理新趋向》，《天府新论》2012年第1期。

② 鸟越皓之：《环境社会学——站在生活者的角度思考》，宋金文译，中国环境科学出版社，2009，前言。

同时，也存在“市场主体、社会力量参与相对不足，环境保护缺乏社会基础”“重事后修复，轻事先预防”“重城市环境治理，轻农村环境保护”“难以有效应对复合型环境挑战”等弊端。① 为更好地保护环境、提升环境治理能力，党和政府进行了一系列的探索，如自党的十八届三中全会以来，党和政府明确提出“生态文明建设强调政府、市场、社会组织协调行动”，同时《中华人民共和国国民经济和社会发展第十三个五年规划纲要》亦强调“加大环境治理力度，形成政府、企业、公众共治的环境治理体系”。

为避免政府主导型环境保护模式的弊端，有效应对复合型环境挑战，更好地推进绿色发展与生态文明建设，需要建立政府、市场、社会组织、公众等多元主体共同参与的复合型治理模式②，形成政府、企业、公众共治的环境治理体系。环境治理的推进、环境状况的改善、环境质量的提升需要全社会共同参与、共同行动，而其关键在于社会中的每一个个体的环境观念的改变以及自身行为的调整。

诚如环境保护部前部长陈吉宁所言：“我们每个人，作为社会的一分子，既是污染的受害者，也是制造者，既是良好生态环境的享有者，也是建设者。每个人的力量是微小的，但 13 亿人共同行动起来，都从自己身边的小事做起，关心环境、关爱自然，那么点滴的涓涓细流必将汇聚成保护环境的巨大能量。首先，转变观念，养成生态自觉……其次，在行动上要知行合一、行胜于言……最后，保障公众的知情权、参与权和监督权，方便大家参与环境保护。”③

另需指出的是，虽然结构性、制度性的变革对于环境保护具有重要的意义，但是过分宣扬这一点，就易走向结构决定论、制度决定论，并在实际工作中容易导致两种消极的社会后果：一是让公众觉得变革的难度太大，以至于削弱乃至丧失行动的积极性和对未来的希望；二是弱化人们采取行动的责任感，让一些个体产生搭便车的心态，强化人们的依赖、等待心理。故对公众环境关心与环境行为展开研究，对于实际工作者和环境社

---

① 洪大用等：《中国民间环保力量的成长》，中国人民大学出版社，2007，第 6～13 页。

② 洪大用：《复合型环境治理的中国道路》，《中共中央党校学报》2016 年第 3 期。

③ 陈吉宁：《高举生态文明旗帜　大力推进生态环境保护——在“辉煌十二五”系列报告会上的报告》，http://www.mee.gov.cn/gkml/hbb/qt/201510/t20151014_314962.htm，2015 年 10 月。

会学的学术社区而言，都具有别样的倡导意义。①

（四）环境社会学的发展

20 世纪六七十年代，随着资源短缺、能源危机、环境污染、生态破坏等问题引起广泛的社会关注，西方学者纷纷介入环境议题研究。最初，社会学者大都依旧在传统的社会学分析框架内开展研究，如将环境当作一个常量，而将人的行为当作变量，侧重于考察人类行为对环境的影响；用社会事实分析与解释烟雾事件、公害问题等，但其解释非但没有被证实，反而揭示出相关理论的脆弱，社会学深陷解释力不足的危机。由此，卡顿、邓拉普等学者开始反思涂尔干确立的“用社会事实解释社会事实”的研究准则，凸显生态约束的真实性，侧重于研究人类社会和生物物理环境之间的关系与相互影响，努力找回被传统社会学家忽视的生态限度，进而提出打破原有社会学领域的人类中心主义范式，树立新环境范式。② 而随着环境社会学逐渐兴起与发展，环境与人类社会间的互动、环境关心与环境行为成为其核心研究议题。③

与西方学界多学科、较深入地研究环境关心与环境行为相对，我国直到 2000 年以后，公众环境意识与环保行为方成为明显的研究重点。④ 但我国环境行为研究尚处于起步阶段，研究成果较少，故在借鉴目前国内外相关研究的基础上，结合我国实际与公众日常生活实践，对我国公众环境行为的影响因素进行更为深入的研究，有助于推动环境社会学中层理论的构建，进而增进我国环境社会学的理论自觉⑤。就实践意义而言，对公众环境行为影响因素进行研究，有利于深入理解环境问题的社会原因、社会影

① 洪大用、肖晨阳等：《环境友好的社会基础——中国市民环境关心与行为的实证研究》，中国人民大学出版社，2012，前言。

② Catton, W. R., Dunlap, R. E., “Environmental Sociology: A New Paradigm,” *The American Sociologist* 13 (1978): 41 - 49; Catton, W. R., Dunlap, R. E., “A New Ecological Paradigm for Post-exuberant Sociology,” *American Behavioral Scientist* 24 (1980): 15 - 47.

③ Dunlap, R. E., Jones, R. E., “Environmental Concern: Conceptual and Measurement Issues,” in Dunlap, R. E., William Michelson (Eds.), *Handbook of Environmental Sociology* (Westport, CT: Greenwood Press, 2002).

④ 洪大用：《环境社会学》，载郑杭生主编《中国社会学 30 年（1978 - 2008）》，中国社会科学出版社，2008。

⑤ 洪大用：《理论自觉与中国环境社会学的发展》，《吉林大学社会科学学报》2010 年第 3 期。

响及社会应对，进而有助于培育公众负责任的环境行为，将环境保护责任落实到日常生活实践，使公众广泛、持续地参与到环境保护之中来，势必会改善环境状况、提升环境质量。

由此，本书在借鉴国内外环境行为相关研究成果的基础上，对应我国具体实际以及实施主体的日常生活实践，结合结构二重性、日常生活实践、生活环境主义等理论，对公众的环境行为及其影响因素进行探讨。具体而言，我国公众环境行为状况如何、有着怎样的内在结构、呈现怎样的特征、历经着怎样的变化；一般环境行为及不同类型环境行为的主要影响因素有哪些；不同群体间的环境行为及其影响因素有无差异，这些都是我们需要探讨的问题。

二 国内环境行为研究综述

环境社会学自开创伊始便将环境和社会紧密联系在一起，其核心议题被概括为“环境问题的社会原因、社会影响以及社会反应”[①]。作为“环境与社会之间建立相互关系的中介”[②]，环境行为也成为学者们关注的研究重点。

国外学界对环境行为的研究视角主要分为心理学取向视角和综合性视角两大类。心理学取向的研究侧重于探究认知、态度、责任感与认同感等情感、意向等心理性变量[③]对环境行为的影响，总体遵循“环境认知—环境态度—环境行为意向—环境行为”和“价值观—环境关心—环境责任感—环境行为”这两条研究主线[④]。其对心理之外的影响因素关注较少，这在解释环境行为时具有一定局限性[⑤]。

---

① 洪大用：《环境社会学的研究与反思》，《思想战线》2014 年第 4 期。

② 崔凤、唐国建：《环境社会学：关于环境行为的社会学阐释》，《社会科学辑刊》2010 年第 3 期。

③ Gatersleben, B., Steg, L., Vlek, C., "Measurement and Determinants of Environmentally Significant Consumer Behavior," *Environment and Behavior* 34 (2016): 335 - 362; Hoot, R. E., Friedman, H., "Connectedness and Environmental Behavior: Sense of Interconnectedness and Pro-environmental Behavior," *International Journal of Transpersonal Studies* 30 (2011).

④ 彭远春：《国外环境行为影响因素研究述评》，《中国人口・资源与环境》2013 年第 8 期。

⑤ Poortinga, W., Steg, L., Vlek, C., "Values, Environmental Concern, and Environmental Behavior: A Study into Household Energy Use," *Environment and Behavior* 36 (2004): 70 - 93.

对此，不少学者试图用综合的视角来弥补这一缺陷，他们提出了资源保护行为模式、A－B－C 模型、情境分析模型、内外因素结合模型等①，强调除开心理性变量，侧重于探究社会经济状况、社会结构、政策立场、社会规范等因素对环境行为产生的影响②。如施特格（Steg）等人发现，价值观的相对重要性并不稳定，考察情境性因素并结合规范与道德有助于更好地诠释环境行为。③ 马特洛克（Matlock）则认为社会规范和环境教育有助于亲环境行为的实施。④ 而发轫于公害问题研究的日本环境社会学，不论是采取致害论、受害论视角的学者，还是采取解决论视角的学者都将环境问题置于社会背景中进行考察。⑤

笔者曾基于政策取向、环境态度－环境行为关系、社会结构等视角对我国 2011 年之前的环境行为相关研究进行了较为系统全面的梳理，指出既有研究忽视环境行为背后的结构性因素及其生成机制，倡导心理性因素与结构性因素相结合以深化环境行为研究。⑥ 故本书侧重于对 2011 年以来我国环境行为研究加以梳理⑦，发现政策取向的环境行为研究已弱化，凸显探究认知、情感、价值观、幸福感对环境行为的约束作用，而社会结构视角下的环境行为研究尚待增强。

1. 意识约束论

基于计划行为理论、价值－信念－规范理论以及规范激活理论等，研究者倾向于探讨环境认知、环境情感、环境行为意向等环境意识构成成分对环境行为的相应影响。如有研究者通过对环境认知进行分类，探讨了环

---

① 彭远春：《国外环境行为影响因素研究述评》，《中国人口·资源与环境》2013 年第 8 期。

② Dietz, T., Stern, P. C., Guagnano, G. A., "Social Structural and Social Psychological Bases of Environmental Concern," *Environment and Behavior* 30 (1998): 450 - 471; Korfiatis, K. J., Hovardas, T., Pantis, J. D., "Determinants of Environmental Behavior in Societies in Transition: Evidence from Five European Countries," *Population and Environment* 25 (2004): 563 - 584.

③ Steg, L., Bolderdijk, J. W., Keizer, K., et al. "An Integrated Framework for Encouraging Pro-environmental Behaviour: The Role of Values, Situational Factors and Goals," *Journal of Environmental Psychology* 38 (2014): 104 - 115.

④ Matlock, S., *The Effects of Social Norms and Educational Information on Pro-Environmental Behaviors* (Missouri Southern State University, 2015).

⑤ 包智明：《环境问题研究的社会学理论——日本学者的研究》，《学海》2010 年第 2 期。

⑥ 彭远春：《我国环境行为研究述评》，《社会科学研究》2011 年第 1 期。

⑦ 对单一环境行为研究的梳理对应各具体章节。

境保护知识、环境问题严重性以及环境风险认知对环境行为的影响，发现环境保护知识越丰富、认为环境问题越严重的城市居民，实施越多的环境行为，而不同类型的环境风险认知对不同类型的环境行为则有差异化的影响[①]。有学者则强调环境情感因素对环境行为的影响，提出解释环境行为的“情感－行为”双因素理论模型，并将情感分为隐含、复合、特定这三个方面进行考察[②]。虞佳丽则以企业员工为研究对象，发现环境信念、环境价值观对亲身力行行为、说服行为等不同类型的环境行为有着显著的正向影响，环境知识在环境态度与环境行为之间起着部分中介作用。[③]

随着研究的不断深入，研究者越来越注重对相关理论的融合以拓宽环境行为的解释框架。孙涛在价值－信念－规范理论和计划行为理论的基础上，重点探讨了环境关注度、环境知识和环境行为责任感对居民低成本和高成本环境行为的影响。[④] 宋燕平、腾瀚在计划行为理论和信念－价值－规范的理论基础上，提出农民的环境态度和环境能力与农民的亲环境行为直接相关，而农民的环境认知和环境支持与农民的环境态度和环境能力显著相关，间接地作用于农民的亲环境行为。[⑤] 彭远春、毛佳宾则结合计划行为理论、价值－信念－规范理论与社会两难论，提出环境效能感、主体控制能力、环境行为意向对城市居民的环境行为产生影响。[⑥]

2. 价值观引领论

作为较稳定的价值观念体系，诸多研究预设价值观引领行为的实施。具体到环境行为领域，则侧重于探究利己价值观、利他价值观、环境价值观、后物质主义价值观对环境行为的可能影响。如刘贤伟、吴建平以大学

---

① 彭远春：《城市居民环境认知对环境行为的影响分析》，《中南大学学报》（社会科学版）2015 年第 3 期。

② 王建明：《环境情感的维度结构及其对消费碳减排行为的影响——情感－行为的双因素理论假说及其验证》，《管理世界》2015 年第 12 期；王建明、吴龙昌：《亲环境行为研究中情感的类别、维度及其作用机理》，《心理科学进展》2015 年第 12 期。

③ 虞佳丽：《环境知识与环境态度、环境行为的关系研究》，硕士学位论文，华东理工大学，2013。

④ 孙涛：《公众环境行为的影响因素及其作用机制研究》，硕士学位论文，华中农业大学，2017。

⑤ 宋燕平、滕瀚：《农业组织中农民亲环境行为的影响因素及路径分析》，《华中农业大学学报》（社会科学版）2016 年第 3 期。

⑥ 彭远春、毛佳宾：《行为控制、环境责任感与城市居民环境行为——基于 CGSS 2010 数据的调查分析》，《中南大学学报》（社会科学版）2018 年第 1 期。

生为研究对象，发现利他价值观和利己价值观对环境行为的直接效应显著；环境关心在利己价值观和私域环境行为之间起着中介作用，在生态圈价值观和私域环境行为之间则起着完全中介作用。[①] 赵婧则通过对海滨旅游人群的问卷调查发现，环境价值观直接影响环境行为的同时，亦通过环境态度对环境行为产生间接影响。[②] 有研究者则发现宗教信仰是影响居民实施环境保护行为的有利因素，即宗教里的生态环境观塑造了信奉者的价值观，进而促进居民实施环境保护行为。[③] 此外，还有学者关注后物质主义价值观对公众环境行为的影响。如侯漪发现收入越高的人，实施支付型行为的可能性越大，但产生行动型环境行为的可能性却越小，即关注归属感、自我表达和生活质量等后物质主义价值观在我国居民身上并未充分体现。[④]

3. 幸福感促动论

心理学认为良性的内在体验有助于将内隐心理外显为具体行为，进而幸福感有利于推动环境行为的实施。如有学者发现主观幸福感对居民环境行为具有显著的影响作用，幸福感的提升能够增加居民参与环境行为的概率。[⑤] 杨奎臣、胡鹏辉则发现社会公平感对公域环境行为产生正向影响，但对私域环境行为不产生显著影响；主观幸福感对私域环境行为产生显著的正向影响，但对公域环境行为产生显著的负向影响。[⑥] 邸菲菲则发现我国居民的环境行为在个体因素方面存在显著差异，行为态度、生活方式、幸福感和媒体使用都对我国居民的环境行为有着显著影响。[⑦] 另有研究发现幸福感包含主观幸福感、心理幸福感、社会幸福感三个维度，而环保行为能够有效提升大学生的多维幸福感体验。[⑧]

---

① 刘贤伟、吴建平：《大学生环境价值观与亲环境行为：环境关心的中介作用》，《心理与行为研究》2013 年第 6 期。

② 赵婧：《环境价值观与亲环境行为的关系研究》，硕士学位论文，中国海洋大学，2015。

③ 万翀昊、司汉武：《宗教信仰对居民环境行为影响的回归分析——基于 CGSS 2010 年数据库》，《忻州师范学院学报》2015 年第 6 期。

④ 侯漪：《中国居民的环境行为分析》，硕士学位论文，上海社会科学院，2015。

⑤ 亢楠楠、王尔大：《主观幸福感对居民环境行为的影响研究》，《统计研究》2017 年第 5 期。

⑥ 杨奎臣、胡鹏辉：《社会公平感、主观幸福感与亲环境行为——基于 CGSS 2013 的机制分析》，《干旱区资源与环境》2018 年第 2 期。

⑦ 邸菲菲：《中国居民行为态度、生活方式、幸福感与环境行为关系的研究——基于 CGSS 2013 数据》，《干旱区资源与环境》2018 年第 3 期。

⑧ 汤艳梅、耿柳娜：《环保行为和多维幸福感的关系研究》，《青年探索》2017 年第 4 期。

此外，部分学者开始突破环境行为心理约束研究之不足，将阶层地位、地域差异、信息分割、系统信任等结构性因素纳入对环境行为的分析之中，以及考察外部条件、设施完善程度等情境性因素对环境行为的调节作用。如有研究者侧重于探究阶层地位、地区差异、环境信息获取对城市居民环境行为的制约作用，发现不同类型环境行为的制约因素存在差异，结构性因素更能解释城市居民的私域环境行为。[①] 时立荣等人提出职业、教育和经济收入三大阶层因素对我国居民环境行为存在影响。[②] 张萍、晋英杰则着重探讨了大众媒介通过信息传播和社会动员两种机制作用于居民的环境行为；大众媒介直接影响环境行为的同时，还通过环境知识对环境行为产生间接影响。[③] 另有学者基于政府－社会关系的“控制－依赖”理论，认为中国城市居民在公共环境行为方面具有显著的依赖心理，环保信息透明与政府信任对公共环境行为具有影响[④]。

杨冉冉、龙如银提出个人偏好、社会参照规范和制度情境对行为意愿－行为存在显著调节效应，行为结果感知对行为意愿和绿色出行行为均存在显著效应。[⑤] 王建明则基于我国文化背景，发现资源节约情感、资源节约知识对资源节约行为存在显著影响，并且物质主义观念、社会压力两因素对意识－行为关系存在显著的调节效应；面子观念、群体一致等中国文化因素对模型存在显著的调节作用。[⑥] 王玉君、韩冬临基于 CGSS 2013 数据的分层模型结果，发现宏观层面的经济发展因素有利于促进个人环境行为，并调节着环境污染变量对环境行为的影响；个人层面的环境污染感知、环保知识以及教育和收入均正向影响环境行为。[⑦] 此外，亦有研究将

---

① 彭远春：《城市居民环境行为的结构制约》，《社会学评论》2013 年第 4 期。

② 时立荣、常亮、闫昊：《对环境行为的阶层差异分析——基于 2010 年中国综合社会调查的实证分析》，《上海行政学院学报》2016 年第 6 期。

③ 张萍、晋英杰：《大众媒介对我国城乡居民环保行为的影响——基于 2013 年中国综合社会调查数据》，《中国人民大学学报》2016 年第 4 期。

④ 王磊、钟杨：《中国城市居民环保态度、行为类别及影响因素研究——基于中国 34 个城市的调查》，《上海交通大学学报》（哲学社会科学版）2014 年第 6 期。

⑤ 杨冉冉、龙如银：《基于扎根理论的城市居民绿色出行行为影响因素理论模型探讨》，《武汉大学学报》（哲学社会科学版）2014 年第 5 期。

⑥ 王建明：《资源节约意识对资源节约行为的影响——中国文化背景下一个交互效应和调节效应模型》，《管理世界》2013 年第 8 期。

⑦ 王玉君、韩冬临：《经济发展、环境污染与公众环保行为——基于中国 CGSS 2013 数据的多层分析》，《中国人民大学学报》2016 年第 2 期。

心理性因素与结构性因素相结合以探讨其对环境行为的影响。如心理性因素与结构性因素都直接影响着私域环境行为与公域环境行为，且结构性因素亦通过心理性因素对二者产生间接影响，但私域环境行为与公域环境行为在具体影响因素及其内在机制方面存在一定差异。[①]

上述研究对本书具有重要的借鉴意义，但它们的不足之处在于以下几个方面。（1）现有研究聚焦探究环境认知、环境情感、价值观、幸福感、行为意向等心理性因素对环境行为的约束作用，相对忽视探讨结构性因素对环境行为的制约作用、心理性因素与结构性因素对环境行为的综合影响。（2）环境意识、环境态度、环境关心、环境信念等心理性概念表述较模糊，缺乏严格界定，时常交织混同使用且其操作化缺乏共识，相关研究难以形成有效对话且不利于学术累积。而环境行为更多的是在一般意义上加以使用，未能根据行为的具体特质进行类型区分。（3）现有环境行为研究未能与实践主体的日常生活实践、微观行动本身更好地结合，相对忽视行为主体的能动反应，从而研究的针对性有待增强。（4）现有研究大都采取问卷调查的方式，对某一时点、自我报告的环境行为进行探讨，而自我报告是受访者对已经实施行为的回顾，可能迎合社会期望效应而与实际行为存在一定距离，故应对不同时点的数据与资料进行历时分析，以及将问卷调查等定量方法与实地观察、深度访谈等定性方法有效结合起来以推进既有研究。

本书将借鉴国内外相关研究成果，结合我国社会实际、实践主体的日常生活实践、微观行动本身特质等，突破单一研究方法的限制，采取多元线性回归、验证性因子分析、路径分析等统计方法对相关数据进行分析，以及采用观察法与访谈法搜集整理相关资料，以探究结构性因素对公众环境行为的制约作用以及行为主体对环境行为实施的能动反应，以弥补上述不足。

三　核心概念

（一）环境行为

环境行为研究涉及心理学、教育学、社会学、管理学等多个学科，国

① 彭远春：《城市居民环境行为研究》，光明日报出版社，2013，第188页。

外学者在不同理论与研究视角下对环境行为给出了不同的表述与界定，其中包括“负责任的环境行为”（responsive environmental behavior）、“具有环境意义的行为”（environmentally significant behavior）、“亲环境行为”（pro-environmental behavior）、“环境友好行为”（environmental friendly behavior）、“环境保护行为”（environmental protection behavior）、“生态行为”（ecological behavior）等。上述表述虽有差异，但有共同内涵，侧重于强调积极面向的环境行为，即个体主动实施、有利于环境的行为。

而我国学者对环境行为的理解，大致有两种倾向：一是从广义上理解环境行为，鉴于人类行为对环境有相应影响[①]，认为人的所有行为都是环境行为，其具“正反两重性”，存在积极建设性或消极破坏性的影响[②]，包括环境友好行为、环境破坏行为等类型；二是从狭义上理解环境行为，认为环境行为是积极正向的行为，即公众主动保护环境以改善其状况、提升环境质量的行为，涉及保护和防范两个方面的内容[③]。可见，国外学者广为使用的环境行为概念在内涵上更倾向于国内学界对环境行为的狭义理解。

基于国内外环境治理与环境保护理念从“事后补修”逐渐转为“事先预防”，以及促进公众更为广泛、有效地参与环境保护，由此环境行为研究的重心应转向积极的环境友好行为而非负向的环境破坏行为。故本书认为环境行为是指个体在日常生活中主动采取的、有助于环境状况改善与环境质量提升的行为[④]，其具有个体性、惯常性、模糊性、正向性、双重性五个方面的特点。另外，本书将环境抗争、环境运动排除在环境行为研究之外，仅研究公众日常生活实践中常态意义的环境行为。

有关环境行为的类型划分，国内外学者做了诸多研究。如有学者将环

---

① 崔凤、唐国建：《环境社会学：关于环境行为的社会学阐释》，《社会科学辑刊》2010年第3期。

② 王芳：《行动者及其环境行为博弈：城市环境问题形成机制的探讨》，《上海大学学报》（社会科学版）2006年第6期；田翠琴、赵志林、赵乃诗：《农民生活型环境行为对农村环境的影响》，《生态经济》2011年第2期。

③ 武春友、孙岩：《环境态度与环境行为及其关系研究的进展》，《预测》2006年4期；彭远春：《试论我国公众环境行为及其培育》，《中国地质大学学报》（社会科学版）2011年第5期。

④ 彭远春：《试论我国公众环境行为及其培育》，《中国地质大学学报》（社会科学版）2011年第5期。

境行为分为说服行为、消费行为、生态管理行为、法律行为、政治行为五类[①]；另有学者提出与之类似的六类划分：说服行为、经济行为、身体力行行为、教育行为、法律行为、公民行为[②]。我国学者亦根据不同的分类标准对环境行为类型加以划分，如根据行为主体的不同存在方式，分为个体型、群体型以及组织型环境行为三大类别；根据行为的实施方式，分为生活型环境行为、生产型环境行为两类；根据环境行为结果的差异则分为环境保护行为、环境破坏行为与环境影响行为。[③] 有研究则将环境行为分为日常性环境保护行为和参与性环境保护行为[④]、私域环境行为与公域环境行为[⑤]等类型。总之，基于环境行为的不同理解与界定则有着不同的环境行为分类，故我们在探讨环境行为类型时应明确其预设的环境行为内涵，并正视不同类型环境行为的影响因素及其对环境质量的改善效果也可能存在差别。

（二）结构制约

自社会学创立伊始，社会学家对社会结构、社会行动、社会秩序维系以及社会发展变化尤为关注。但在各个时期不同社会学家对社会结构的研究中，交织着矛盾性的认识。一是存在着社会结构是一种客观实在抑或抽象名称的分歧，实际反映的是宏观结构与微观行动的二元对立，即无数杂乱面向的个体行动如何构成较为稳定的社会结构。二是存在着社会结构是一种外显的模式抑或内隐机制的分歧，即究竟是显现在外的社会地位、社会角色、社会群体、社会组织、社会制度的模式，还是不能为人直接观察所见，潜隐在社会事实之下，影响社会行为与社会运行的内在机制。三是制度化是社会行动得以实施、社会结构得以维系的基础。社会资源的分配与交换并非均等进行，不同社会位置对应不同价值的资源，而社会位置的获致及其行动方式受到已有制度化构成制约的同时，其实践结果又反向影

① Hungerford, H. R., Peyton, R. B., *Teaching environmental education* (Portland: Me. J. Weston Walch, 1976).

② Smith-Sebasto, N. J., "The Revised Perceived Environmental Control Measure: A Review and Analysis," *The Journal of Environmental Education* 23 (1992): 24 - 33.

③ 崔凤、唐国建：《环境社会学：关于环境行为的社会学阐释》，《社会科学辑刊》2010 年第 3 期。

④ 李文娟：《影响个人环境保护行为的多因素分析》，硕士学位论文，厦门大学，2006。

⑤ 彭远春：《城市居民环境行为研究》，光明日报出版社，2013，第 82 页。

响着原有的制度化构成。四是社会位置及其占据的资源实则反映出个体在社会结构中的地位，基于社会地位的交往互动促成等级有序的关系，对社会生活与社会实践产生至关重要的影响，即阶层结构是社会结构的内核，在现代社会中发挥重大作用。就某种程度而言，现代社会结构通常体现为社会分层体系，通过对个体或群体阶层地位的把握，有助于更好地理解其社会行动的意义。

基于此，本书认为社会结构指的是社会各组成部分或子系统之间较为稳定、持续的关系模式，通常外显为社会地位、社会角色、社会群体、社会组织、社会制度，影响与制约社会生活与社会行动的同时，又为社会生活与社会行动实践所重塑。同时，社会各子系统或组成部分之间关系的塑造与协调，往往依托于一系列形式化的规范与程序，其是社会结构得以产生与维系、社会行动得以实施的基础。此外，阶层结构是社会结构的内核，在现代社会通常体现为社会分层体系，社会成员能否在合理的制度化构成影响与制约下，通过自身努力占据恰当的社会位置并归属于对应的阶层，进而产生阶层归属感与认同感，对其相应社会行动有着相应的影响。

故本书侧重于考察环境污染状况、社会经济发展水平、制度设置与社会规范、环境治理力度、社会阶层地位、生活方式、环境身份等结构性力量对公众实施环境行为的外在影响，其对环境行为的实施往往具有外在的强制性。当然，本书寻求探究公众环境行为的结构制约作用，并不是要将结构性力量与心理性作用分割开来，而是要将结构制约与主体能动相结合以发掘公众环境行为的实施机制。

（三）主体能动

在探究公众环境行为结构制约的同时，亦不能忽视结构置于其上的主体实践的作用：行为主体在面对结构时采取的判断与评价、权宜策略、行为方式也同样值得关注。事实上，社会结构虽作为一种外在的制约力量对主体行为产生影响，但这种影响并非全部，行为主体的主观能动性往往也起着重要作用。首先，在环境行为研究领域，心理学范式注重探究行为背后复杂的心理过程与内在驱动力，其往往是环境认知、环境情感、环境价值观、环境态度、环境责任感、环境行为意向等内在心理性因素共同作用的结果，故侧重于探究上述因素对环境行为实施的内在约束作用，并明晰环境行为实施的心理机制，如国外学界流行甚广的“环境认知－环境态度－环境行为意向－环境行为”以及“价值观－环境关心－环境责任感－环境行为”[①] 两大心理机制。

随着社会学、教育学等学科日益介入环境行为研究，个体主观规范、环境效能感、主体控制能力、环境行为技能与策略、环境敏锐度、环境体验等心理性因素对环境行为的约束作用逐渐受到关注，即环境行为主体并非被动的个体，面对外在结构性力量和情境性因素时，有着能动的反应，行为者往往对行为实施的动力、相应代价、可能遭遇的风险、制约条件等做出评判与应对，进而采取适宜的行为方式。如本书基于生活者的视角，侧重于关注垃圾分类行为的主体衡量过程。居民作为行为主体，自身可以判断哪些因素对其垃圾分类行为产生影响以及自身在实践过程中如何能动应对，并在这一过程中建构垃圾分类的价值与意义。故本书侧重于考察环境知识、环境关心、环境效能感、环境行为意向、行为主体衡量过程与控制等心理性因素对公众实施环境行为的内在约束影响及其对外在结构制约的消解抑或强化作用。

（四）公众

公众作为通行的词汇，使用者往往认为其有着不言自明的含义，即将公众与大众、民众等同使用，相当于一定规模的人群。[②]《中国百科大辞典》则将公众界定为“具有共同关注的社会问题和社会对象，并对它们持有某种相同观点，但暂未形成统一组织的人群”[③]。这一界定实际上突出公众同质性与分散性，可以理解为具有共同特质的分散人群。而公共关系学认为公众是“对一个机构的目标和发展具有现实或潜在的利益关系和影响力的所有个人、群体和组织”[④]，强调公众的组织关联性、多元构成形态、群体集合性与共同性。新闻学则将公众界定为“现实生活中面临共同的社会问题、具有共同的社会需要并由共同或相近的社会意识联系起来的人员

① 彭远春：《国外环境行为影响因素研究述评》，《中国人口·资源与环境》2013 年第 8 期。

② 《新华汉语词典》认为公众又名大众，是社会上的大多数人，来源于中国知网百科“公众”，详见 http://kns. cnki. net/kns/brief/result. aspx? dbprefix = CRPD。

③ 来源于中国知网百科“公众”，详见 http://kns. cnki. net/kns/brief/result. aspx? dbprefix = CRPD。

④ 来源于中国知网百科“公众”，详见 http://kns. cnki. net/kns/brief/result. aspx? Dbprefix = CRPD。

集合"[①]，其突出未组织化的集合性和共同意识，可理解为未经组织化而具有共同意识的群体集合。可见，上述对公众的界定虽有细微差别，但都强调集合性与共同性。

由此，本书亦突出人群的集合性以及关注环境状况、环境保护等议题的共同特征，认为公众是社会个体的集合体，与政府、市场、社会组织一并构成环境保护的多元行为主体。故本书将公众、居民、城乡居民三者未详加区分，将其等同使用。

四 理论基础

（一）结构二重性理论

为了消除帕森斯社会行动理论滑向规范决定论之缺陷，诸多学者做出了积极努力。较具代表性的是20世纪70年代布劳提出的宏观结构理论，他试图在社会结构中分析交换行为，进而用宏观结构主义代替早期的交换理论。社会结构是其理论的核心概念，被定义为一个社会的人口在多维空间中的社会地位上的分布，可分为微观结构与宏观结构两种，微观结构由相互影响的个体组成，而宏观结构由相互联系的群体组成，社会交换存在于这两种结构之中。由于个体占据的社会位置不一，拥有的资源及资源价值有着相应差异，需要在相互交往中进行交换，这需要经历相互吸引、竞争、分化、整合等诸多环节。而制度化是社会交换得以实施、社会结构得以维系的重要保证：一是形式化的程序与规则使得社会行为、社会关系模式化与固定化，从而能超越特定的个体，使得有组织的社区生活模式稳定下来；二是通过社会化方式，使社会行为、社会关系模式合法化的价值观得以代代相传并延续下去；三是统治群体认同并支持上述模式，即制度化扎根于权力结构之中。[②]

科尔曼创立的理性选择理论建立在个人行动具有目的性这一基础之上，旨在研究人的理性行动如何为社会结构所制约以及在结构的限制中如何选择具体的行动方式。具体而言，在看到个人行动意在满足个人利益的

① 来源于中国知网百科“公众”，详见 http://kns.cnki.net/kns/brief/result.aspx? Dbprefix = CRPD。

② 贾春增：《外国社会学史》（修订本），中国人民大学出版社，2000，第226、308页。

同时，应考虑个人在人际互动、群体、组织、制度中的行动受到后者的制约，并在诸多制约下选择恰当的行动方式。[①] 而以亚历山大为代表的新功能主义既坚持结构对行动的强制性作用，又强调行动的偶然性与创造性及其对结构的变革作用，只是在许多实质性的具体讨论中，他们仍更多地侧重于探讨如何重新解释结构对行动的制约作用。[②]

吉登斯认为以往的结构理论仅仅强调社会结构对个体行动的制约，而忽视个体对社会结构的能动作用，其试图超越结构与行动之间的二元对立，进而提出结构化理论，用结构二重性代替二元论，成功地把结构和系统融合进了行动。他认为人的行动实则是一种持续不断的行动流，而行动流持续不断地产生出行动者意图之外的后果，这些意料之外的后果又可能以某种反馈的方式，形成行动的未被认识到的条件，即行动者在再生产结构性特征的同时，也再生产出促成这种行动的条件。[③] 可见，吉登斯强调个体行动与社会结构之间的相互作用，社会结构制约个体行动，而个体行动又反作用于社会结构，即社会结构既是以往社会结构运行的结果，又是个体社会活动的结果，具有双重特性。结构化理论将宏观社会结构与微观社会行动合二为一，认为不存在谁发生在前面、谁产生在后面或者谁为谁的基础的问题。诚如吉登斯所言："有一种看法，认为相互依存的人际关系是大规模的宏观社会结构，是社会建筑所赖以建立的基础，这种观点是错误的。所谓的微观社会学研究，它所研究的现实，并不比宏观社会学关注的问题更为实在、具体。"[④]

由此看来，行动在日常生活中被结构化，同时也在不断再生产这种结构化特征[⑤]，二者之间形成一种"无尽循环"[⑥] 的"互构关系"[⑦]。因此，

① 杨善华：《当代西方社会学理论》，北京大学出版社，1999，第110～113页。

② 杨善华：《当代西方社会学理论》，北京大学出版社，1999，第162～163页。

③ 安东尼·吉登斯：《社会的构成》，李康、李猛译，生活·读书·新知三联书店，1998，第90页。

④ 转引自李强：《农民工与中国社会分层》（第二版），社会科学文献出版社，2012，第334页。

⑤ 陈学金：《"结构"与"能动性"：人类学与社会学中的百年争论》，《贵州社会科学》2013年第11期。

⑥ 肖瑛：《从"理性 vs 非（反）理性"到"反思 vs 自反"社会理论中现代性诊断范式的流变》，《社会》2005年第2期。

⑦ 王远：《论吉登斯结构化理论建构的创新综合模式——对传统社会学理论二元对立的超越》，《社会科学战线》2012年第5期。

对社会现象的分析要回到行动本身，从实践的角度来理解结构，具体到环境行为来说，就要注重考察社会结构对公众环境行为的制约作用以及行为主体对环境行为实施的能动反应。

（二）日常生活实践理论

社会学对于个体日常生活的研究动摇了帕森斯所代表的“宏大叙事”范式：整体的、线性的社会学实证主义取向受到质疑，这成为后现代社会学发展的一大特点。许多社会学家试图研究个人的日常生活行动，并从中窥探整个社会的关系、结构和发展方向。其中最有代表性的就是法国社会学家米歇尔・德塞图（Michel de Certeau）。他系统地提出了日常生活实践理论，从消费者“生产”的战术角度进行阐释，描述了一个普通民众在社会宰制下沉默抵抗的“生活诗学”①。从该理论角度来说，消费其实是消费者用以创造的“生产”方式，是对“统辖性的商品生产的抵制”②。就这样，消费者在整个消费社会的权力体系中“避让但不逃离”③，发挥着自己的主动性。德塞图的主张展现了作为庶民大众的消费者的日常生活图景，发掘出以往被学术话语所忽视的微观领域。如电视使用④、汽车消费⑤、网络媒体运用⑥、妇女角色扮演⑦、住院精神病人康复⑧等领域都借鉴这一理论展开了深入探讨。

而试图超越个体－社会二元局限的社会实践论（Social Practice Approach，SPA）逐渐被环境社会学家采纳与使用。在社会实践论视角下，社

---

① 吴飞：《“空间实践”与诗意的抵抗——解读米歇尔・德塞图的日常生活实践理论》，《社会学研究》2009年第2期。

② 吴飞：《“空间实践”与诗意的抵抗——解读米歇尔・德塞图的日常生活实践理论》，《社会学研究》2009年第2期。

③ 练玉春：《论米歇尔・德塞都的抵制理论——避让但不逃离》，《河北学刊》2004年第2期。

④ 金玉萍：《电视实践与维吾尔族村民日常生活研究——基于托台村民族志调查》，《新闻与传播研究》2012年第1期。

⑤ 林晓珊：《国外汽车消费社会学研究述评》，《社会》2008年第6期。

⑥ 王冰雪：《调侃・狂欢・抵抗——网络空间中民众化转向的另类表达与实践》，《新闻大学》2014年第5期。

⑦ 潘春梅：《元阳县箐口村哈尼族日常生活实践中的妇女角色》，《中南民族大学学报》（人文社会科学版）2008年第2期。

⑧ 丁瑜、李会：《住院康复精神病人日常生活实践中的充权——一个广州的个案研究》，《社会》2013年第4期。

会实践作为社会研究与分析的核心单位，旨在超越“个人行为 - 社会结构”的二元对立问题。社会实践论关注的是个体行为背后的深层原因，个人利益、动机及其所处的背景，是处于特定时空背景下且与他人共享的社会实践。通过将个人行为纳入社会实践范畴，该理论为我们提供了一个将个人与结构两方面整合起来的理论框架。行动主体做出的各种意识与行为选择都是日常实践的结果，行为主体依靠社会实践的知识和技能构成的日常习惯与实践意识进行行为策略分析；而社会结构是个体行动所在的实际情境背景，既约束着行动，也为个人行动的发生提供必要的规则与资源，这就强调个体行为选择与政府或市场提供的供给系统的密切联系。另外，社会实践的不断变迁源于生活方式或供应系统中的一些社会技术革新升级。[①] 因此，对环境行为的研究应从生活主体的日常生活视角出发，基于公众的日常生活实践来理解与解释环境行为的实施与演变。

（三）生活环境主义

生活环境主义是日本环境社会学理论本土化的代表性成果。20 世纪 70 年代，鸟越皓之、嘉田由纪子等在对琵琶湖及其周边环境问题的调研中发现，“现代技术主义”“自然环境保护主义”等既有的环境分析与治理模式不适应当地的实际情况，他们立足于日常生活来理解人与自然之间的互利共生关系，进而提出富有特色与解释力的生活环境主义。他们认为，生活环境主义是通过尊重、挖掘并激活当地的生活智慧，来解决环境问题的一种方法，即既能从生活的角度“安抚”自然，又能使其成果得到反馈，用来改善并丰富当地人的生活的一种方法。[②] 生活环境主义由所有论、组织论和意识论三个层次构成，[③] 具体内容如表 1 - 2 所示。

表 1 - 2　生活环境主义基本理论框架

层次	视角	具体内容
所有论	共同占有权	环境权属于个人所有权范畴，但无法依靠法律的力量去争取，只能尽量依据行政裁决权改善事态

① 范叶超：《社会实践论：欧洲可持续消费研究的一个新范式》，《国外社会科学》2017 年第 1 期。

② 鸟越皓之：《日本的环境社会学与生活环境主义》，闰美芳译，《学海》2011 年第 3 期。

③ 鸟越皓之：《日本的环境社会学与生活环境主义》，闰美芳译，《学海》2011 年第 3 期。

续表

层次	视角	具体内容
组织论	说法	意见分歧者所持有的派别理论，强调居民的意见和组织的特性
意识论	生活常识	普通居民为改善生活而在生活组织中积累的经验，并通过具体的行为表现出来

基于生活环境主义基本理论框架，我国学者宋金文认为生活环境主义的内涵应包括三个层面的内容：一是在主体层面强调生活者生活本身的重要性；二是在环境现状与问题层面认为人们的行为是导致环境问题产生的根源；三是重视生活者在日常生活中的环境行为对改善环境的可行性。①

总之，生活环境主义特别强调从生活者的角度出发理解环境议题、解决环境问题，要求研究者充分了解生活者在日常生活实践中所积累的经验、生活智慧以及实践规则等，主张从当地居民的生活历史和生活取向中，寻找解决环境问题的答案，并需要考虑生活者对于生存、发展的需求，在此基础上考虑如何促进环境行为的实施以及将环境保护落实到日常生活实践。

五　研究方法

（一）具体研究方法

本书主要采用理论导向的实证研究与非参与观察法、半结构式访谈法等定性研究方法对公众环境行为及其影响因素展开研究。

1. 理论导向的实证研究

理论导向的实证研究是指首先明确提出具体的研究问题，在详细梳理国内外相关研究的基础上明晰既有研究之不足，再结合相关理论推导出具体的研究假设，并将相关概念、指标、变量操作化为具体问题，形成具有内在逻辑性的问卷，然后在遵循科学的抽样方案和严格规范的程序下收集资料，借助软件将其转化成数据库，再运用恰当、有效的统计分析方法对相关研究假设进行检验，最终依据统计结果对相应理论予以回应、修正或

① 宋金文：《生活环境主义的社会学意义——生活环境主义中的“生活者视角”》，《河海大学学报》（哲学社会科学版）2009 年第 2 期。

完善。有学者曾提出规范的经验研究应包括研究问题、文献综述、研究假设、资料描述、概念测量与操作化、方法设计、经验分析、结论八个组成部分。[①] 理论导向的实证研究实则以“想问题、究理论、重证明”为突出特征[②]，一般依据“问题的提出、文献梳理与回顾、研究设计、统计分析、讨论与结论”等结构展开论述。

本书使用 SPSS22.0 以及 AMOS18.0 软件，具体采用描述性统计、相关分析、均值比较、信度分析、探索性因子分析、多元线性回归、多分类 logistic 回归、结构方程模型等统计方法。采用描述性统计、相关分析、均值比较对环境行为的基本状况、历时变化、城乡差异等进行初步考察，为下一步研究奠定基础；采用信度分析对环境关心、环境行为等量表的可靠性进行检测，运用探索性因子分析、验证性因子分析对环境行为的内在结构加以探究；采用多元线性回归考察自变量对因变量的共同影响以及在控制其他变量的情形下，考察某一个变量对因变量的单独作用；结构方程模型则包括验证性因子分析、路径分析两种统计方法，通过检验模型中所包含的观测变量、潜变量以及误差变量之间的关系，进而获得自变量对因变量影响的直接效应、间接效应或总效应。故本书利用结构方程模型对相关研究模型加以检验，对变量之间的内在关系详加考察，以揭示社会结构对环境行为的制约作用、行为主体环境行为的能动反应以及实施环境行为的内在机制。

2. 定性研究方法

本书主要采用非参与观察法、半结构式访谈法对居民垃圾分类行为进行研究。非参与观察法是定性研究的重要方法之一，其并不要求研究者直接参与研究对象的日常生活，观察者通常置身事外，与研究对象保持专业距离，作为旁观者了解事件的经过。本书侧重于观察小区内垃圾分类基础设施等客观条件以及居民的垃圾分类与垃圾投放情况，为后续访谈与分析做准备。仅仅依靠实地观察，获得的资料仍不完整，且难以切实把握真实的主体衡量过程，故本书采取半结构式访谈法，基于行为主体的日常生活实践以侧重于探究主体能动性、权宜策略等。访谈时参照提纲，先对被访者垃圾分类实施情况进行总体意义上的度量，再对应相应情境围绕垃圾分

① 彭玉生：《“洋八股”与社会科学规范》，《社会学研究》2010 年第 2 期。

② 边燕杰：《理论导向的实证社会学研究》，《中国社会科学评价》2015 年第 2 期。

类的信息收集、行为准备、行为实施与行为反思展开探讨，充分了解影响行为主体衡量过程的障碍、促发因素以及主体回应等。

（二）数据介绍

本书采用CGSS 2003、CGSS 2010、CGSS 2013、CGSS 2015相应模块数据以及大学生环境素养调查数据进行理论导向的实证研究。[①] 2003年中国综合社会调查由中国人民大学社会学系和香港科技大学调查研究中心共同主持，并联合其他学术单位组织实施。其调查范围是除西藏自治区之外的中国大陆[②]所有城市地区。该调查利用2000年第五次全国人口普查数据，采用PPS抽样从省级单位抽到社区，再在每个社区采用系统抽样抽取10个调查户。每户采用Kish表抽取1人作为调查对象。调查对象为18～69岁的成年人。调查方式为入户面访，设计样本5980人。调查问卷包含了环境议题认知、环境知识、2000年修订的新环境范式量表（NEP）、环境行为等问题，单独构成调查问卷的B卷。由于合作方的困难，在广东省、吉林省、黑龙江省和湖北省的部分样本城市未能进行B卷的访问，使得完成的样本比设计的样本少了902人。最终在B卷的调查部分，完成样本5078人，其中有效样本5073人。本书的分析只能依据实际完成的样本。由于缺失的样本量相对于总样本量是很少的（15%），在可接受范围内，可认为其对总样本的代表性影响不大[③]，而B卷调查部分与CGSS 2003总的调查数据在性别、年龄、文化程度等人口学特征方面相似，亦很好地说明了这一点（见表1－3）。

中国综合社会调查第二期（2010～2019年）由中国人民大学中国调查与数据中心联合国内25家高校及社科院组织实施。该问卷调查采用多阶分层概率抽样设计，在中国大陆31个省（自治区、直辖市）开展调查。第一阶段的分层抽样先抽取了100个县（区）和北京、上海、天津、广州、深圳5个城市，再从每个县（区）随机抽取4个居委会或村委会，从5个

① 具体抽样设计及其他相关资料请参见：http://www.chinagss.org/。本书使用的CGSS数据全部来自中国国家社会科学基金资助之中国综合社会调查（CGSS）项目。该调查项目由中国人民大学社会学系与香港科技大学社会科学部执行，项目主持人为李路路教授、边燕杰教授。作者感谢上述机构提供相关数据。文责自负。

② 本书不涉及港澳台地区，为避免表述上的累赘，在行文过程中将中国大陆与我国替换使用。

③ 洪大用、肖晨阳：《环境关心的性别差异分析》，《社会学研究》2007年第2期。

城市中共抽取 80 个居委会。第二阶段的抽样主要是利用地图抽样方法在每个被抽中的居委会或村委会中随机抽取 25 个家庭；第三阶段的抽样主要是在抽取到的家庭内利用 Kish 表随机抽取 1 个符合要求的成年人作为调查对象进行访问。最终对全国 100 个县（区），480 个居委会或村委会、12000 户家庭中的约 12000 个个体进行了主体问卷的调查。CGSS 2010 调查的所有抽样过程都经过多层把关，所有抽取的样本都是符合要求的随机样本。

CGSS 2010 最终获得 11785 个有效样本。另外，继续对在二月、九月、十一月及十二月出生的被访者进行了环境模块（L 卷）的调查。CGSS 2010 环境模块的最终有效样本为 3716 人，其中农村居民样本为 1324 人，城市居民样本为 2392 人，分别占环境模块样本的 35.6% 与 64.4%；男性占 47.4%，女性占 52.6%；年龄在 25 岁及以下者占 8.7%、26~35 岁占 15.7%、36~55 岁占 44.2%、56 岁及以上占 31.5%；小学及以下受教育程度者占 34.2%、初中占 29.1%、高中占 20.1%、大专及以上占 16.6%。CGSS 2010 调查 L 卷样本及 L 卷城市样本的基本情况详见表 1-3。

CGSS 2013 最终获得 11439 个有效样本，其中城市居民样本为 7023 人，农村居民样本为 4416 人，分别占样本总量的 61.4% 与 38.6%；男性占 50.2%，女性占 49.8%；年龄在 25 岁及以下者占 9.0%、26~35 岁占 15.3%、36~55 岁占 39.7%、56 岁及以上占 36.1%；小学及以下受教育程度者占 35.6%、初中占 29.1%、高中占 19.1%、大专及以上占 16.2%（见表 1-3）。对比三次调查的基本情况，发现其具有大致类似的结构，适合进行对比分析。

表 1-3　CGSS 2003、CGSS 2010 与 CGSS 2013 调查样本的基本情况

单位：%

基本情况		CGSS 2003		CGSS 2010			CGSS 2013	
		B 卷	整体	L 卷城市	L 卷	整体	城市	整体
性别	男	48.2	48.1	46.9	47.4	48.1	50.5	50.2
	女	51.8	51.9	53.1	52.6	51.9	49.5	49.8
年龄	25 岁及以下	9.6	9.6	9.6	8.7	9.1	10.0	9.0
	26~35 岁	21.2	21.3	17.6	15.7	15.3	18.0	15.3
	36~55 岁	48.5	48.9	42.2	44.2	44.5	39.2	39.7
	56 岁及以上	20.8	20.2	30.6	31.5	31.1	32.8	36.1

续表

基本情况		CGSS 2003		CGSS 2010			CGSS 2013	
		B卷	整体	L卷城市	L卷	整体	城市	整体
受教育程度	小学及以下	17.3	18.2	21.7	34.2	36.0	21.8	35.6
	初中	32.1	31.3	28.1	29.1	29.3	28.1	29.1
	高中	30.6	30.7	25.5	20.1	19.2	25.5	19.1
	大专	12.5	12.8	12.7	8.6	7.9	12.0	8.1
	大学本科及以上	7.4	7.0	12.0	8.0	7.6	12.6	8.1

注："小学及以下"包括未受过正式教育、小学和私塾；"高中"包括普通高中、职业高中、技校和中专；"大专"包含了全日制大专和非全日制大专两种类型；"大学本科及以上"包含了全日制与非全日制本科、研究生及以上。

2015年CGSS项目覆盖全国28个省（自治区、直辖市）的478个村委会或居委会，共完成有效问卷10968份。其中城市居民样本为6470人，农村居民样本为4498人，分别占样本总量的59.0%与41.0%；男性占46.8%，女性占53.2%；年龄在25岁及以下者占8.6%、26~35岁占13.4%、36~55岁占38.1%、56岁及以上占39.9%；小学及以下受教育程度者占37.7%、初中占28.1%、高中占17.9%、大专及以上占16.3%。

CGSS 2015的能源模块（E部分）是核心模块（A部分）之外加入的国际调查合作计划（ISSP）中的选答模块，随机分配给受访者进行回答，该部分抽中概率为1/3。经筛选处理，本书选取能源模块2743个样本，其中：城市受访者占59.0 %，农村受访者占41.0%；男性受访者占46.5%，女性受访者占53.5%；25岁及以下、26~35岁、35~55岁和56岁及以上的受访者分别占样本的7.6%、12.8%、40.3%和39.2%；小学及以下受教育程度者占34.9%、初中占29.3%、高中占19.0%、大专及以上占16.8%。可见，本书选取的能源模块结构与总样本结构类似，适合做进一步的分析。

笔者组织开展了大学生环境素养调查，主要基于以下考虑：一是大学生作为未来公众的行为主体，其态度与行为对未来的环境治理与可持续发展有着重要的作用，研究大学生群体具有一定的现实意义；二是本次问卷调查首次引入国外的环境身份量表以及环境关心量表、环境行为量表等，需要填答者有较好的阅读理解能力，而大学生具有较高的知识水平，能更好地填答问卷以确保答卷质量，进而为环境身份量表的本土化以及未来进行更大范围的研究奠定基础。2020 年 4 月 4 ~7 日，课题组依托问卷星平台进行了大学生环境素养调查。依据“省份 - 学校 - 专业 - 年级”尽量多样的原则推送问卷，并将回答时间低于 3 分钟、环境行为量表/环境关心量表答项全部一致的答卷删除，最终获得有效问卷 1328 份，由来自大陆地区 31 个省份、116 所高等院校的大学生填答。其中男性占 48.3%，女性占 51.7%；大一、大二、大三、大四及以上比例分别为 39.1%、27.5%、19.7%、13.8%；生源地为农村、城市的分别占 47.7%、52.3%；人文社科类、理工类、医学类、其他类专业学生分别占 43.4%、41.6%、13.9%、1.1%。

六　全书架构

本书基于 CGSS 2003、CGSS 2010 与 CGSS 2013 环境模块、CGSS 2015 能源模块、大学生环境素养调查数据以及 H 市居民垃圾分类的观察与访谈资料，采用理论导向的实证研究与定性研究方法对公众环境行为及其影响因素展开研究。具体包括以下八章。

第一章　绪论。简要介绍了选题背景、研究的理论与现实意义以及具体的研究问题，梳理回顾了 2011 年以来国内外环境行为的研究，对本书的理论基础、采用的研究方法与数据进行了阐述与说明。

第二章　公众环境行为的基本状况。基于 CGSS 2003、CGSS 2010 与 CGSS 2013 相关数据，采用描述性统计、相关分析、信度分析、探索性因子分析及均值比较等统计方法，对我国公众实施环境行为的具体情况、环境行为的内在结构、环境行为的城乡差异以及环境行为的历时变化进行探讨。

第三章　公众环境行为的城乡差异。利用 CGSS 2010 环境模块数据，基于环境污染驱动论、社会结构制约论、环境意识激发论等理论视角，运用相关分析、多元线性回归、路径分析等统计方法，对公众环境行为的城乡差异进行了分析。

第四章　公众健康状况与环境行为。利用 CGSS 2013 健康模块与环境模块数据，采用健康促进论，运用路径分析等统计方法，围绕健康状况对公众环境行为有无影响、有着怎样的影响进行了探讨。

第五章　公众节能行为。利用 CGSS 2015 能源模块，基于结构二重性理论和日常生活实践理论，侧重于探究社会结构制约、主观规范约束对公众节能行为的相应影响。

第六章　生活者的主体衡量与垃圾分类行为。结合生活环境主义，基于 H 市居民的日常生活实践，从垃圾分类实施主体这一生活者出发，侧重于探讨垃圾分类行为历经着怎样的衡量过程、哪些因素对主体衡量的具体过程产生影响以及起着怎样的影响。

第七章　大学生环境行为。在梳理国内外学者有关环境态度、环境身份和环境行为研究成果的基础上，引入国外环境身份量表、环境行为量表和国内环境关心量表（CNEP），结合大学生环境素养调查数据，采用多元线性回归、路径分析等统计方法，着重探究环境身份、环境态度对大学生绿色消费行为与环境参与行为的相应影响。

第八章　结论与展望。对本书的实证研究结果进行总结与分析，并就如何推进既有研究进行了阐述。

第二章　公众环境行为的基本状况

我国公众实施环境行为的具体情况如何？公众环境行为有着怎样的内在结构？公众环境行为是否存在显著的城乡差异？公众环境行为有着怎样的历时变化？本研究将分别基于 CGSS 2003、CGSS 2010 与 CGSS 2013 数据，采用描述性统计、信度分析、探索性因子分析及均值比较等统计方法进行探讨。

一　基于 CGSS 2003 与 CGSS 2013 数据的对比分析

（一）单一环境行为的城乡差异与历时变化

CGSS 2003 与 CGSS 2013 调查问卷都包含一个由十个项目构成的环境行为量表，具体询问了被访者在过去的一年里“从不”、“偶尔”或者“经常”从事这十项不同的活动或行为①的情况（见表 2－1）。

2013 年中国综合社会调查的数据表明，半数左右的被访者从不实施“垃圾分类投放”“与自己的亲戚朋友讨论环保问题”“主动关注广播、电视和报刊中报道的环境问题和环保信息”这三类环境行为，八成左右的被访者从不实施“为环境保护捐款”“积极参加政府和单位组织的环境宣传教育活动”“积极参加民间环保团体举办的环保活动”“自费养护树林或绿地”“积极参加要求解决环境问题的投诉、上诉”等具体环境行为，公众实施“采购日常用品时自己带购物篮或购物袋”“对塑料包装袋进行重复利用”等环境行为相对较多，如 39.6% 的被访者采购日常用品时自己经常

① 在后续分析中，笔者将“从不”、“偶尔”和“经常”选项相应赋值为 0、1 和 2。

表 2-1　2003 年与 2013 年环境行为项目频率

单位：%

<table>
<tr><th rowspan="3">环境行为项目</th><th colspan="3">2003 年</th><th colspan="9">2013 年</th></tr>
<tr><th colspan="3">城市居民</th><th colspan="3">城市居民</th><th colspan="3">农村居民</th><th colspan="3">城乡居民</th></tr>
<tr><th>从不</th><th>偶尔</th><th>经常</th><th>从不</th><th>偶尔</th><th>经常</th><th>从不</th><th>偶尔</th><th>经常</th><th>从不</th><th>偶尔</th><th>经常</th></tr>
<tr><td rowspan="3">（EH1）垃圾分类投放</td><td>63.1</td><td>21.8</td><td>15.2</td><td>45.6</td><td>38.6</td><td>15.8</td><td rowspan="2">70.6</td><td rowspan="2">22.7</td><td rowspan="2">6.8</td><td rowspan="3">55.2</td><td rowspan="3">32.5</td><td rowspan="3">12.3</td></tr>
<tr><td colspan="6">$\chi^2 = 434.811$　$df = 2$　$p = 0.000$</td></tr>
<tr><td colspan="3"></td><td colspan="6">$\chi^2 = 696.184$　$df = 2$　$p = 0.000$</td></tr>
<tr><td rowspan="3">（EH2）与自己的亲戚朋友讨论环保问题</td><td>31.7</td><td>56.7</td><td>11.6</td><td>42.3</td><td>47.3</td><td>10.4</td><td rowspan="2">65.3</td><td rowspan="2">31.4</td><td rowspan="2">3.3</td><td rowspan="3">51.2</td><td rowspan="3">41.2</td><td rowspan="3">7.7</td></tr>
<tr><td colspan="6">$\chi^2 = 143.315$　$df = 2$　$p = 0.000$</td></tr>
<tr><td colspan="3"></td><td colspan="6">$\chi^2 = 621.661$　$df = 2$　$p = 0.000$</td></tr>
<tr><td rowspan="3">（EH3）采购日常用品时自己带购物篮或购物袋</td><td>49.7</td><td>27.5</td><td>22.7</td><td>18.8</td><td>35.5</td><td>45.7</td><td rowspan="2">32.9</td><td rowspan="2">37.4</td><td rowspan="2">29.7</td><td rowspan="3">24.2</td><td rowspan="3">36.2</td><td rowspan="3">39.6</td></tr>
<tr><td colspan="6">$\chi^2 = 1375.963$　$df = 2$　$p = 0.000$</td></tr>
<tr><td colspan="3"></td><td colspan="6">$\chi^2 = 401.101$　$df = 2$　$p = 0.000$</td></tr>
<tr><td rowspan="3">（EH4）对塑料包装袋进行重复利用</td><td>29.1</td><td>24.7</td><td>46.2</td><td>14.4</td><td>30.5</td><td>55.6</td><td rowspan="2">25.8</td><td rowspan="2">34.0</td><td rowspan="2">40.2</td><td rowspan="3">18.8</td><td rowspan="3">31.9</td><td rowspan="3">49.4</td></tr>
<tr><td colspan="6">$\chi^2 = 390.350$　$df = 2$　$p = 0.000$</td></tr>
<tr><td colspan="3"></td><td colspan="6">$\chi^2 = 320.387$　$df = 2$　$p = 0.000$</td></tr>
<tr><td rowspan="3">（EH5）为环境保护捐款</td><td>69.3</td><td>27.4</td><td>3.2</td><td>76.0</td><td>21.1</td><td>2.9</td><td rowspan="2">92.4</td><td rowspan="2">7.1</td><td rowspan="2">0.5</td><td rowspan="3">82.3</td><td rowspan="3">15.7</td><td rowspan="3">2.0</td></tr>
<tr><td colspan="6">$\chi^2 = 69.130$　$df = 2$　$p = 0.000$</td></tr>
<tr><td colspan="3"></td><td colspan="6">$\chi^2 = 503.154$　$df = 2$　$p = 0.000$</td></tr>
</table>

续表

环境行为项目	2003年			2013年								
	城市居民			城市居民			农村居民			城乡居民		
	从不	偶尔	经常	从不	偶尔	经常	从不	偶尔	经常	从不	偶尔	经常
（EH6）主动关注广播、电视和报刊中报道的环境问题和环保信息	23.0	45.2	31.8	41.0	42.3	16.7	65.1	28.4	6.5	50.3	36.9	12.8
	χ^2 = 580.962　df = 2　p = 0.000											
				χ^2 = 669.654　df = 2　p = 0.000								
（EH7）积极参加政府和单位组织的环境宣传教育活动	58.9	30.1	10.9	70.7	23.9	5.3	87.5	10.7	1.8	77.2	18.8	4.0
	χ^2 = 224.605　df = 2　p = 0.000											
				χ^2 = 437.453　df = 2　p = 0.000								
（EH8）积极参加民间环保团体举办的环保活动	76.4	18.6	5.0	78.3	18.6	3.1	91.1	7.7	1.2	83.2	14.4	2.4
	χ^2 = 29.493　df = 2　p = 0.000											
				χ^2 = 316.853　df = 2　p = 0.000								
（EH9）自费养护树林或绿地	82.3	12.1	5.6	85.9	11.0	3.1	83.3	11.7	5.0	84.9	11.3	3.8
	χ^2 = 51.111　df = 2　p = 0.000											
				χ^2 = 27.693　df = 2　p = 0.000								
（EH10）积极参加要求解决环境问题的投诉、上诉	82.8	14.5	2.6	87.7	10.2	2.1	95.2	4.2	0.6	90.6	7.9	1.5
	χ^2 = 57.845　df = 2　p = 0.000											
				χ^2 = 180.203　df = 2　p = 0.000								

带购物篮或购物袋，49.4%的被访者经常对塑料包装袋进行重复利用。

此外，公众在“垃圾分类投放”等十项环境行为方面均存在显著差异，相比于农村居民，城市居民会实施更多的环境行为。如2013年中国综合社会调查中，54.4%的城市居民偶尔或经常进行垃圾分类投放，而70.6%的农村居民从不进行垃圾分类投放；仅14.4%的城市居民从不重复利用塑料包装袋，而农村居民从不重复利用塑料包装袋的比例达25.8%。

表2-1表明，2013年城市居民环境行为与2003年城市居民环境行为存在显著差异，即2003~2013年十年间，我国城市居民在实施环境行为方面有着显著变化。具体而言，在“垃圾分类投放”“采购日常用品时自己带购物篮或购物袋”“对塑料包装袋进行重复利用”这三个环境行为方面，2013年城市居民“偶尔”及“经常”实施的比例较2003年有较大提升，分别提高了17.4、31.0、15.2个百分点；但在“与自己的亲戚朋友讨论环保问题”“为环境保护捐款”“主动关注广播、电视和报刊中报道的环境问题和环保信息”“积极参加政府和单位组织的环境宣传教育活动”“积极参加民间环保团体举办的环保活动”“自费养护树林或绿地”“积极参加要求解决环境问题的投诉、上诉”七个方面，2013年城市居民“偶尔”及“经常”实施的比例较2003年有一定下滑，分别下降了10.6、6.6、18.0、11.8、1.9、3.6、4.8个百分点，其中“主动关注广播、电视和报刊中报道的环境问题和环保信息”的下降幅度最大，可能的原因在于随着信息社会的飞速发展，在信息传播与获取信息方面，广播、电视和报刊等传统的传媒途径已让位于网络、手机等新兴传媒。

（二）环境行为量表的信度与内在维度

亨特（Hunter）等将环境行为分为私人领域环境行为与公共领域环境行为两种类型，并着重探讨性别对两类环境行为的不同影响[①]。廷德尔（Tindall）等则将环境行为分为环境友好行为与环境行动有无行为，前者指的是“以不同方式旨在保护环境的日常行为”，具体包括回收废品、购买有机产品、节约能源等；后者是指“由环境组织发起与推动的具体的运动支持活动”，包括给环境组织捐款、在请愿书上签名、给相关人士写信

① Hunter, L. M., Hatch, A., Johnson, A., “Cross-National Gender Variation in Environmental Behaviors,” *Social Science Quarterly* 85 (2004): 677-694.

以及参加公共运动事件等[1]。可见，测量环境友好行为与环境行动主义的这些指标分属于私人领域与公共领域。

有研究者曾基于 CGSS 2003 环境模块的数据，对城市居民环境行为量表的信度、各项目的分辨力及内在维度进行了分析，发现环境行为量表具有较高的信度和内部一致性，亦可分为私域环境行为与公域环境行为两个维度[2]。在不同时点，公众的环境行为量表信度与内部一致性如何、是否存在内在维度，本研究尝试做出回答。

首先，本研究分别对城乡居民、城市居民以及农村居民环境行为量表的信度进行了检验（见表 2－2），相应量表的 alpha 值[3]均处于可接受水平。同时，删除第四项“对塑料包装袋进行重复利用”后，量表的 alpha 值稍有上升，在删除其他对应项目之后，alpha 值皆普遍降低。此外，量表中的对应项目与量表总分的相关系数（R_{i-t}值）[4] 都超过学界较认可的标准（0.25）。故总体而言，量表的内部一致性较高，量表信度可被接受。

表 2－2　环境行为量表的信度分析系数（2013 年）

环境行为项目	城乡居民		城市居民		农村居民	
	对应项目的 R_{i-t}值	删除对应项目后的 alpha 值	对应项目的 R_{i-t}值	删除对应项目后的 alpha 值	对应项目的 R_{i-t}值	删除对应项目后的 alpha 值
EH1	0.439	0.731	0.420	0.726	0.346	0.673
EH2	0.508	0.720	0.490	0.714	0.432	0.657
EH3	0.375	0.745	0.344	0.740	0.339	0.684
EH4	0.303	0.757	0.258	0.753	0.297	0.695
EH5	0.458	0.732	0.450	0.723	0.371	0.677

① Tindall, D., Davies, S., Line, C., "Activism and Conservation Behavior in an Environmental Movement: The Contradictory Effects of Gender," *Society and Natural Resources* 16 (2003): 909－932.

② 彭远春：《城市居民环境行为的结构制约》，《社会学评论》2013 年第 4 期。

③ Cronbach 所创的 alpha 值常用来检测量表的信度，取值在 0～1。对于可接受的最小 alpha 值是多少，学界并无一致认识，一般认为应在 0.7 以上。绝大多数学者认为，若 alpha 值小于 0.6，则应重新修订量表；若 alpha 值在 0.8 以上，则信度较好。参见吴明隆《SPSS 统计应用实务——问卷分析与应用统计》，科学出版社，2003。

④ 是衡量量表内部一致性的指标，该系数越大，表明该题项与其他题项关联越强，量表的内部一致性越高。一般认为，该系数大于 0.25，表明量表内部一致性良好。

续表

环境行为项目	城乡居民		城市居民		农村居民	
	对应项目的 R_{i-t}值	删除对应项目后的 alpha 值	对应项目的 R_{i-t}值	删除对应项目后的 alpha 值	对应项目的 R_{i-t}值	删除对应项目后的 alpha 值
EH6	0.508	0.719	0.475	0.716	0.465	0.649
EH7	0.558	0.716	0.556	0.706	0.487	0.657
EH8	0.531	0.724	0.537	0.713	0.458	0.665
EH9	0.286	0.750	0.322	0.738	0.323	0.676
EH10	0.375	0.743	0.361	0.735	0.360	0.681
相应量表的 alpha 值	0.754		0.747		0.694	

其次，本研究分别对城乡居民、城市居民以及农村居民环境行为量表中十个项目的分辨力系数①进行了独立样本 T 检验（见表 2－3），发现所有项目都通过了显著性检验，除了农村居民的 EH5 和 EH10 的分辨力系数低于 0.3②，其他题项均具有鉴别度和可接受的分辨力，故这些题项适合纳入量表做进一步分析。

最后，本研究采用探索性因子分析对城乡居民、城市居民以及农村居民环境行为量表的内在维度进行研究。表 2－4 表明，各题项 KMO 值③均大于 0.7，且显著通过了 Bartlett 球形检验，这说明城乡居民及城市居民环境行为量表的各题项彼此相关，适合做因子分析。因子分析结果显示，以特征值大于 1 为标准抽取因子，可以抽取两个因子，二者分别解释了城乡居民、城市居民环境行为量表 49.64%、49.33% 的变异量。

① 将量表的得分总和按高低排列，得分前 25% 为高分组，后 25% 为低分组，对高低二组被访者在每一题项的均值差异（即分辨力系数）进行独立样本 T 检验，看相应 t 值是否达到显著水平，未达到显著性的题项则表明其不能鉴别不同被访者的反应程度，应予删除。参见吴明隆《SPSS 统计应用实务——问卷分析与应用统计》，科学出版社，2003。另分辨力系数越小，表明该项目的分辨力越低，无分辨力的题项亦应删除。但对于可接受的分辨力系数，学界尚无一致的意见。

② 单独对农村居民样本进行分析时，是否纳入这两项需谨慎。

③ KMO 检验用于检测变量间的偏相关性，偏相关性越强，因子分析的效果越好，取值为 0～1。一般认为，KMO 统计量小于 0.5，不适合做因子分析；在 0.7 以上，效果较好。Bartlett 球形检验则衡量的是变量间是否具有相关性，若检验不显著，则说明数据的相关矩阵是单位阵，即各变量相互独立，不适合做因子分析。

表 2－3　环境行为量表的分辨力系数（2013 年）

环境行为项目	城乡居民		城市居民		农村居民	
	分辨力系数	决断值	分辨力系数	决断值	分辨力系数	决断值
EH1	1.129	75.615***	1.139	58.818***	0.837	35.820***
EH2	1.084	84.079***	1.109	63.869***	0.844	43.471***
EH3	1.288	83.027***	1.142	56.677***	1.413	63.068***
EH4	1.144	67.511***	0.928	41.660***	1.401	58.545***
EH5	0.610	48.541***	0.728	43.656***	0.274	18.190***
EH6	1.215	93.197***	1.191	68.436***	0.997	47.507***
EH7	0.873	66.888***	0.991	59.839***	0.493	25.157***
EH8	0.672	52.363***	0.808	49.369***	0.360	20.364***
EH9	0.464	33.192***	0.475	26.878***	0.576	24.224***
EH10	0.384	32.257***	0.462	28.085***	0.199	14.063***

注：*** $p<0.001$。

而从转轴后各项目的因子负载矩阵可以看出（见表 2－4），与 CGSS 2003 环境行为量表数据分析结果类似[①]，“积极参加民间环保团体举办的环保活动”“积极参加政府和单位组织的环境宣传教育活动”“积极参加要求解决环境问题的投诉或上诉”“为环境保护捐款”“自费养护树林或绿地”五个项目聚集于因子 1；而“采购日常用品时自己带购物篮或购物袋”“对塑料包装袋进行重复利用”“与自己的亲戚朋友讨论环保问题”“垃圾分类投放”“主动关注广播、电视和报刊中报道的环境问题和环保信息”五个项目聚集于因子 2。故可以这样认为，CGSS 2013 城乡居民及城市居民环境行为量表与 CGSS 2003 城市居民环境行为量表的内在结构一致，包含公域环境行为与私域环境行为两个内在维度，前者主要在公共领域内实施，有着强烈的公益取向，而后者则主要在私人领域内实施，与个体日常生活实践有着较为紧密的关联。

① 转轴后各项目因子负载的大小稍有差别，公因子 1 相应因子负载在 0.615～0.786 不等，公因子 2 相应因子负载在 0.506～0.757 不等。详见彭远春《城市居民环境行为研究》，光明日报出版社，2013，第 83 页。

表 2-4　城乡居民与城市居民环境行为量表旋转后的因子负载矩阵（2013 年）

环境行为项目	城乡居民		城市居民	
	公因子 1	公因子 2	公因子 1	公因子 2
EH8	0.786	0.168	0.778	0.185
EH7	0.729	0.276	0.701	0.303
EH10	0.693	-0.005	0.704	0.037
EH5	0.633	0.214	0.641	0.191
EH9	0.615	-0.066	0.678	0.069
EH3	-0.034	0.757	-0.055	0.745
EH4	-0.117	0.735	-0.149	0.706
EH2	0.355	0.575	0.312	0.598
EH1	0.310	0.527	0.298	0.518
EH6	0.430	0.506	0.382	0.515
公因子解释方差比例（%）	34.45	15.19	33.39	15.94
KMO 值、Bartlett 球形检验的卡方值的显著性概率值	0.812 $p=0.000$		0.799 $p=0.000$	

注：因子旋转法为方差最大正交旋转法。

具体到农村居民环境行为量表（见表 2-5），包含十个项目在内或剔除 EH5 与 EH10 后的量表都适合做因子分析，前者抽取 3 个公因子，公因子 1 聚集在公共领域的五个项目上，公因子 2 则聚集在 EH2、EH6 和 EH1 三个项目上，公因子 3 则落在 EH4、EH3 之上；而剔除 EH5 与 EH10 后的统计分析结果并未与前者类似，亦未与城市居民环境行为量表所提取的公域环境行为与私域环境行为两个公因子结果相似。故需要对农村居民环境行为量表分析保持谨慎，如何结合农村社会实际与农村居民的日常生活实践，进行本土化探索以更好地测量其环境行为，以及农村居民环境行为有着怎样的内在维度，这些都值得进一步探讨。

表 2-5　农村居民环境行为量表旋转后的因子负载矩阵（2013 年）

环境行为项目	整个量表			剔除 EH5 与 EH10 的量表	
	公因子 1	公因子 2	公因子 3	公因子 1	公因子 2
EH8	0.801	0.180	-0.003	0.785	-0.051
EH7	0.744	0.294	0.001	0.814	-0.008
EH10	0.735	-0.036	0.088	-	-

续表

环境行为项目	整个量表			剔除 EH5 与 EH10 的量表	
	公因子 1	公因子 2	公因子 3	公因子 1	公因子 2
EH9	0.575	0.086	0.090	0.550	0.029
EH5	0.526	0.295	0.004	-	-
EH2	0.156	0.774	0.060	0.553	0.294
EH1	0.050	0.675	0.139	0.384	0.360
EH6	0.306	0.675	0.063	0.651	0.231
EH4	0.042	0.089	0.846	0.015	0.814
EH3	0.077	0.128	0.832	0.064	0.810
公因子解释方差比例（%）	31.94	14.34	10.42	33.49	17.20
KMO 值、Bartlett 球形检验的卡方值的显著性概率值	0.792 $p=0.000$			0.718 $p=0.000$	

注：因子旋转法为方差最大正交旋转法。

（三）环境行为的整体差异

如前所述，公众以及十年间城市居民在十项单一环境行为项目方面存在显著差异。整体而言，他们在私域环境行为以及公域环境行为方面是否存在显著差别、有着怎样的差别，本研究将基于探索性因子分析结果，采用频率对比、均值比较方法进行分析。

首先基于之前的信度分析、分辨力分析及探索性因子分析的结果，本研究将聚集于私域环境行为因子之上的 EH1、EH2、EH3、EH4、EH6 相加形成私域环境行为指标；将聚集于公域环境行为因子之上的 EH5、EH7、EH8、EH9、EH10 相加形成公域环境行为指标。① 另为了便于与诸多研究中使用的一般环境行为测量相比较，本研究将环境行为量表所有十项相加，形成总的环境行为指标②。

CGSS 2013 数据统计分析表明，总的环境行为的平均得分仅为 25.84 分（标准差为 16.76），其中 6.9% 的城乡居民从不实施任何类型的环境行

① 探索性因子分析依赖数据说话，具有一定的盲目性，另外无法控制测量误差间的相互关联，只是基于表面效度的检验，故获取的因子负载难以确切反映环境行为各选项间的真实权重，故只借鉴其结果进行类别划分。

② 为了直观比较，私域环境行为指标、公域环境行为指标及总的环境行为指标都进行了百分制转换。

为，60 分以下者累积达95.3%，60 分及以上者仅占4.7%。具体而言，私域环境行为的平均得分为42.42 分（标准差为23.56），7.3%的城乡居民从不实施私人领域的环境行为，70%的城乡居民得分在60 分以下，30%的城乡居民得分在60 分及以上；公域环境行为的平均得分为9.52（标准差为16.22），从不实施公域环境行为的城乡居民高达62%，97.4%的城乡居民得分在60 分以下，仅有2.6%的城乡居民得分在60 分及以上（见表2－6）。另对比表2－6与表2－7中的2013 年农村居民与城市居民环境行为之相关指标，亦可发现城市居民较农村居民实施更多的环境行为。

表2－6　2013 年城乡居民与农村居民环境行为指标分值频率

单位：%

分值	城乡居民			农村居民		
	总的环境行为	私域环境行为	公域环境行为	总的环境行为	私域环境行为	公域环境行为
0 分	6.9	7.3	62.0	11.5	12.1	72.7
1～19 分	26.9	5.7	14.5	37.6	8.9	12.8
20～39 分	43.5	25.4	14.5	40.8	33.2	9.8
40～59 分	18.0	31.6	6.4	8.3	30.8	3.5
60～79 分	4.1	21.4	1.9	1.5	12.6	0.9
80 分及以上	0.6	8.6	0.7	0.2	2.5	0.3
总计	100.0	100.0	100.0	100.0	100.0	100.0

注：探索性因子分析结果表明，农村居民环境行为量表维度与城乡居民以及城市居民环境行为的内在维度不一致，严格意义上不能按照后者维度聚集情况生成相应指标。只是到目前，学界对全国性农村居民环境行为的探讨尚不多见，故亦做探索性描述与比较，以启发后续研究。

表2－7表明，与2003 年城市居民环境行为的总体水平相比，2013 年城市居民环境行为总体水平并未有大的变化，如2013 年城市居民环境行为分值在60 分及以上的比例为6.5%，比2003 年相应比例下降0.3 个百分点；2013 年，4%的被访城市居民从未实施任何类型的环境行为，这高于2003 年的相应比例。

具体而言，相比于2003 年城市居民私域环境行为与公域环境行为相应水平，2013 年城市居民私域环境行为水平有一定提升，但公域环境行为水平则有一定幅度的下降。如2013 年城市居民私域环境行为分值在60～79 分、80 分及以上的比例分别为26.9%、12.5%，较2003 年相应比例分别高出4.9个百分点、4.8个百分点；而2013年被访城市居民从不实施公域环境行为的比例高达55.2%，较2003年相应比例高出13.4个百分点。2013年城市居民公域环境行为分值在60分及以上的比例仅为3.6%，低于2003年的相应比例（见表2－7）。

表2－7　城市居民环境行为指标分值频率

单位：%

分值	2003年			2013年		
	总的环境行为	私域环境行为	公域环境行为	总的环境行为	私域环境行为	公域环境行为
0分	3.7	4.2	41.8	4.0	4.3	55.2
1～19分	22.6	6.4	18.6	20.1	3.7	15.5
20～39分	44.5	25.8	23.5	45.2	20.4	17.4
40～59分	22.4	33.9	11.6	24.1	32.1	8.3
60～79分	5.9	22.0	3.3	5.7	26.9	2.6
80分及以上	0.9	7.7	1.3	0.8	12.5	1.0
总计	100.0	100.0	100.0	100.0	100.0	100.0

表2－8表明，2013年城市居民总的环境行为的平均得分仅为29.95分，而2003年相应分值为29.37分，总体而言二者并无显著差别，都处于较低的水平。而2013年城市居民的私域环境行为、公域环境行为均值与2003年城市居民的相应均值都存在着显著差别，2013年城市居民私域环境行为均值（48.15）高于2003年相应均值（43.06），但2013年城市居民公域环境行为均值（11.78）则低于2003年相应均值（15.72），另外城市居民私域环境行为水平高于其公域环境行为水平。

表2－8　城市居民环境行为指标的均值比较

		总的环境行为	私域环境行为	公域环境行为
2003年	均值	29.37	43.06	15.72
	标准差	17.29	21.94	19.09
2013年	均值	29.95	48.15	11.78
	标准差	16.97	23.12	17.75
检验值		$F=3.340$，$p=0.068$	$F=135.000$，$p=0.000$	$F=148.144$，$p=0.068$

二　基于 CGSS 2010 数据的分析

（一）城乡居民环境行为的描述性分析

2010 年中国综合社会调查根据私人领域与公共领域的划分，将环境行为分为私域环境行为与公域环境行为两种类型，并从分类回收、购买未曾施用化肥与农药的水果与蔬菜、减少开车次数、减少能源或燃料消耗、节约用水或再利用水、抵制消费某些非环保产品六个方面对私域环境行为进行测量，从加入环保社团、签署环保请愿书、给环保团体捐钱、参加环保抗议或示威游行四个方面对公域环境行为进行测量。我们首先对单一类别环境行为的基本情况及是否存在城乡差异进行分析，结果详见表 2－9 和表 2－10。

整体而言，我国城乡居民在私人领域实施环境行为的比例较低，如因客观限制等，四成以上的城乡居民从不进行垃圾或废品分类以方便回收，近半数的城乡居民不曾购买没有施用过化肥和农药的水果和蔬菜；为了环境保护而经常减少开车次数的比例仅占 3.5%，除了近八成的城乡居民没有汽车或者不能开车，总是减少开车的比例更低，仅为 2.0%。近三成的城乡居民从不减少居家能源或燃料的消耗量；16.9% 的城乡居民从不节约用水或对水进行再利用，仅约半数的城乡居民经常及总是实施这一行为；三成以上的城乡居民从不购买非环保产品。需要注意的是，基础环保设施不足、环保服务缺乏等不利客观条件限制或阻碍了环境行为的实施，故进一步完善环保设施及积极提升环保服务有助于环境行为的培育与激发。

从表 2－9 可以看出，每一具体的私域环境行为均存在显著的城乡差异，城市居民较农村居民实施更多的私域环境行为。城市居民总是或经常实施垃圾分类回收、购买未曾施用过化肥与农药的水果与蔬菜、减少开车次数、减少能源或燃料消耗、节约用水或再利用水以及抵制消费某些非环保产品的比例均高于农村居民的相应比例，而从不实施上述行为的比例则较农村居民更低。如 19.6% 的城市居民从不为了保护环境而减少居家的油、气、电等能源或燃料的消耗量，农村居民这一比例为 40.2%；52.0% 的农村居民从不为了环境保护而不去购买某些产品，较城市居民相应比例高出 28 个百分点。

表 2 - 9　城乡居民单一私域环境行为的基本情况及城乡差异（2010 年）

单位：%

题项	样本类型	总是	经常	有时	从不	客观限制	城乡差异的卡方检验值
E1 将玻璃、铝罐、塑料或报纸等进行分类以方便回收	城乡居民	11.9	19.7	23.9	17.3	27.1	
	城市居民	14.8	22.5	25.9	16.4	20.3	$\chi^2 = 202.46$，$df = 4$，$p = 0.000$
	农村居民	6.6	14.6	20.2	19.1	39.4	
E2 购买没有施用过化肥和农药的水果和蔬菜	城乡居民	6.7	16.2	28.4	23.9	24.8	
	城市居民	7.9	19.3	32.0	21.0	19.7	$\chi^2 = 178.21$，$df = 4$，$p = 0.000$
	农村居民	4.5	10.5	21.7	29.3	33.9	
E3 为了环境保护而减少开车次数	城乡居民	2.0	3.5	9.0	5.8	79.7	
	城市居民	2.6	4.4	11.5	5.2	76.4	$\chi^2 = 87.503$，$df = 4$，$p = 0.000$
	农村居民	0.8	1.8	4.7	7.0	85.8	
E4 为了保护环境而减少居家的油、气、电等能源或燃料的消耗量	城乡居民	10.0	22.9	40.2	26.9	-	
	城市居民	12.2	26.6	41.6	19.6	-	$\chi^2 = 210.08$，$df = 3$，$p = 0.000$
	农村居民	5.8	16.2	37.8	40.2	-	
E5 为了环境保护而节约用水或对水进行再利用	城乡居民	17.2	31.9	34.0	16.9	-	
	城市居民	21.2	35.3	33.1	10.4	-	$\chi^2 = 252.12$，$df = 3$，$p = 0.000$
	农村居民	10.0	25.8	35.6	28.6	-	
E6 为了环境保护而不去购买某些产品	城乡居民	7.4	16.9	41.7	34.0	-	
	城市居民	9.7	21.0	45.4	24.0	-	$\chi^2 = 324.210$，$df = 3$，$p = 0.000$
	农村居民	3.2	9.6	35.2	52.0	-	

注：E1、E2、E3 的客观限制分别为被访者居住地没有回收系统、被访者居住地没有提供、被访者没有汽车或不能开车。

从表 2 - 10 可以看出，我国城乡居民实施公域环境行为的比例非常低，呈现比私域环境行为更低的水平。如仅有 1.9% 的城乡居民加入了环保社团，在过去 5 年中，高达 98.7%、94.7%、99.6% 的城乡居民没有为某一环境问题签署过请愿书、给环保团体捐过钱以及为某个环境问题参加过抗议或示威游行。无论是城市居民还是农村居民，过去 5 年中加入了环保社团、签署过请愿书、给环保社团捐过钱、参加抗议或示威游行的比例都非常低，并无实质性的差别①。

表 2-10 城乡居民单一公域环境行为的基本情况（2010 年）

单位：%

题项	样本类型	有	没有
加入了任何以环境保护为目的的社团	城乡居民	1.9	98.1
	城市居民	2.4	97.6
	农村居民	1.1	98.9
在过去 5 年中，就某个环境问题签署过请愿书	城乡居民	1.3	98.7
	城市居民	1.5	98.5
	农村居民	1.1	98.9
在过去 5 年中，给环保团体捐过钱	城乡居民	5.3	94.7
	城市居民	6.9	93.1
	农村居民	2.4	97.6
在过去 5 年中，为某个环境问题参加过抗议或示威游行	城乡居民	0.4	99.6
	城市居民	0.4	99.6
	农村居民	0.4	99.6

（二）城乡居民私域环境行为的综合比较分析

本研究将具体分析城乡居民私域环境行为的整体状况以及是否存在显著差异。首先，本研究将私域环境行为的实施频率从不、有时、经常、总是相应赋值为 0、1、2、3，另外由于居住地没有回收系统、居住的地方没有提供未施用过化肥与农药的水果和蔬菜致使居民客观上未能实施分类回收或未能实施相应购买行为，其选项相应赋值为 0，而因没有汽车或不能开车致使客观上总是实施保护环境的行为，其选项相应赋值为 3，然后对私域环境行为量表进行信度分析。

信度分析结果表明，剔除 E3“为了环境保护而减少开车次数”之后，量表的内在一致性较高，alpha 值由 0.694 升至 0.776，量表中 E1、E2、E4、E5、E6 与量表总分的相关系数（R_{i-t} 值）分别为 0.500、0.397、

① 鉴于城乡居民实施公域环境行为的数据高度集中在“没有”这一极，故无须进行相关分析、均值比较、多元线性回归等统计分析。下文仅对城乡居民的私域环境行为进行统计分析。

0.627、0.614、0.627，且在删除对应项目之后，alpha 值普遍降低或变化较微弱，故剔除 E3 后的修正量表的内部一致性较高，量表信度可以接受。然后采用探索性因子分析对修正后的私人领域环境行为量表的效度加以分析，发现剩余五个题项都聚集在一个公因子之上。故本研究将其直接加总生成私域环境行为变量，取值在 0～15，均值为 5.44，标准差为 3.49，且得分越高，意味着私域环境行为的实施水平越高。

其次，为直观展示城乡居民环境行为的实施情况，我们将私域环境行为分值频率用百分制来呈现，详见表 2－11。八成左右的城乡居民私域环境行为得分在 60 分以下，其中 8.3% 的城乡居民从不实施任何私域环境行为，仅约两成的城乡居民得分在 60 分及以上。私域环境行为得分存在显著的城乡差异，城市居民较农村居民实施更多的私域环境行为，如 24.7% 的城市居民私域环境行为得分在 60 分及以上，而农村居民的相应比例为 9.0%；从不实施私域环境行为的农村居民比例为 16.5%，较城市居民的相应比例高出 12.7 个百分点。

表 2－11　城乡居民私域环境行为分值频率

单位：%

分值	城乡居民	城市居民	农村居民
0 分	8.3	3.8	16.5
1～19 分	13.2	10.0	19.0
20～39 分	33.1	31.0	36.9
40～59 分	26.3	30.6	18.6
60～79 分	13.2	16.6	7.0
80 分及以上	5.9	8.1	2.0
总计	100.0	100.0	100.0
		$\chi^2=370.742$，$df=5$，$p=0.000$	

最后，对城乡居民私域环境行为的均值进行检验，发现城市居民的均值为 6.26（标准差为 3.42），农村居民的均值为 3.93（标准差为 3.08），且通过了显著性检验（$F=407.783$，$p=0.000$），故城乡居民私域环境行为存在显著差异，城市居民较农村居民实施更高水平的私域环境行为。

三 小结

整体而言，我国公众实施环境行为的水平较低，呈现日常性、浅层性、弱参与、简易性等特征。相对而言，城市居民较农村居民实施更高水平的环境行为。根据实施领域的不同，我国公众的环境行为可分为私域环境行为与公域环境行为两大类，虽然二者整体水平皆较低，但私域环境行为的实施水平相对较高；城市居民较农村居民实施更高水平的私域环境行为，而城乡居民在公域环境行为实施方面并无显著差别。农村居民环境行为的内在维度尚需明确，需进一步结合农村居民日常生活实践及其生态环境的实际情形，对其测量量表加以修正与完善。此外，无论是城市居民还是农村居民，均存在一定比例的从不实施任何环境行为的非环境行为者，需进一步挖掘其背后的原因。需要注意的是，基础环保设施不足、环保服务缺乏等不利客观条件限制或阻碍了环境行为的实施，故进一步完善环保设施及积极提升环保服务有助于环境行为的培育与激发。

2003 ~2013 年十年间，我国城市居民环境行为并没有显著变化，整体处于较低水平。相比于 2003 年城市居民私域环境行为与公域环境行为相应水平，2013 年城市居民私域环境行为水平有一定提升，但公域环境行为水平则有一定幅度的下降。其可能的原因在于，私域环境行为与日常生活关联较为紧密，较为简单易行，投入的时间、金钱及精力亦有限，即个体时空约束程度相对较低，故社会及个体环境意识的提升有助于私域环境行为的实施；而公域环境行为与公共利益关联较为紧密，相对远离个体的日常生活，需投入一定的时间、金钱与精力，即个体时空约束程度较高，加之我国公共领域的发展水平有待提升，伴随单位制衰落及社会个体化与原子化趋向的增强，公域环境行为出现不升反降的情形。当然，这些认识还需后续研究加以验证。

第三章　公众环境行为的城乡差异

本章采用 CGSS 2010 环境模块数据，结合环境污染驱动论、社会结构制约论、环境意识激发论等理论视角，运用相关分析、多元线性回归、路径分析等统计方法，对公众环境行为的城乡差异进行了系统分析，以期推进环境行为的城乡差异研究。

一　引言

在西方环境社会学的发展过程中，环境关心与环境行为研究逐渐成为环境社会学的核心与主流。① 而从个体层面理解与解释环境关心与环境行为，较具代表性的成果是社会人口特征方面的五大基本假设：性别假设、年龄假设、居住地假设、社会阶层假设、政治假设。② 其中居住地假设主要是指：由于城市居民文化程度与收入水平更高，且更易遭受空气污染、水污染、噪声污染等其他类型的环境问题，进而相比于农村居民，城市居民更加关心环境，并且实施更多的环境行为。早期的研究③大多证实了这一假设，

---

① Dunlap, R. E., "Environmental Sociology: A Personal Perspective on Its First Quarter Century," *Organization and Environment* 15 (2002): 10 - 29.

② Van Liere, K. D., Dunlap, R. E., "The Social Base of Environmental Concern: A Review of Hypotheses, Explanations and Empirical Evidence," *Public Opinion Quarterly* 44 (1980): 181 - 197.

③ Tremblay, K. R., Dunlap, R. E., "Rural-urban Residence and Concern with Environmental Quality: A Replication and Extension," *Rural Sociology* 43 (1978): 474 - 491; Arcury, T. A., Christianson, E. H., "Environmental Worldview in Response to Environmental Problems: Kentucky 1984 and 1988 Compared," *Environment Behavior* 22 (1990): 387 - 407; Fransson, N., Gärling, T., "Environmental Concern: Conceptual Definitions, Measurement Methods, and Research Findings," *Journal of Environmental Psychology* 19 (1999): 369 - 382.

而另一些研究则发现，随着农村经济发展方式逐步转变、环保设施不断增加及环境服务日益完善，环境关心与环境行为的城乡差异正逐渐减弱，甚至在控制人口学特征变量之后，城乡差异不再显著①，农村居民较城市居民实施更多的回收利用与环境管理行为②。

而我国环境行为研究相当薄弱，直到2000年以后，我国环境社会学进入快速发展时期，公众环境意识与环境行为才成为研究重点③。如有学者发现，城乡居民在环境保护知识、环境问题严重性认知、环保态度以及环境关心等方面的差异比较明显④，城乡差异对环保行为有一定影响⑤，城市居民普遍具有环保意识，但环保行为不足，而农村居民环保意识和环保行为均欠佳⑥，城市居民的生态文明意识明显高于农民⑦。另有一些研究对城市居民环境行为或农村居民环境行为进行了研究，发现大城市居民比中小城市居民更为关心环境，并且实施更多的环境行为⑧；环境保护知识越丰富、认为环境问题越严重的城市居民，实施的环境行为越多⑨。另有研究则侧重于探讨环境意识、个性变量与情境性因素对城市居民环境行为的影响。⑩ 而农民的环境保护知识较贫乏、环境意识较薄弱，保护环境的技能

---

① Tarrant, M. A., Cordell, H. K., "The Effect of Respondent Characteristics on General Environmental Attitude-behavior Correspondence," *Environment and Behavior* 29 (1997): 618 - 637; Jones, R. E., et al., "Green Migration into Rural America: The New Frontier of Environmentalism?," *Society and Natural Resources* 16 (2003): 221 - 238.

② Kennedy, E. H., Beckley, T. M., McFarlane B. L., et al., "Rural-urban Differences in Environmental Concern in Canada," *Rural sociology* 74 (2009): 309 - 329.

③ 彭远春:《我国环境行为研究述评》,《社会科学研究》2011 年第 1 期。

④ 洪大用:《我国公众环境保护意识的调查与分析》,《中国人口・资源与环境》1997 年第 2 期；马戎、郭建如:《中国公民在环境意识与环保态度方面的差异》,《社会科学战线》2000 年第 1 期。

⑤ 国家环境保护总局、教育部编《全国公众环境意识调查报告》，中国环境科学出版社，1999，第 2 页。

⑥ 中国环境文化促进会:《中国公众环保民生指数绿皮书（2005）》,《绿叶》2006 年（增刊)。

⑦ 我国首份《全国生态文明意识调查研究报告》，详见 http://www.gov.cn/jrzg/2014 - 02/20/content_2616364.htm。

⑧ 龚文娟:《中国城市居民环境友好行为之性别差异分析》,《妇女研究论丛》2008 年第 6 期。

⑨ 彭远春:《城市居民环境认知对环境行为的影响分析》,《中南大学学报》（社会科学版）2015 年第 3 期。

⑩ 孙岩:《城市居民环境行为影响因素的实证研究》,《管理学报》2012 年第 1 期；李金兵、唐方方、白晨:《城市居民环境行为模型构建——基于北京城市居民的调研数据分析》,《技术经济与管理研究》2014 年第 2 期。

水平亦亟待提高[①]，农民的环境知识、环境态度与其环境行为之间存在不一致性[②]。另有研究发现，环境知识与收入来源[③]、农户禀赋、社会舆论压力、经济效益与投资风险、宣传教育与制度规范[④]、非正式制度[⑤]、农户声誉[⑥]对农村居民环境行为有着显著影响。

可见，仅有部分研究对我国城乡居民环境行为进行了简单的描述分析，大多数研究局限于单独对城市居民环境行为或农村居民环境行为及其影响因素加以探讨，全国范围内的城乡居民环境行为对比研究较为少见。故本研究采用 CGSS 2010 环境模块数据，从外在制约与内在约束相结合的视角对公众环境行为的城乡差异进行系统分析，以期推进环境行为的城乡差异研究。

二　研究设计

（一）研究假设与基本模型

城乡二元结构在我国长期存在，使得城市与农村在环境状况、社会分化、资源分配、基础设施建设、居民文化素质、信息分布、居民意识水平与行动能力等方面有着较大的差距。基于这一认识以及国内外学者对环境行为的相关探讨，本研究提出了基本假设：我国城乡居民环境行为存在显著差异，且相比于农村居民，城市居民会实施更多的环境行为。

学界多从外在制约与内在约束这两个方面对环境行为的影响因素进行探讨。外在制约主要是指环境行为的产生有着相应的现实基础，较具代表性的解释是环境污染驱动论与社会结构制约论。环境污染驱动论认为，居民的环境关心、环境政策偏好与环境行为受到当地环境状况的影响，环境

① 朱启臻：《农民环境意识的问题与对策》，《世界环境》2000 年第 4 期。

② 周锦、孙杭生：《江苏省农民的环境意识调查与分析》，《中国农村观察》2009 年第 3 期；宋言奇：《发达地区农民环境意识调查分析——以苏州市 714 个样本为例》，《中国农村经济》2010 年第 1 期。

③ 王玲：《农村居民环境行为的影响机制研究》，硕士学位论文，西北农林科技大学，2012。

④ 李浩华：《集中居住区与分散居住区农户环境行为的对比分析——以南京市为例》，《湖南农业科学》2013 年第 11 期。

⑤ 郭利京、赵瑾：《非正式制度与农户亲环境行为——以农户秸秆处理行为为例》，《中国人口·资源与环境》2014 年第 11 期。

⑥ 徐志刚、张炯、仇焕广：《声誉诉求对农户亲环境行为的影响研究——以家禽养殖户污染物处理方式选择为例》，《中国人口·资源与环境》2016 年第 10 期。

污染程度严重地区的居民往往感到生存抑或生活质量受到影响，出于自身以及后代福祉的考虑，人们更为关心环境，愿意为缓解当地环境问题、改善环境质量而实施更多的环境行为。① 而城市居民较农村居民更易遭受空气污染、水污染、噪声污染等其他类型的环境问题，进而相比于农村居民，城市居民更加关心环境，并且实施更多的环境行为。由此本研究提出环境污染驱动假设：居住地环境问题越严重，居民实施的环境行为越多。

社会结构制约论则认为，个体并非孤立地存在于社会之中，其往往嵌入社会结构之中，而阶层结构是现代社会结构的内核，在现代社会通常体现为社会分层体系，社会成员能否通过自身努力占据恰当的社会位置并归属于对应的阶层，对其社会行动有着根本性的影响。据此，阶层地位较高的社会成员，往往有着较高的受教育程度与较好的收入，自身基本需求已得到满足，从而更为关注美好生活环境、良好环境质量等较高层次需求的满足，且对环境的衰退与恶化的感觉尤为敏锐，进而会实施更多的环境行为。② 而我国城乡二元结构使得城市拥有更多的资源与机会，社会分化更为复杂，城市居民较农村居民普遍占据较高的阶层地位。如有学者曾以组织资源、经济资源和文化资源的占有状况为标准划分了中国社会的十大阶层，其中农业劳动者阶层比例较高但社会地位较低③。故本研究提出阶层地位假设：阶层地位越高的居民，实施的环境行为越多。

在环境污染的防治与控制以及生态破坏方面，城乡之间存在着非常大的差异，这些差异可被概括为环境保护的二元控制体系，如在环境保护方面，存在着重城市、轻农村的倾向，城市环保制度与环境政策较为完善、大众传播媒介对环境保护与环境治理起着较好的舆论监督作用；而农村环境保护投入有限、环境政策与法规体系较不健全、媒介监督作用较弱，另外环保机构与民间环境组织较集中于城市。④ 进而环境保护的二元性对城乡居民环境行为的实施产生较大影响。故本研究提出环境保护二元控制体

① 童燕齐：《环境意识与环境保护政策的取向——对中国六城市政府官员和企业主管的调查》，载杨明主编《环境问题与环境意识》，华夏出版社，2002。

② Van Liere, K. D., Dunlap, R. E., "The Social Base of Environmental Concern: A Review of Hypotheses, Explanations and Empirical Evidence," *Public Opinion Quarterly* 44 (1980): 181 - 197.

③ 陆学艺：《当代中国社会阶层研究报告》，社会科学文献出版社，2002。

④ 洪大用：《我国城乡二元控制体系与环境问题》，《中国人民大学学报》2000 年第 1 期。

系假设：居住地环境保护力度越大，居民实施的环境行为越多。

随着信息技术的飞速发展与广泛应用，我国社会正经历着从工业社会向信息社会的转变，电视、网络以及手机等大众传媒日益嵌入人们的日常生活，逐渐成为人们生活中不可缺少的一部分，对人们的社会认知与行为方式产生深远的影响。比如，人们获取环境信息的途径越多元，获知环境议题与环境行为的信息越丰富，则越有可能实施更多的环境行为。① 而我国城乡之间信息分割较为严重，一方面大众传媒在城市中的普及率更高，部分农村居民在信息获取方面有着客观阻碍；另一方面由于受教育程度、文化素养以及生活方式等方面的差异，城市居民较农村居民有着更多的大众传媒接触机会以及更强的接触意愿。实际上，大众传媒对城乡居民环境行为的影响存在差异。由此本研究提出信息分割假设：大众传媒接触机会越多的居民，其实施的环境行为越多。

心理学取向的研究一直占据着环境行为研究领域的主导地位，其侧重于揭示实施环境行为的"黑箱"，即复杂的内在过程与心理机制。故环境行为的内在约束主要是指环境行为的产生有着相应的内在动力，较具代表性的观点是意识激发论。意识激发论认为，社会行为的产生往往与内在动力联系在一起，社会成员作为能动的主体，只有对行为的相关问题有一定的认识与理解之后，才能产生促发行为的意识，即意识是行为产生的必要前提。学界多从环境认知、环境关心、环境行为意向等维度衡量环境意识水平，并提出计划行为理论、环境素养模式、负责任的环境行为模式、价值-信念-规范理论、多因素整合模式等解释模式。② 另有诸多研究发现，环境保护知识、环境关心以及环境行为意向对环境行为往往发挥着较为重要的中介作用③。由此，本研究提出环境意识假设：环境意识对环境行为

① Gamba, R. J., Oskamp, S., "Factors Influencing Community Residents' Participation in Commingled Curbside Recycling Programs," *Environment and Behavior* 26 (1994): 587 - 612; Fransson, N., Gärling, T., "Environmental Concern: Conceptual Definitions, Measurement Methods, and Research Findings," *Journal of Environmental Psychology* 19 (1999): 369 - 382.

② 彭远春：《国外环境行为影响因素研究述评》，《中国人口·资源与环境》2013 年第 8 期。

③ Fishbein, M., Ajzen, I., "Belief, Attitude, Intention, and Behavior: An Introduction to Theory and Research," *Contemporary Sciology* 6 (1977); Taylor, S., Todd, P., "An Integrated Model of Waste Management Behavior: A Test of Household Recycling and Composting Intentions," *Environment and Behavior* 27 (1995): 603 - 630; Tindall, D., Daviess, Line, "Activism and Conservation Behavior in an Environmental Movement: The Contradictory Effects of Gender," *Society and Natural Resources* 16 (2003): 909 - 932.

起着显著的直接正向作用，亦起着重要的中介作用。

综上所述，本研究将性别、年龄、婚姻状况作为控制变量，提出了最终分析模型，详见图 3－1。

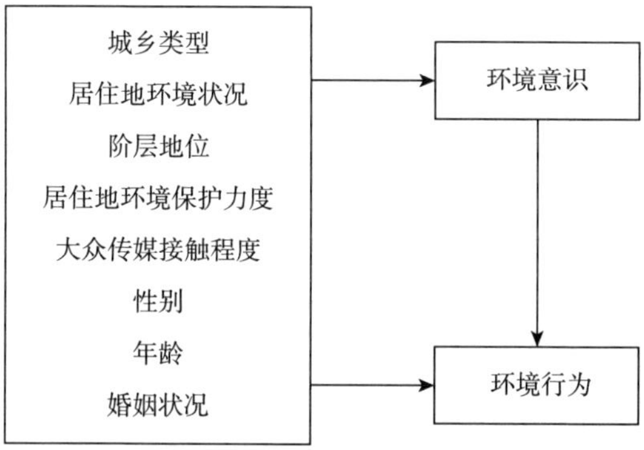

图 3－1　环境行为的城乡差异分析模型

（二）变量测量

本章采用 CGSS 2010 环境模块的数据，相关介绍详见第一章。

1. 因变量。本研究的因变量为环境行为，具体描述及指标构筑详见第二章的相关内容。

2. 自变量。本研究的自变量包括城乡类型、居住地环境状况、阶层地位、居住地环境保护力度、大众传媒接触程度、环境意识六类因素。我们将城市赋值为 1、农村赋值为 0。

居住地环境状况。限于资料，加之有研究发现，若客观环境问题超出了个人的直接主观体验与认知，未必会直接促进公众的环境关心，客观问题也许必须是能被公众直接感知和体验的问题①，故本研究通过公众确切感知的环境问题来测量居住地环境状况，问卷询问了被访者认为哪个问题对其及其家庭影响最大，选择空气污染、化肥和农药污染等九类环境问题之一的则表明被访者确切感知到居住地存在环境污染等问题，将其赋值为 1，而回答“以上都不是”“无法选择”“不知道”则表明被访者未确切感知到对其产生影响的环境问题，将其赋值为 0。

阶层地位。本章从收入水平、受教育程度、职业状况这三个方面来测

① 洪大用、卢春天：《公众环境关心的多层分析——基于中国 CGSS 2003 的数据应用》，《社会学研究》2011 年第 6 期。

量个体客观阶层地位，采用被访者自我归属的社会等级来测量个体主观阶层地位，具体变量的测量如下：采用个人年收入，即被访者过去一年的总收入来测量收入水平；受教育程度则通过受教育年限来测量，将被访者受教育程度分为未受过任何教育、私塾/扫盲班/小学、初中、普通高中/职业高中/中专/技校/、大专、大学本科、研究生及以上等层次，相应赋值为0、6、9、12、15、16、19；职业状况根据此次调查资料中当前工作状况，分为非农工作、务农、没有工作三类；个体主观阶层地位则通过被访者对目前自己所在社会等级的打分来判断，10 分代表最顶层，1 分代表最底层。

居住地环境保护力度。由于难以获取被访者居住地环保机构数量、民间环保组织数目、投入的环保资金数额、环保从业人数以及客观的环境治理成效等环境保护力度方面的数据，故本研究仅通过被访者对近五年来所在地方政府对地区环境问题解决成效的判断来测量居住地环境保护力度。“片面注重经济发展，忽视环境保护工作”“重视不够、环保投入不足”“虽尽了努力，但效果不佳”这些回答实则反映出居住地环境保护力度较薄弱，而“无法选择”“不知道”则说明被访者难以判断居住地环境保护力度，“虽尽了很大努力，有一定成效”“取得了很大成绩”则反映出居住地环境保护力度尚可。

大众传媒接触程度。通过询问被访者过去一年内对报纸、杂志、广播、电视、互联网（包括手机上网）、手机定制消息等媒介的使用情况，将“从不”“很少”“有时”“经常”“总是”相应赋值为 1、2、3、4、5。信度分析结果表明，上述六项大众传媒接触项目的 alpha 值为 0. 702，且在删除相应项目之后，剩余题项量表的 alpha 值普遍降低，故大众传媒接触量表具有较好的信度与内部一致性。另外探索性因子分析的结果亦表明六个题项聚集在一个公因子之上，故可以看作单一维度的量表。由此将上述六个题项直接相加，生成大众传媒接触程度变量。

3. 中介变量。本章从环境保护知识、环境关心、环境行为意向这三个方面对环境意识进行测量。环境保护知识需要被访者对十项说法①做出判

① （1）汽车尾气对人体健康不会造成威胁；（2）过量使用化肥、农药会导致环境破坏；（3）含磷洗衣粉的使用不会造成水污染；（4）含氟冰箱的氟排放会成为破坏大气臭氧层的因素；（5）酸雨的产生与烧煤没有关系；（6）物种之间相互依存，一个物种的消失会产生连锁反应；（7）空气质量报告中，三级空气质量意味着比一级空气质量好；（8）单一品种的树林更容易导致病虫害；（9）水体污染报告中，Ⅴ类水质意味着要比Ⅰ类水质好；（10）大气中二氧化碳成分的增加会成为气候变暖的因素。

断，究竟是正确、错误，还是无法选择。其中，第二、四、六、八、十项是正确的说法，第一、三、五、七、九项是错误的说法。本研究将每项实际正确判断赋值为1，无法选择、不知道以及实际错误判断赋值为0。故把各项目值累加，就得出环境保护知识水平。

洪大用教授等曾对NEP修订量表在中国的应用效果、信度与效度进行深入、持续的研究，发现NEP2、NEP4、NEP6、NEP12、NEP14五个负向文字表述项目的因子负载太低，故将其剔除，剩下的十项构筑成一个适合我国城乡居民的、具有较高信度和单一维度的环境关心量表①。由于NEP1、NEP3、NEP5、NEP7、NEP9、NEP11、NEP13、NEP15是正向问题，而NEP8、NEP10是负向问题，故本研究对其赋值进行了统一，另外根据学界通行做法将各项中的"无法选择""不知道"以及缺省值重新编码为中间值3，然后对上述十项进行验证性因子分析，利用获得的因子负载进行加权累加（见表3-1）②，形成环境关心得分变量，其得分越高，表明环境关心越强烈。

表3-1 城乡居民NEP修订量表项目频率比较及因子负载

单位：%

量表项目	样本类型	1=完全不同意；2=比较不同意；3=无所谓同意不同意；4=比较同意；5=完全同意					因子负载与检验值
		1	2	3	4	5	
NEP1 目前的人口总量正在接近地球能够承受的极限	城乡居民	2.5	10.0	31.6	40.9	15.0	0.37
	城市居民	2.1	10.3	26.2	44.3	17.1	$\chi^2=101.468$，$df=4$，$p=0.000$
	农村居民	3.1	9.5	41.3	34.8	11.4	
NEP2 人是最重要的，可以为了满足自身的需要而改变自然环境	城乡居民	12.8	31.0	23.9	24.5	7.9	-
	城市居民	15.4	34.0	19.9	23.3	7.4	$\chi^2=102.599$，$df=4$，$p=0.000$
	农村居民	8.1	25.7	31.0	26.5	8.7	
NEP3 人类对于自然的破坏常常导致灾难性后果	城乡居民	1.6	5.4	19.9	48.1	25.1	0.56
	城市居民	1.4	4.5	15.2	49.3	29.6	$\chi^2=139.506$，$df=4$，$p=0.000$
	农村居民	1.8	6.9	28.4	45.8	17.0	

① 肖晨阳、洪大用：《环境关心量表（NEP）在中国应用的再分析》，《社会科学辑刊》2007年第1期；洪大用等：《检验环境关心量表的中国版（CNEP）——基于CGSS 2010数据的再分析》，《社会学研究》2014年第4期。

② Y（环境关心）$=0.37NEP1+0.56NEP3+0.55NEP5+0.49NEP7+0.38NEP8+0.53NEP9+0.42NEP10+0.63NEP11+0.59NEP13+0.65NEP15$。

续表

量表项目	样本类型	1＝完全不同意；2＝比较不同意；3＝无所谓同意不同意；4＝比较同意；5＝完全同意					因子负载与检验值
		1	2	3	4	5	
NEP4 由于人类的智慧，地球环境状况的改善是完全可能的	城乡居民	2.2	11.4	28.3	40.9	17.3	-
	城市居民	2.3	13.5	24.1	42.6	17.7	$\chi^2=71.766$，$df=4$，$p=0.000$
	农村居民	2.0	7.7	35.9	37.9	16.5	
NEP5 目前人类正在滥用和破坏环境	城乡居民	2.8	7.9	18.1	47.7	23.5	0.55
	城市居民	2.1	6.4	14.0	51.4	26.1	$\chi^2=129.018$，$df=4$，$p=0.000$
	农村居民	4.1	10.5	25.5	41.0	18.9	
NEP6 只要我们知道如何开发，地球上的自然资源是很充足的	城乡居民	8.4	26.0	26.6	27.8	11.2	-
	城市居民	10.1	30.2	21.6	27.4	10.7	$\chi^2=127.694$，$df=4$，$p=0.000$
	农村居民	5.4	18.5	35.5	28.5	12.1	
NEP7 动植物与人类有着一样的生存权	城乡居民	1.4	4.6	17.2	43.3	33.4	0.49
	城市居民	1.3	4.2	11.9	46.6	36.0	$\chi^2=143.721$，$df=4$，$p=0.000$
	农村居民	1.7	5.3	26.9	37.3	28.7	
NEP8 自然界的自我平衡能力足够强，完全可以应付现代工业社会的冲击	城乡居民	15.0	29.5	38.2	13.1	4.1	0.38
	城市居民	18.6	34.2	30.8	12.9	3.6	$\chi^2=204.723$，$df=4$，$p=0.000$
	农村居民	8.6	21.2	51.6	13.6	5.1	
NEP9 尽管人类有着特殊能力，但是仍然受自然规律的支配	城乡居民	1.5	4.2	25.2	42.4	26.6	0.53
	城市居民	1.6	4.1	18.2	46.1	29.9	$\chi^2=177.351$，$df=4$，$p=0.000$
	农村居民	1.4	4.5	37.8	35.7	20.6	
NEP10 所谓人类正在面临“环境危机”，是一种过分夸大的说法	城乡居民	13.3	33.6	34.7	14.8	3.6	0.42
	城市居民	16.2	38.6	28.4	13.7	3.2	$\chi^2=172.855$，$df=4$，$p=0.000$
	农村居民	8.2	24.7	46.0	16.8	4.3	
NEP11 地球就像宇宙飞船，只有很有限的空间和资源	城乡居民	2.2	7.5	31.1	36.2	22.9	0.63
	城市居民	1.8	6.8	24.9	39.4	27.1	$\chi^2=158.208$，$df=4$，$p=0.000$
	农村居民	2.8	8.8	42.3	30.6	15.5	
NEP12 人类生来就是主人，是要统治自然界的其他部分的	城乡居民	15.6	30.7	30.0	16.5	7.1	-
	城市居民	18.7	34.9	24.2	15.4	6.8	$\chi^2=155.644$，$df=4$，$p=0.000$
	农村居民	10.2	23.2	40.5	18.5	7.5	
NEP13 自然界的平衡是很脆弱的，很容易被打乱	城乡居民	2.0	6.8	29.5	40.3	21.5	0.59
	城市居民	1.8	6.3	23.2	43.3	25.3	$\chi^2=149.221$，$df=4$，$p=0.000$
	农村居民	2.4	7.6	40.6	34.9	14.6	

续表

量表项目	样本类型	1 = 完全不同意；2 = 比较不同意；3 = 无所谓同意不同意；4 = 比较同意；5 = 完全同意					因子负载与检验值
		1	2	3	4	5	
NEP14 人类终将知道更多的自然规律，从而有能力控制自然	城乡居民	6.9	17.8	35.7	28.0	11.6	-
	城市居民	7.9	20.9	29.8	29.2	12.2	$\chi^2 = 111.512$，$df = 4$，$p = 0.000$
	农村居民	5.0	12.4	46.1	25.9	10.5	
NEP15 如果一切按照目前的样子继续，我们很快将遭受严重的环境灾难	城乡居民	2.5	9.1	31.7	33.6	23.2	0.65
	城市居民	1.8	9.4	24.6	36.7	27.5	$\chi^2 = 192.769$，$df = 4$，$p = 0.000$
	农村居民	3.7	8.4	44.6	28.1	15.3	

环境行为意向指的是尽量去执行某一具体环境行为的倾向，通过被访者对“为了保护环境，愿意支付更高价格”“愿意缴纳更高的税”“愿意降低生活水平的程度”的回答来具体测量。在分析中，笔者将“非常愿意”“比较愿意”“既非愿意也非不愿意”“不太愿意”“非常不愿意”的选项相应赋值为5、4、3、2、1，另外各项中的“无法选择”“不知道”则表示被访者意向不明，与“既非愿意也非不愿意”较为接近，于是将其赋值为中间值3。将上述三题项直接相加而得环境行为意向变量，取值在3～15，其分值越大，表示人们越愿意实施环境行为。

另本研究引入性别、年龄、婚姻状况作为控制变量，各变量的描述详见表3-2。

表3-2　环境行为城乡差异的研究变量

变量	性质	说明
环境行为	定距变量	最小值为0，最大值为15，均值为5.44，标准差为3.49
居住地环境状况	定类变量	确切感知居住地环境问题 = 1、未确切感知居住地环境问题 = 0
个人年收入	定距变量	均值为19169.80，标准差60770.69
受教育程度	定距变量	未受过任何教育 = 0、私塾/扫盲班/小学 = 6、初中 = 9、普通高中/职业高中/中专/技校 = 12、大专 = 15、大学本科 = 16、研究生及以上 = 19；均值为8.94、标准差4.60
职业类型	定类变量	非农工作 = 3、务农 = 2、没有工作 = 1
自我归属等级	定距变量	值越大，归属等级越高；均值为4.05，标准差为1.77
居住地环境保护力度	定类变量	尚可 = 3、难判断 = 2、较薄弱 = 1
大众传媒接触程度	定距变量	分值越高，则接触程度越高；均值为13.78，标准差为4.53

续表

变量	性质	说明
环境保护知识	定距变量	最小值为0，最大值为10，均值为5.15，标准差为2.76
环境关心	定距变量	最小值为7.68，最大值为25.85，均值为19.18，标准差为2.92
环境行为意向	定距变量	最小值为3，最大值为15，均值为8.91，标准差2.81
性别	定类变量	男=0、女=1
年龄	定距变量	均值为47.33，标准差为15.73
婚姻状况	定类变量	未婚=0、已婚=1

三 数据分析

（一）多元线性回归分析

将城乡类型这一预测变量以及外在制约因素、内在约束因素等控制变量逐步纳入模型，以环境行为为因变量进行多元线性回归分析，相应结果详见表3-3。

从表3-3可以看出，本研究的所有模型均通过了F检验，具有统计显著性，可被接受。城乡类型在所有模型中均通过了显著性检验，这说明我国城乡居民环境行为存在显著差异，且相比于农村居民，城市居民会实施更多的环境行为。故本研究的基本假设得以证实。另随着外在制约因素、内在约束因素的逐步纳入，模型解释力由最初的10.2%上升至最终的29.5%，而城乡类型的标准回归系数呈下降趋势，这说明城乡类型可能受到外在制约因素的影响，其对环境行为产生直接影响的同时，亦可能通过居住地环境状况、居住地环境保护力度、大众传媒接触程度、环境意识等因素对环境行为产生间接影响。

具体而言，在控制其他变量之后，居住地环境状况、大众传媒接触程度、环境保护知识、环境关心、环境行为意向均对环境行为有着显著的正向作用。个人收入对环境行为并无显著影响，受教育程度与自我归属等级则在引入环境意识因素后，对环境行为的正向作用变得不再显著，这意味着受教育程度与主观阶层归属对环境行为的实施并无直接影响，可能借助环境保护知识、环境关心、环境行为意向等中介变量对环境行为起着间接作用。职业类型与居住地环境保护力度对环境行为的影响较为复杂，从事非农工作者与务农者在环境行为实施方面并无显著差异，但没有工作者较务农者实施更多的环境行为，可能的原因在于没有工作者有更多空闲去实施环境行为。故整体而言，阶层地位假设在本研究中并未获得支持。

表 3-3 环境行为城乡差异的多元线性回归（OLS）之标准回归系数

变量	模型 1	模型 2	模型 3	模型 4
城乡类型	0.320*** (0.116)	0.147*** (0.155)	0.198*** (0.114)	0.122** (0.148)
居住地环境状况		0.090*** (0.161)		0.049** (0.155)
个人年收入		-0.006 (0.000)		-0.009 (0.000)
受教育程度		0.099*** (0.018)		0.032 (0.018)
非农工作		-0.006 (0.186)		-0.011 (0.177)
无工作		0.059** (0.182)		0.048* (0.174)
自我归属等级		0.048** (0.033)		0.025 (0.032)
居住地环境保护力度尚可		0.065*** (0.132)		0.063*** (0.126)
居住地环境保护力度难判断		-0.112*** (0.181)		-0.052** (0.179)
大众传媒接触程度		0.226*** (0.018)		0.174*** (0.017)
环境保护知识			0.197*** (0.022)	0.128*** (0.025)
环境关心			0.177*** (0.020)	0.152*** (0.022)
环境行为意向			0.215*** (0.018)	0.190*** (0.019)
性别	0.016 (0.112)	-0.026 (0.119)	-0.034* (0.104)	-0.047** (0.114)
年龄	-0.035* (0.004)	0.048* (0.005)	0.035* (0.004)	0.049* (0.005)
婚姻状况	0.026 (0.207)	0.057*** (0.225)	0.040* (0.191)	0.062*** (0.215)

续表

变量	模型 1	模型 2	模型 3	模型 4
调整后的 R^2	0.102	0.217	0.252	0.295
F	102.879	65.399	170.442	79.438
p	0.000	0.000	0.000	0.000

注：职业类型以务农为参照组，居住地环境保护力度以较薄弱为参照组。括号内的数字为标准误；* $p<0.05$，** $p<0.01$，*** $p<0.001$。

相比于认为居住地环境保护力度较薄弱的居民而言，认为居住地环境保护力度尚可的居民会实施更多的环境行为，而认为居住地环境保护力度难判断的居民则会实施更少的环境行为。另外，年龄大、已婚的男性会实施更多的环境行为。

（二）多变量路径分析

本研究将通过显著性检验的变量纳入模型，并删除了未通过显著性检验的自变量之间的相关关系及相应路径，以环境保护知识、环境关心与环境行为意向为中介变量对环境行为进行路径分析（见图 3－2），以进一步

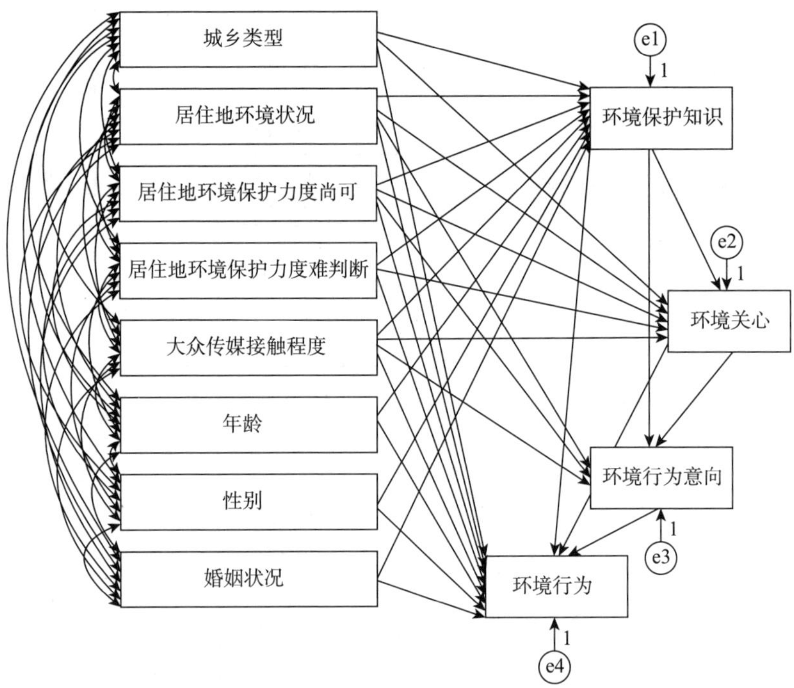

图 3－2　环境行为城乡差异路径分析

考察各因素的间接效应与总效应。统计结果表明诸模型均具有较好的拟合度（χ^2 = 16.508、df = 13、p = 0.223、GFI = 0.999、NFI = 0.998、IFI = 0.999、CFI = 0.999、$RMSEA$ = 0.009），具体结果详见表3-4。

首先，城乡类型直接影响环境行为的同时，亦借助环境保护知识、环境关心这两个中介变量对环境行为产生积极的间接作用，且相对而言，环境保护知识的中介作用更大一些。需加注意的是，城乡类型对环境行为的直接效应远大于间接效应，这说明关键的中介因素有待进一步挖掘。

其次，居住地环境状况、居住地环境保护力度、大众传媒接触程度直接影响环境行为的同时，亦借助环境保护知识、环境关心、环境行为意向对环境行为产生间接影响，并且居住地环境状况对环境行为的间接效应强于直接效应，即确切感知到居住地环境问题严重的城乡居民有着更高的环境保护知识水平、更为关心环境；其环境行为意向也更强烈，进而会实施更多的环境行为。

居住地环境保护力度与环境行为的关系相对复杂，相对于认为居住地环境保护力度尚可或难判断的城乡居民而言，认为居住地环境保护力度较薄弱的城乡居民的环境保护知识与环境关心水平更高，从而更愿意推进环境行为的实施；而认为居住地环境保护力度尚可的城乡居民实施环境行为的意愿更强，加之实施环境行为的条件可能更具备，从而会实施更多的环境行为。

最后，环境保护知识、环境关心、环境行为意向均对环境行为有着显著的直接正向作用，且环境保护知识对环境关心、环境关心对环境行为意向有着较强的正向影响，几乎所有自变量均通过环境保护知识与环境关心对环境行为产生间接影响，而大部分自变量则通过环境行为意向对环境行为产生间接影响。由此可见，具备丰富的环境保护知识、更为关心环境、环境行为意向更强烈的城乡居民会实施更多的环境行为。另外，性别、年龄、婚姻状况直接影响城乡居民环境行为的同时，亦通过环境保护知识、环境关心与环境行为意向对环境行为产生间接影响，抵消了部分直接效应。

（三）城乡居民环境行为的具体影响因素

为更清晰地呈现城市居民环境行为、农村居民环境行为的具体影响因素及两者之间存在的差异，本研究分别选择城市居民、农村居民作为分样本进行分析。

表 3-4　环境行为城乡差异的标准化直接效应、间接效应与总效应

变量	环境保护知识	环境关心			环境行为意向			环境行为		
		直接效应	间接效应	总效应	直接效应	间接效应	总效应	直接效应	间接效应	总效应
城乡类型	0.137^{**}	0.061^{***}	0.048^{***}	0.109^{***}	-	0.017^{***}	0.017^{***}	0.131^{*}	0.037^{***}	0.168^{***}
居住地环境状况	0.110^{***}	0.061^{***}	0.039^{***}	0.099^{***}	0.057^{***}	0.015^{***}	0.072^{***}	0.035^{*}	0.043^{***}	0.078^{***}
居住地环境保护力度尚可	-0.068^{***}	-0.037^{*}	-0.024^{***}	-0.061^{***}	0.010^{***}	-0.009^{***}	0.001^{***}	0.059^{***}	0.000	0.059^{***}
居住地环境保护力度难判断	-0.237^{***}	-0.087^{**}	-0.083^{***}	-0.170^{***}	-	-0.028^{***}	-0.028^{***}	-0.048^{**}	-0.061^{***}	-0.110^{***}
大众传媒接触程度	0.294^{***}	0.157^{***}	0.103^{***}	0.260^{***}	0.054^{**}	0.040^{***}	0.094^{***}	0.186^{***}	0.095^{***}	0.281^{***}
环境保护知识	-	0.351^{***}	-	0.351^{***}	0.048^{*}	0.035^{***}	0.083^{***}	0.131^{***}	0.067^{***}	0.198^{***}
环境关心	-	-	-	-	0.101^{***}	-	0.101^{***}	0.144^{***}	0.020^{***}	0.164^{***}
环境行为意向	-	-	-	-	-	-	-	0.198^{***}	-	0.198^{***}
性别	0.076^{***}	-	0.027^{***}	0.027^{***}	-	0.006^{***}	0.006^{***}	-0.049^{**}	0.015^{***}	-0.034^{*}
年龄	-0.088^{***}	-	-0.031^{***}	-0.031^{***}	-	-0.007^{***}	-0.007^{***}	0.072^{***}	-0.018^{***}	0.055^{**}
婚姻状况	-0.039^{**}	-	-0.014^{**}	-0.014^{**}	-	-0.003^{**}	-0.003^{**}	0.042^{**}	-0.008^{**}	0.035^{*}

注：$^{*}p<0.05$，$^{**}p<0.01$，$^{***}p<0.001$；居住地环境保护力度以较薄弱为参照组；基于 Bootstrap 法，抽取 5000 次进行间接效应的显著性检验。

表 3-5 城乡居民环境行为影响因素的多元线性回归（OLS）之标准回归系数

变量	城市居民	农村居民
居住地环境状况	0.024 (0.214)	0.094 ** (0.219)
个人年收入	-0.009 (0.000)	-0.003 (0.000)
受教育程度	0.007 (0.023)	0.054 (0.028)
非农工作	-0.040 (0.343)	-0.010 (0.239)
无工作	0.088 # (0.341)	0.010 (0.225)
自我归属等级	-0.006 (0.041)	0.080 ** (0.050)
居住地环境保护力度尚可	0.095 *** (0.160)	0.001 (0.205)
居住地环境保护力度难判断	-0.051 * (0.259)	-0.069 * (0.241)
大众传媒接触程度	0.182 *** (0.020)	0.124 *** (0.032)
环境保护知识	0.133 *** (0.033)	0.133 *** (0.040)
环境关心	0.171 *** (0.027)	0.108 ** (0.036)
环境行为意向	0.219 *** (0.025)	0.175 *** (0.030)
性别	-0.006 ** (0.145)	-0.040 (0.187)
年龄	0.094 ** (0.006)	-0.013 (0.007)
婚姻状况	0.074 *** (0.226)	0.007 (0.382)
调整后的 R^2	0.230	0.202
F	38.564	19.662
p	0.000	0.000

注：职业类型以务农为参照组，居住地环境保护力度以较薄弱为参照组；括号内的数字为标准误；# $p<0.1$，* $p<0.05$，** $p<0.01$，*** $p<0.001$。

与前述发现类似（见表3－5），居住地环境保护力度、大众传媒接触程度、环境保护知识、环境关心、环境行为意向、性别、年龄、婚姻状况对城市居民环境行为有着显著影响，能有效解释其23%的方差。且环境行为意向、大众传媒接触程度、环境关心、环境保护知识、居住地环境保护力度对城市居民环境行为的影响程度依次减小。唯一变化的是，居住地环境状况对城市居民环境行为的影响不再显著。也就是说对城市居民而言，环境污染驱动假设并未获得支持。可能的原因在于空气污染、水污染、噪声污染等环境问题日益渗入城市居民的日常生活，久而久之，城市居民对相关的污染感觉不再敏锐，甚至产生一种惯常的适应，另外也可能与城市主导的环境治理及其显著成效有关。

对农村居民环境行为而言，居住地环境状况、自我归属等级、居住地环境保护力度、大众传媒接触程度、环境保护知识、环境关心、环境行为意向对其有着显著影响，能有效解释其20.2%的方差。且环境行为意向、环境保护知识、大众传媒接触程度、环境关心、居住地环境状况、自我归属等级、居住地环境保护力度对农村居民环境行为的影响程度依次减小。发生变化的是，自我归属等级对农村居民环境行为有着显著的正向作用，而无工作、居住地环境保护力度尚可、性别、年龄、婚姻状况对其影响变得不再显著。故整体而言，信息分割假设、环境意识假设在本研究中得以验证，而环境污染驱动假设、环境保护二元控制体系假设在本研究中仅得到部分验证。

四　结论与启示

总体而言，与国外早期居住地研究结论相似，我国城乡居民环境行为存在显著差异，且相比于农村居民，城市居民会实施更多的环境行为。具体而言，信息分割假设、环境意识假设在本研究均得到验证，但阶层地位假设未获支持，环境污染驱动假设、环境保护二元控制体系假设仅得到部分验证，环境行为意向、环境保护知识、环境关心等环境意识变量直接影响城乡居民环境行为的同时，亦发挥着较重要的中介作用，且其影响相对大于外在制约的作用。具体来说，主要有以下几点。

第一，与范尼尔、邓拉普等人的研究发现不一致[①]，本研究发现阶层地位对环境行为并无显著影响，这与专门针对我国城市居民环境行为的研究结果是一致的[②]。我国碎片化的阶层状况使得收入、受教育程度、职业状况难以较好对应，依据单一或综合指标亦不能较为有效地标识个体的阶层地位，且由于社会态度的利益化和个体化发展，阶层地位难以指引个体的社会态度与行为取向，而模糊的阶层认同更不利于阶层意识与阶层共同行动的产生，加之政府主导型的环境治理模式未能与阶层结构形成与变动等有效结合起来，导致环境行为实施、环境治理实践欠缺较为坚实的阶层基础。故在着力扩大中间阶层、完善橄榄型阶层结构的同时，应有意识地培育居民的阶层意识及共同行动能力。

第二，对居住地环境保护力度有着明确判断的城乡居民，会实施更多的环境行为。与认为居住地环境保护力度难判断的城乡居民相比，认为居住地环境保护力度较薄弱或者尚可的城乡居民可能对居住地环境保护政策合理程度、环境保护机构与组织数目、环境保护投入及环境保护的成效等有着更多的关注与更清晰的了解，以及对政府、企业与社会组织等不同主体在环境保护方面的作用及相互影响有更深入的认识，并且拥有更为丰富的环境保护知识、更高的环境关心水平，进而有助于促使他们反思生活者致害化，并改变对环境保护置身事外或默然处之的态度，促使他们实施更多的环境行为。故应增强环境保护的力度，充分发挥政府、企业、非政府组织以及公众等多元主体在环境保护与环境治理中的作用，形成多元主体良性互动的局面。

第三，本研究证实了认为居住地存在环境问题的农村居民会实施更多的环境行为，佐证了居民直接感知和体验的环境问题有助于促进其环境行为的实施。实际上，客观环境问题作为一种外在社会事实，若个体未将其与自身生活、自身实践对应起来，未必会产生促发环境行为的紧迫感与责任感。只有当个体借助感觉器官、内在体验去认识和理解环境风险与环境问题，并将其与自身生活实践、自我经验紧密关联起来时，才会激发主体

① Van Liere, K. D., Dunlap, R. E., "The Social Base of Environmental Concern: A Review of Hypotheses, Explanations and Empirical Evidence," *Public Opinion Quarterly* 44 (1980): 181 - 197.

② 彭远春：《城市居民环境行为的结构制约》，《社会学评论》2013 年第 4 期。

反思自我、反观自身行为对环境的影响与损害，促使他们有意识地关注相关环境信息与环境知识，激发他们的环境保护责任，并将其落实到日常生活实践，从而促使他们更多地实施分类回收、垃圾减量、绿色消费等环境行为。

第四，城乡居民对大众传媒接触与使用越多，越能获取更丰富的环境知识与环境信息，进而有助于提升自身的环境认知水平与环境关心水平，激发他们环境行为的意愿，促使城乡居民实施更多的环境行为。不容忽视的是，随着网络社会的崛起，手机、网络等新媒体日益嵌入社会成员的日常生活，经由大众传媒的信息过滤、筛选与选择性呈现，进而形成影响人们观念以及行为方式的拟态环境。故应着力缩小城乡间的数字鸿沟，加强大众传媒对环境信息披露、环境知识传播以及环境保护宣传的力度，塑造有利于环境行为实施的拟态环境。

第五，环境意识作为中介因素，对环境行为的实施有着较为重要的作用。这与我国社会强调认知指引日常生活实践、推崇“知行合一”的文化与意识先行的行为模式有关，即在实施某一或某类环境行为之前，常常需要对其相关环境知识、环境行为技巧与策略等议题有着较为充分的把握和理解，进而激发环境行为意向以及实施环境行为的内在动力。[①] 同时，本研究测量的知识与空气污染、水污染等具体环境问题有关，抽象程度较低且与日常生活联系较为紧密。由此，应基于城乡居民的日常生活实践，开展形式多样、特色鲜明的环境宣传与环境教育活动，进而不断提高公众的环境认知水平以及环境关心水平，增强他们的环境行为意向，并进一步完善社区环保设施、积极提升环保服务，进而促进公众环境行为的实施。

需要指出的是，本研究探讨的环境行为集中在私人领域，城乡居民在公域环境行为方面是否存在显著差异以及有着怎样的影响机制值得进一步研究。此外，应基于城乡环境问题的差异实际，将个体所在社区或村庄、县市、省份以及区域的相应环境状况指标纳入进来，并结合城乡居民切实感觉与体验的环境状况与问题进行多层模型分析，以切实揭示污染驱动环境行为实施的内在机制。

---

① 彭远春：《城市居民环境认知对环境行为的影响分析》，《中南大学学报》（社会科学版）2015 年第 3 期。

第四章　健康状况与公众环境行为*

随着社会的日益进步，人们对生活品质有了更高的期待和要求。健康是个人扮演社会角色、进行社会活动和享受生活品质的重要基础。在环境健康风险扩大化的今天，谋求全人类的健康是人们共同关心的议题和努力的方向①。党的十九大报告亦指出，要实施“健康中国”战略，为居民的健康生活提供良好的自然环境和社会环境。环境与健康之间的良性互动关系，不仅能够提升当代人的健康水平与生活幸福感，更有利于实现环境的可持续发展，提升经济社会发展的质量。在日常生活中，人们大多关注环境条件对健康的影响，希望栖居于有利于个体健康的环境之中，偏向良好的环境条件以保持或改善自身的健康状况。然而，作为具备主观能动性的个体，个体同样能够通过实施环境行为来创造有利于自身健康的环境条件。在影响环境行为的诸多因素中，健康状况因素尚未得到足够的关注②。故探讨健康状况对公众环境行为有无影响、有着怎样的影响，正是本研究希望回答的问题。

一　文献回顾与研究假设

（一）环境：影响健康状况的关键因素

健康状况是评价个体生理状态的重要指标，是自然环境与社会环境共

* 本章的主要内容以《居民健康状况对环境行为的影响——基于 CGSS 2013 数据的分析》为题发表在《南京工业大学学报》（社会科学版）2020 年第 4 期上。

① World Health Organization, *Health and Environment in Sustainable Development: Five Years after the Earth Summit* (Geneva: World Health Organization, 1997).

② Gifford, R., Nilsson, A., "Personal and Social Factors that Influence Pro-environmental Concern and Behaviour: A Review," *International journal of psychological* 49 (2014): 141 - 157.

同作用的结果。聚焦于自然环境对健康状况的影响，人们大多关注作为重要表征的某些严重疾病，例如水俣病①、癌症②、尘肺病③等与罹患疾病的个体所处自然环境之间的关系。这些研究意在厘清环境污染及恶化如何影响乃至伤及改造自然活动的人类主体本身，以及人类如何调整自身的认知和行为，来应对环境危机。如有研究者发现，癌症与环境污染状况④和居民日常生活⑤都密切相关，行为主体对“癌症 - 污染”关系的认知与应对受制于科学技术和经济社会因素⑥，并根据生活经验和常识策略性地化解健康风险⑦。

社会环境对健康状况的影响，主要体现在社会地位的分化与变动、地区发展程度、制度保障水平等带来的健康不平等问题。现有研究表明，社会经济地位高的人群更能够做出有利于自身健康的生活方式选择⑧，健康生活方式直接影响人们的健康水平⑨，因而社会经济地位较高的人群要比社会经济地位较低的人群有更好的身体功能、更少的抑郁症状、更好的自评健康⑩。地区经济发展水平和收入不平等状况与居民的健康存在重要的相关关系⑪，城乡流动现象通过选择机制使处于不同健康状况的居民在城乡之间重新布局⑫。制度保障、家庭支持与个体选择对个体健康存在差异

---

① 程鹏立：《日本“水俣病”的社会学研究》，《河海大学学报》（哲学社会科学版）2008年第4期。

② 程鹏立、唐争翠：《工业污染与癌症高发的社会学分析》，《医学与社会》2010年第6期。

③ 韩磊：《华东某煤矿粉尘污染变化趋势、煤工尘肺发病特征及其预测研究》，博士学位论文，南京医科大学，2016。

④ 陈阿江、罗亚娟、陈涛：《“先污染后治理”的路径与后果——环保与卯集皮革业发展之案例研究》，《广西民族大学学报》（哲学社会科学版）2011年第3期。

⑤ 陈阿江：《“癌症村”内外》，《广西民族大学学报》（哲学社会科学版）2013年第2期。

⑥ 陈阿江、程鹏立：《“癌症 - 污染”的认知与风险应对——基于若干“癌症村”的经验研究》，《学海》2011年第3期。

⑦ 陈阿江、程鹏立：《村民是如何化解环境健康风险的?》，《南京农业大学学报》（社会科学版）2011年第2期。

⑧ 王甫勤：《地位束缚与生活方式转型——中国各社会阶层健康生活方式潜在类别研究》，《社会学研究》2017年第6期。

⑨ 王甫勤：《社会经济地位、生活方式与健康不平等》，《社会》2012年第2期。

⑩ 焦开山：《健康不平等影响因素研究》，《社会学研究》2014年第5期。

⑪ 齐亚强、牛建林：《地区经济发展与收入分配状况对我国居民健康差异的影响》，《社会学评论》2015年第2期。

⑫ 牛建林：《人口流动对中国城乡居民健康差异的影响》，《中国社会科学》2013年第2期。

化的影响①，社会资本通过积极作用于社会融合来提升流动人口的健康获得水平②。

无论是基于朴素感知还是科学结论，人们愈发认识到：环境因素与人体健康状况息息相关，若希望保持良好的健康状况，则必须充分唤醒个体的主观能动性以营造良好的环境条件。如20世纪60年代，蕾切尔・卡逊（Rachel Carson）在《寂静的春天》中论述了农业发展中过度使用化学杀虫剂对生态系统造成的破坏，以及在生物圈的循环作用下人类的行为如何严重损害了自身的健康状况。由此，世界范围内的环境保护运动逐渐兴起，出于维护自身健康的考虑，人类开始实施一系列环保行为。可见，个体的健康感知被唤醒后，人们便会基于自身的健康状况实施相应的环境行为。而在环境影响健康的关系路径下，健康对环境的影响常被忽视。

（二）健康状况对环境行为的影响

随着"星球健康"（planetary health）研究的兴起，人类健康及其所依赖的自然环境的状态成为广受关注的研究议题。③ 行为主体改变特定行为，能对环境与健康产生积极或消极影响。④ 如对欧盟国家的研究表明，若其用植物性食品替代25%～50%的动物性食品，当肉类、乳制品和蛋类的消费量减半时，一是饮食的改变会降低健康风险，二是将实现氮排放减少40%、温室气体排放减少25%、人均粮食生产用地减少23%⑤。这说明，基于健康与环境二者关系的考虑，调整个体的消费行为和健康行为能提升其健康水平及其所处环境的质量。

---

① 王甫勤：《谁应对健康负责：制度保障、家庭支持还是个体选择?》，《社会科学》2015年第12期。

② 王培刚、陈心广：《社会资本、社会融合与健康获得——以城市流动人口为例》，《华中科技大学学报》（社会科学版）2015年第3期。

③ Whitmee, S., Haines, A., Beyrer, C., et al., "Safeguarding Human Health in the Anthropocene Epoch: Report of the Rockefeller Foundation-lancet Commission on Planetary Health," *The Lancet* 386 (2015): 1973－2028.

④ Shimoda, A., Hayashi, H., Sussman, D., et al., "Our Health, Our Planet: A Cross-Sectional Analysis on the Association between Health Consciousness and Pro-environmental Behavior among Health Professionals," *International Journal of Environmental Health Research*, 2019, DOI: 10.1080/09603123.2019.1572871.

⑤ Westhoek, H., Lesschen, J. P., Rood, T., et al., "Food Choices, Health and Environment: Effects of Cutting Europe's Meat and Dairy Intake," *Global Environmental Change* 26 (2014): 196－205.

在明确健康状况对环境行为存在影响的前提下，尽管具体的影响机制尚不明晰，但现有研究大多包含健康促进论，即个体健康状况越好，越能更深刻地理解环境与自身健康状况之间的关系，越能敏锐感知所处环境的变化，进而实施更多的环境行为以改善所处的环境条件。这也与心理学研究领域和健康研究领域所提出的健康信念模式（Health Belief Model，HBM）相符。该模式关注个体如何在选择情境下做出选择[①]，认为个体对健康风险因素的感知、对保持良好健康状况的愿景以及对自身行为的后果、障碍和收益的评估能够驱动个体的具体健康行为[②]。将这一理论引入环境研究领域，可以发现，在个体的健康信念中，引发健康风险的因素不仅仅包括遗传和基因带来的或生活方式所诱发的疾病，环境问题对个体健康的威胁同样应该警醒，而在个体的行为选择中，环境行为理应是个体应对环境健康风险所做出的选择。与健康促进论相对，个体健康状况对其环境行为也可能存在其他影响路径。如人们的健康状况越好，越可能安于现状，对外面环境的变化不甚敏感，进而不利于环境行为的实施，即健康抑制论；而不良健康漠视论则是指人们的健康状况越差，越认为外在环境与自身处境难以改变，从而漠视自身健康状况与环境之间的内在关联，进而阻碍环境行为的实施。令人遗憾的是，这些可能的影响路径未能在现有的环境与健康之间关系的研究中加以检验。

健康状况作为一个综合性的概念，包括客观和主观两个层面。客观健康状况主要是指通过医学指标衡量的行为主体的健康状况；主观健康状况，又称自评健康状况，则是指行为主体对自身健康状况的评价，即认为自己健康程度如何。由此，结合健康促进论，本研究提出了基本假设 H_1：居民的健康状况越好，越倾向于实施环境行为。具体为 H_{1a}：居民的客观健康状况越好，越倾向于实施环境行为；H_{1b}：居民的主观健康状况越好，越倾向于实施环境行为。

（三）健康状况影响环境行为的内在机制

何种因素塑造了环境行为这一问题错综复杂，以致无法通过单一的逻

① Maiman, L. A., Becker, M. H., "The Health Belief Model: Origins and Correlates in Psychological Theory," *Health Education Monographs* 2 (1974): 336 - 353.

② Janz, N. K., Becker, M. H., "The Health Belief Model: A Decade Later," *Health Education Quarterly* 11 (1984): 1 - 47.

辑或框架来明晰影响机制[①]。换言之，环境行为受多个影响因素的综合作用[②]。实际上，对环境问题的关注在根本上与人们将自身视为自然环境一分子之程度有关[③]，自然共情的程度越深，人们对环境问题就会越关切。将环境情感作为独立变量，探讨其对环境行为影响的研究相对较少，且多在一般层面讨论环境态度或生态态度对环境行为的影响[④]。如有学者认为环境情感有助于个体走出“知强情弱”的困境，进而改善“知易行难”的境况；环境情感的各维度对个体环境行为具有差异化的影响，如环境忧虑感往往会促使个体实施更多的环境行为[⑤]。可见，个体良好的健康状况意味着其对健康与环境之间的关系的理解更加深刻，对环境风险和环境问题表现出更强的忧虑感，进而影响环境行为的实施。由此，本研究提出假设 H_2：居民的环境忧虑感越强，越倾向于实施环境行为。进而提出假设 H_3：客观健康状况在直接影响环境行为的同时，亦通过环境忧虑感对环境行为产生间接影响；H_4：主观健康状况在直接影响环境行为的同时，亦通过环境忧虑感对环境行为产生间接影响。

目前学界普遍认为，环境知识是影响环境行为的重要因素[⑥]。而环境知识对环境行为的影响不能一概而论，环境知识一般会被划分为更加细致的层次[⑦]，如行为关联性知识、效用性知识、系统性知识、主观知识、客观知识等[⑧]。虽然认识到了环境知识的层次性和异质性，但人们较少将环

① Kollmuss, A., Agyeman, J., “Mind the Gap: Why Do People Act Environmentally and What Are the Barriers to Pro-environmental Behavior?” *Environmental education research* 8 (2002): 239 –260.

② 彭远春：《国外环境行为影响因素研究述评》，《中国人口·资源与环境》2013 年第 8 期。

③ Schultz, P. W., “New Environmental Theories: Empathizing with Nature: the Effects of Perspective Taking on Concern for Environmental Issues,” *Journal of Social Issues* 56 (2000): 391 –406.

④ Hines, J. M., Hungerford, H. R., Tomera, A. N., “Analysis and Synthesis of Research on Responsible Environmental Behavior: A Meta-analysis,” *The Journal of Environmental Education* 18 (1987): 1 –8.

⑤ 王建明：《环境情感的维度结构及其对消费碳减排行为的影响——情感 – 行为的双因素理论假说及其验证》，《管理世界》2015 年第 12 期。

⑥ 彭远春：《城市居民环境认知对环境行为的影响分析》，《中南大学学报》（社会科学版）2015 年第 3 期；洪大用、范叶超：《公众环境知识测量：一个本土量表的提出与检验》，《中国人民大学学报》2016 年第 4 期。

⑦ Gotschi, E., Vogel, S., Lindenthal, T., et al., “The Role of Knowledge, Social Norms, and Attitudes toward Organic Products and Shopping Behavior: Survey Results from High School Students in Vienna,” *The Journal of Environmental Education* 41 (2009): 88 –100.

⑧ 段文杰、盛君榕、慕文龙等：《环境知识异质性与环保行为》，《科学决策》2017 年第 10 期。

境健康知识这一概念与一般意义上的环境知识区分开来。环境健康知识实则是指那些将环境与健康连接起来的知识，用以衡量环境风险对个体健康状况的影响。个体掌握的环境健康知识越丰富，越能够认识到环境对个体健康状况的影响，进而越有可能通过积极的环境行为来改善环境条件、维持自身健康水平。由此，本研究提出假设 H_5：居民的环境健康知识越丰富，越倾向于实施环境行为。进而提出假设 H_6：客观健康状况在直接影响环境行为的同时，亦通过环境健康知识对环境行为产生间接影响；H_7：主观健康状况在直接影响环境行为的同时，亦通过环境健康知识对环境行为产生间接影响。

尽管健康状况与环境行为之间的相关关系尚不明晰，但有部分研究认为健康关心或者健康促进行为可能是健康状况与环境行为之间的中介变量。如健康意识与环境行为呈正向相关①，健康意识和环境意识都对反消费主义有显著的正向影响②。健康意识是健康素养的重要组成部分，健康素养则是指个人获取、理解、处理基本的健康信息和服务，并利用这些信息和服务做出有利于提高和维护自身健康决策的能力③。可见，“积极的行为能力”这一维度内蕴于健康素养的概念之中，个体健康素养的高低直接影响其健康状况的好坏④。学界将基于改善自身健康状况而生发的行为称为健康促进行为⑤。

实现特定的目标，往往需要持续、深入的努力，如保持良好的健康状况需要多种健康促进行为的综合作用，为了构建宜居的环境需要广泛的环境行为⑥。同时，行为之间具有协同性和一致性，帮助实现目标的行为会

① Ture, R. S., Ganesh, M. P., “Effect of Health Consciousness and Material Values on Environmental Belief and pro-environmental Behaviors,” *International Proceedings of Economics Development and Research* 43 (2012): 41 - 45.

② Kaynak, R., Eksi, S., “Effects of Personality, Environmental and Health Consciousness on Understanding the Anti-consumptional Attitudes,” *Procedia-social and Behavioral Sciences* 114 (2014): 771 - 776.

③ 姚宏文、石琦、李英华等：《我国城乡居民健康素养现状及对策》，《人口研究》2016 年第 2 期。

④ 胡晓云：《湖北省居民健康素养状况及其对健康状况的影响》，博士学位论文，华中科技大学，2009。

⑤ 王财玉、雷雳：《消费者健康促进行为的类型及形成机制》，《心理科学进展》2015 年第 4 期。

⑥ Van Der Werff, E., Steg, L., “Spillover Benefits: Emphasizing Different Benefits of Environmental Behavior and Its Effects on Spillover,” *National Institutes of Health* 9 (2018): 2347.

影响后续实现相同或具有内在关联的目标的行为，即行为之间具有溢出效应①。溢出效应有积极和消极之分，积极的溢出效应意味着前序行为促进了后续行为的实施。有研究揭示了个体的健康促进行为与环境行为之间的积极的溢出效应②，认为个体积极的健康促进行为能够促进其环境行为的实施。由此，本研究提出假设 H_8：居民的健康促进行为越积极，其越倾向于实施环境行为。进而提出假设 H_9：客观健康状况在直接影响环境行为的同时，亦通过健康促进行为对环境行为产生间接影响；H_{10}：主观健康状况在直接影响环境行为的同时，亦通过健康促进行为对环境行为产生间接影响。

此外，环境忧虑感是个体对环境风险的感性体验，环境健康知识则是其理性应对环境风险的必要条件，即个体的健康状况会唤起其对所处环境的关注，表现为产生忧虑、理性认知和积极应对。如果个体察觉到并担忧所处环境存在的风险与面临的问题，且具备较高的环境健康知识水平，就会通过实施健康促进行为和环境行为来应对环境风险与环境问题。基于上述认识并借鉴相关研究经验，构筑出本研究的框架图（见图 4－1）。

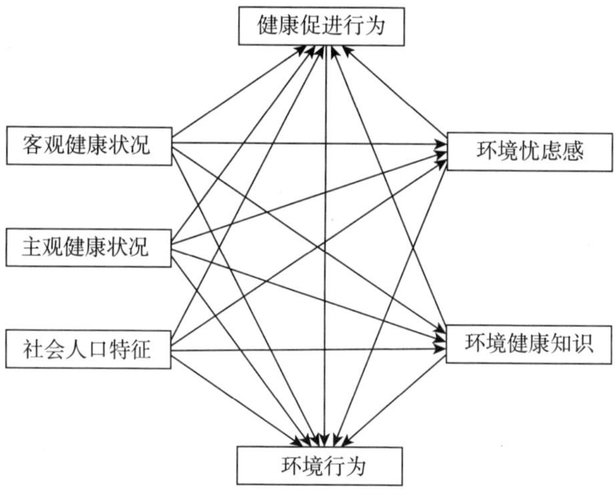

图 4－1　健康状况影响环境行为的研究框架

① Truelove, H. B., Carrico, A. R., Weber, E. U., et al., "Positive and Negative Spillover of Pro-environmental Behavior: An Integrative Review and Theoretical Framework," *Global Environmental Change* 29 (2014): 127－138.

② Brügger, A., Höchli, B. R., "The Role of Attitude Strength in Behavioral Spillover: Attitude Matters-But not Necessarily as A Moderator," *National Institutes of Health*, 2019, DOI: 10.3389/fpsyg.2019.01018.

二　数据与变量测量

（一）因变量及其测量

因变量环境行为通过 CGSS 2013 中的城乡居民环境行为量表加以测量，具体描述及指标构筑详见第二章的相关内容。

（二）自变量及其测量

现代医学研究结果表明，超重和肥胖与许多慢性病密切相关①。我们通常用体重指数（BMI：kg/m^2）来显示个体客观层面的健康状况：BMI＜18.5，体重过低；BMI 介于 18.5～23.9，体重正常；BMI 介于 24.0～27.9，超重；BMI≥28，肥胖。② BMI 指数过低③或者过高都意味着个体健康状况存在问题。故本研究将取值范围在 18.5～23.9 的 BMI 指数视为健康，将其编码为 1；将其他所有值视为不健康，编码为 0。本研究根据 CGSS 2013 的问卷内容，用"目前的身体健康状况""过去四周内由于健康问题影响到工作或其他日常工作的频繁程度""过去四周内感到心情抑郁或沮丧的频繁程度"三个题项来测量个体对自身健康状况的评价。其克隆巴赫系数为 0.804，R_{i-t} 值在 0.554～0.739 不等，说明量表的内部一致性和信度较高。量表的 KMO 值为 0.668，Bartlett 球形检验的卡方值的显著性概率是 0.000，说明量表比较适合做探索性因子分析。探索性因子分析结果表明其只可提取一个公因子，共解释 71.87% 的总方差，故将三者相加生成主观健康状况变量。

（三）中介变量及其测量

1. 环境忧虑感

CGSS 2013 的问卷没有直接测量环境忧虑感的指标，但分别测量了被访者对当地空气、水、噪音、工业垃圾、生活垃圾、食品等污染以及绿地

---

① 张红叶、杨军、周北凡等：《我国十组人群脑卒中危险因素的前瞻性研究》，《中国慢性病预防与控制》1996 年第 4 期。

② 中国肥胖问题工作组数据汇总分析协作组：《我国成人体重指数和腰围对相关疾病危险因素异常的预测价值：适宜体重指数和腰围切点的研究》，《中华流行病学杂志》2002 年第 1 期。

③ 钱卫冲、郭剑涛、张文生等：《体重指数过低与总死亡率关系的前瞻性研究》，《中华医学杂志》2001 年第 19 期。

不足、淡水资源短缺、森林植被破坏、耕地退化、荒漠化、野生动植物减少等环境问题的感知程度。当主体感知到当地环境问题较为严重时，便催生了忧虑感。这种忧虑感，另一方面是人们基于担忧环境恶化会影响健康的环境忧虑感，另一方面是人们意识到为实现经济社会发展而罔顾生态环境时所产生的次生焦虑①在个体层面的反映。考虑到个体在感知健康状况与环境之间的关系时，更多感受到的是距离个体日常生活较近的、对自身影响较为直接的环境问题，因而剔除了个体对森林植被破坏、耕地退化、荒漠化和野生动植物减少四个方面环境问题的感知，将其余八个题项之答项中的“不严重”到“很严重”程度对应取值 1~5 加以重新编码。量表的克隆巴赫系数为 0.829，R_{i-t}值在 0.436~0.637 不等，说明量表的内部一致性和信度较高。结合既有研究成果②，本研究对其进行验证性因子分析，发现八个题项聚集在单一维度之上，且模型拟合度较好，遂将其作为潜变量纳入模型进行分析③。

2. 环境健康知识

CGSS 2013 的问卷设计了一系列测量指标对被访者所具备的环境知识进行了调查，但环境健康知识相关的测量项目甚少，只有一个最为相关的问题：“汽车尾气对人体健康不会造成威胁”。问卷中的“空气质量报告中，三级空气质量意味着比一级空气质量好”以及“水体污染报告中，V类水意味着要比I类水质好”这两个问题，虽然没有直接将环境问题与个体的健康状况联系起来，但若个体具备这类知识，会直接影响其健康促进行为与环境行为的实施。因此，将回答“错误”的取值编码为 1，其他所有值编码为 0，进而将上述三个指标相加生成环境健康知识变量。

3. 健康促进行为

现有的一系列健康行为测评工具几乎都包括体育锻炼、营养摄入、心理健康等维度④。在 CGSS 2013 的问卷中，相关测量指标很少，主要集中

① 陈阿江：《次生焦虑》，中国社会科学出版社，2010，第 187 页。

② 彭远春：《城市居民环境行为研究》，光明日报出版社，2013，第 82 页。

③ 验证性因子分析详见图 4-2，模型的拟合系数分别为：$\chi^2=259.569$，$df=13$，$p=0.000$，$GFI=0.994$，$NFI=0.990$，$IFI=0.990$，$CFI=0.990$，$RMSEA=0.041$。相应题项的因素负载分别为：0.71、0.68、0.67、0.68、0.60、0.49、0.44、0.56。

④ 刘静、李伦兰、甘玉云等：《健康行为相关测评工具的研究进展》，《中国全科医学》2019 年第 13 期。

在以下两个问题上："过去一年，是否常在空闲时间从事以下活动——参加体育锻炼""是否经常去专门的体育场馆或健身房锻炼身体"。考虑到现阶段中国居民的生活方式和行为偏好，人们更倾向于在空闲时间、以最为便利的方式进行体育锻炼，故选择专门去体育场或健身房等场所锻炼的个体比重较小。问卷统计结果亦对此加以印证，有91.4%的受访者表示经常去专门的锻炼场所进行体育锻炼与自身实际"不太符合"或者"很不符合"。由此，选择"是否在空闲时间进行体育锻炼"这一指标来衡量个体的健康促进行为，将答项"每天""一周数次""一月数次"编码为1，"一年数次或更少""从不"则编码为0。

在借鉴其他研究的基础上，本研究引入性别、年龄、受教育程度、婚姻状况、城乡类型五个变量作为控制变量。各变量的描述性统计结果详见表4－1。

表4－1　健康状况影响环境行为的研究变量

类型	变量	性质	说明
因变量	私域环境行为	定距	高分值表明高私域环境行为水平，均值为9.210，标准差为2.357
	公域环境行为	定距	高分值表明高公域环境行为水平，均值为5.951，标准差为1.620
自变量	客观健康状况	定类	不健康＝0、健康＝1
	主观健康状况	定距	高分值表明高主观健康状况水平，均值为11.609，标准差为2.617
中介变量	环境忧虑感	定距	高分值表明强环境忧虑感，均值为21.490，标准差为6.963
	环境健康知识	定距	高分值表明高环境健康知识水平，均值为1.119，标准差为0.836
	健康促进行为	定类	不从事体育锻炼＝0、从事体育锻炼＝1
控制变量	性别	定类	女＝0、男＝1
	年龄	定距	均值为48.60，标准差为16.387
	受教育程度	定距	未受过正式教育＝0；小学/私塾＝6；初中＝9；普通高中/职业高中/中专/技校＝12；大专/本科＝16；研究生及以上＝19。均值为8.890，标准差为4.761
	婚姻状况	定类	未婚＝0、已婚＝1
	城乡类型	定类	农村＝0、城市＝1

注：CGSS调查每一年度的受教育程度测量稍有差异，故本研究在数据分析时稍有差别。

三 数据分析

本研究依据研究框架图（见图4－1），删除了未通过显著性检验的自变量之间的相关关系，构筑出健康状况影响环境行为的多变量路径分析图（见图4－2），对其直接效应、间接效应与总效应进行详细分析，结果见表4－2。统计分析结果表明，私域环境行为模型拟合系数分别为：χ^2 = 1573.457，*df* = 96，*p* = 0.000，*GFI* = 0.985，*NFI* = 0.964，*IFI* = 0.966，*CFI* = 0.966，*RMSEA* = 0.037；公域环境行为模型拟合系数分别为：χ^2 = 1 544.560，*df* = 96，*p* = 0.000，*GFI* = 0.985，*NFI* = 0.963，*IFI* = 0.965，*CFI* = 0.965，*RMSEA* = 0.036。上述指标综合说明模型具有较好的拟合度。首先，在控制其他变量的情况下，环境忧虑感、环境健康知识和健康促进行为对私域环境行为和公域环境行为均具有显著的正向影响，即居民的环境忧虑感越强、环境健康知识越丰富、健康促进行为越积极，其越倾向于

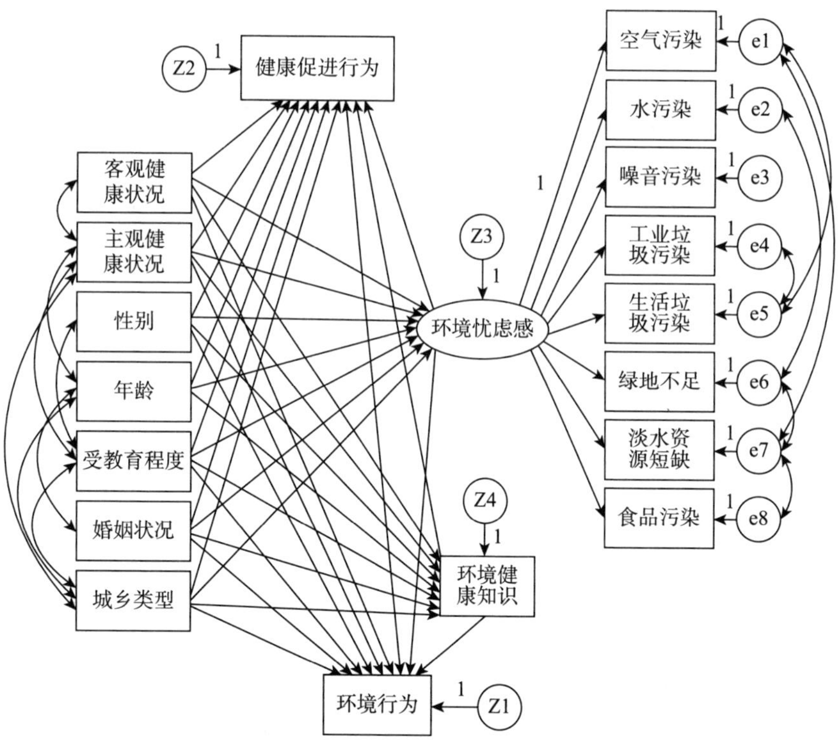

图4－2 健康状况影响环境行为的多变量路径分析

表 4－2　健康状况影响环境行为的多变量路径分析结果

变量	环境忧虑感	环境健康知识	健康促进行为	私域环境行为			公域环境行为		
				直接效应	间接效应	总效应	直接效应	间接效应	总效应
客观健康状况	-0.015	-0.019*	-0.020*	-0.010	-0.006**	-0.016#	-0.011	-0.007**	-0.018*
主观健康状况	-0.050***	0.060***	0.051***	0.047***	0.013***	0.059***	-0.012	0.011***	-0.001
环境忧虑感	—	—	0.024*	0.048***	0.003*	0.051***	0.086***	0.004*	0.090***
环境健康知识	—	—	0.057***	0.137***	0.007***	0.144***	0.116***	0.009***	0.125***
健康促进行为	—	—	—	0.127***	—	0.127***	0.152***	—	0.152***
性别	-0.033***	0.040***	0.003	-0.089***	0.005*	-0.084***	0.023**	0.003	0.026**
年龄	-0.005	-0.080***	0.110***	0.059***	0.002	0.061***	-0.029**	0.006*	-0.023*
受教育程度	0.088***	0.236***	0.276***	0.251***	0.074***	0.325***	0.155***	0.079***	0.234***
婚姻状况	-0.057***	-0.004	-0.080***	0.036***	-0.013***	0.022*	-0.007	-0.018***	-0.025**
城乡类型	0.382***	0.139***	0.174***	0.124***	0.059***	0.183***	-0.001	0.073***	0.072***

注：$^{\#}p<0.1$，$^{*}p<0.05$，$^{**}p<0.01$，$^{***}p<0.001$。

实施环境行为，故假设 H_2、H_5、H_8均获验证。

其次，居民的客观健康状况对私域环境行为与公域环境行为并无显著的直接影响，但经过环境健康知识、健康促进行为的中介作用之后，客观健康状况对环境行为的总效应变得显著。需要注意的是，居民的客观健康状况越差，则其获取的环境健康知识越丰富，并积极采取健康促进行为，进而会实施越多的环境行为。故假设 H_{1a}得到反向验证，假设 H_3未获支持，假设 H_6与 H_9仅获部分支持。居民的主观健康状况对私域环境行为有着显著的直接影响，环境健康知识与健康促进行为的中介作用则强化了这一正向影响，环境忧虑感的中介作用则部分削弱了这一正向影响。而居民的主观健康状况对公域环境行为的直接负向影响并不显著，但经环境忧虑感、环境健康知识与健康促进行为的复杂中介作用则遮掩了主观健康知识对公域环境行为的可能影响，致使其总效应并不显著。故居民的主观健康状况越好，其越倾向于实施私域环境行为，并通过环境忧虑感、环境健康知识、健康促进行为对私域环境行为和公域环境行为产生间接影响。由此，假设 H_{1b}、H_4、H_7、H_{10}得到部分验证。

最后，受教育程度、城乡类型对私域环境行为和公域环境行为有着显著的正向影响，即受教育程度越高的城市居民，会实施越多的环境行为，这可能与其对环境问题的感知与体验更深刻、具备更丰富的环境知识以及采取更积极的健康促进行为有关。女性、年长者以及已婚者会实施更多的私域环境行为，而男性、年轻者、未婚者则会实施更多的公域环境行为。

四 讨论与建议

首先，与假设 H_{1a}相反，居民的客观健康状况越差，其越倾向于实施私域环境行为与公域环境行为。其内在机制在于居民的客观健康状况对环境健康知识、健康促进行为有着显著的负向作用，而环境健康知识、健康促进行为对私域环境行为与公域环境行为有着显著的正向作用，二者的中介作用使得客观健康状况对环境行为的总效应变得显著（见表 4－2）。可能的原因在于，居民的客观健康状况越差，越易唤起其对自身健康状况及其所处环境状况的关注，越会使其获取更多的环境健康知识以更好地理解环境与健康之间的关系，并付诸健康促进行为与环境行为实践以改善自身所处环境与自身健康状况。也就是说，欠佳的健康状况往往会带给行为主体负面的体验，但却有利于促使行为主体付诸行动以改善周遭环境与自身处境，即不良健康状况反促环境行为的实施，这亦构成健康促进论的另一面向。当然，限于资料的不足，本研究采用的 BMI 指数未能完整、确切地呈现主体的客观健康状况，这有待后续研究更精确的测量与更深入的探讨。

其次，居民的主观健康状况越好，其越倾向于实施私域环境行为。原因在于，自评健康状况越好的居民，对其所处环境与自身健康之间的良性互动关系有着更好的理解，认为自身良好的健康状况得益于微观环境的改善，故在日常生活实践中侧重于环境保护知识、环境健康知识的指引①，进而实施更多的健康促进行为与私域环境行为以改善自身所处环境。如表 4－2 所示，环境健康知识与健康促进行为的显著正向中介作用强化了主观健康状况对私域环境行为的相应影响。而居民的主观健康状况对公域环境行为并无显著的直接影响，但其通过环境健康知识、健康促进行为、环境忧虑感对公域环境行为有着显著的间接影响，且间接效应与直接效应的绝对值大致相当。进而可以这样认为，环境健康知识、健康促进行为、环境忧虑感间的复杂中介作用遮掩了主观健康状况对公域环境行为的可能影响。

虽然人们越来越察觉到良好的环境条件对自身健康的重要性，但若落实到公共领域的行动之中，更易感受到个体力量的有限性且难以形成合力。这与我国长期奉行的政府主导型环境治理模式有关，故在复合型环境治理中需要进一步思考提升个体积极性和参与度的策略，进而形成全社会广泛参与、共同行动的新局面。此外，本研究所测量的主观健康状况侧重于关注个体对自身整体健康以及最近四周内健康状况与情绪状态的评价，这些测量项目便于及时反馈与有效干预。且在“健康中国”发展战略下，社区作为最基础的社会实体，建设健康社区逐步成为健康社会构建的重点工程②。故要注重健康社区建设，完善基层医疗与健康服务，及时掌握居民的健康状况，进而在提升居民健康水平的同时，进一步推进居民环境行

① 彭远春：《城市居民环境认知对环境行为的影响分析》，《中南大学学报》（社会科学版）2015 年第 3 期。

② 王睿、姜雯、申俊龙：《基于多中心治理理论的视角探讨中国特色的健康社区治理模式》，《中国全科医学》2018 年第 5 期。

为的实施。

最后，居民的环境忧虑感越强、环境健康知识越丰富、健康促进行为越积极，其越倾向于实施环境行为。而居民的主观健康状况对环境健康知识、健康促进行为有着显著的正向影响，对环境忧虑感则起着显著的负向影响，故居民自评健康状况越好，则其环境健康知识水平越高，健康促进行为越积极，越倾向于实施环境行为；居民自评健康状况越差，则其环境忧虑感越强，越倾向于实施环境行为。可见，健康状况不同的居民，其环境行为实施的内在驱动机制存在差异。对健康状况良好的居民而言，更多的是认知驱动，通过获取更丰富的环境保护知识、环境健康知识以推进健康促进行为与环境行为的实施；而健康状况欠佳者，对所处环境状况更为敏锐，在环境忧虑感等情感驱动之下推动环境行为的实施。故在居民的环境教育与环境宣传过程中，应基于居民健康状况等因素采取差异化策略，以唤起其环境情感共鸣或提升其环境认知水平，使之掌握适宜的健康促进方法，进而促进其实施更多的环境行为。

总体而言，健康促进论在本研究得到部分验证并修正，即居民的自评健康状况越好，则在环境认知驱动机制下实施越多的环境行为；不良健康状况则在环境情感驱动机制下反促环境行为的实施。具体而言，健康状况对环境行为的影响遵循“环境问题内生化－主体体验策略化－行为选择外展化”的内在逻辑。当个体面临环境问题时会产生环境风险感知和健康风险感知，进而激发个体对自身健康状况和环境问题的关切与焦虑，在正确理解所处环境问题与自身健康状况之间良性互构关系的基础上，行为主体主动实施积极的健康促进行为和环境行为以改善环境条件、维护自身健康状况（见图4－3）。

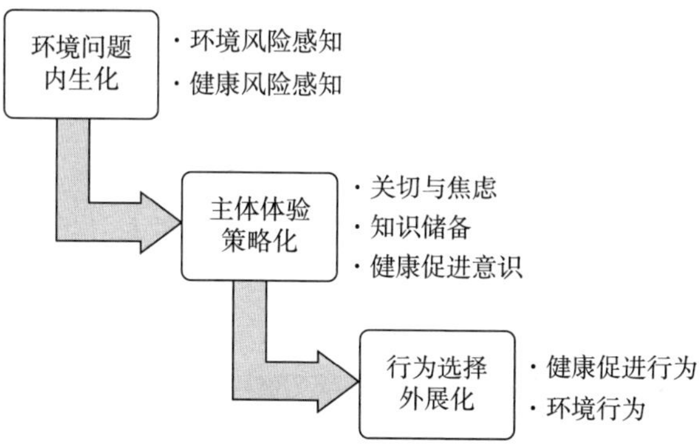

图4－3　健康状况对环境行为的影响机制

第五章　公众节能行为

随着我国经济的发展、人民生活水平的提高以及消费方式的转变，民众能源消费的需求亦与日俱增。而节能行为作为一种积极的能源消费行为，能够缓解资源紧张和减少污染排放，有助于推进环境保护与生态文明建设。本研究基于 CGSS 2015 能源模块数据，侧重于探究社会结构制约、主观规范约束对公众节能行为的相应影响，以期推进既有研究。

一　问题的提出

据《2019 年中国生态环境状况公报》，2019 年全国能源消费总量 48.6 亿吨标准煤，比 2018 年增长 3.3%；其中，煤炭消费量增长 1.0%，原油消费量增长 6.8%，天然气消费量增长 8.6%，电力消费量增长 4.5%。[①]另据国家统计局的相关数据[②]，近年来我国生活能源消费量和人均能源生活消费量逐年增加，2017 年分别达到 57620 万吨标准煤和 415.6 千克标准煤；全国生活电力消费量由 2013 年 6989 亿千瓦小时增长到 2017 年 9072 亿千瓦小时，增长了 29.8%；人均电力生活消费量也由 2013 年 515.0 千瓦小时增长到 2017 年 654.3 千瓦小时，增长了 27.0%。可见，随着我国经济的发展、人民生活水平的提高以及消费方式的转变，民众能源消费的需求亦与日俱增。不难看出，我国能源消费量不断上升的同时，煤炭等化

① 中华人民共和国生态环境部：《2019 年中国生态环境状况公报》，https://www.mee.gov.cn/hjzl/sthjzk/zghjzkgb/202006/P020200602509464172096.pdf，最后访问日期：2020 年 7 月 31 日。

② 详见 http://data.stats.gov.cn/easyquery.htm? cn = C01，2018 年及以后的相关数据尚未更新。

石能源所占比重仍然很大，这势必会给我国的生态环境造成较大压力。

进而言之，一方面，我国能源资源数量有限且分布不均，居民急需形成绿色、可持续的能源消费行为方式以缓解日益增长的能源消费需求和不平衡不充分的能源资源之间的矛盾。另一方面，我国环境污染问题严峻，而这些严重的污染问题将威胁到居民的正常生活和身体健康。节能行为作为一种积极的能源消费行为，能够缓解资源紧张和减少污染排放，从而达到保护环境的目的，进而推动“资源节约型”“环境友好型”社会的建设。鉴于此，明确节能行为的影响因素有其必要性与重要性。本研究基于 CGSS 2015 能源模块数据，结合结构二重性理论和日常生活实践理论，侧重于探究社会结构制约、主观规范约束对居民节能行为的相应影响，以期推进既有研究。

二　节能行为文献回顾

国内外学者大多将能源消费行为分为能源与耗能产品的购买、使用与维护以及交通出行行为三大类别①，且侧重于从心理性因素、情境性因素、人口学特征等方面探讨其影响因素②。其中，心理性因素聚焦于主观规范、态度、责任感、行为意愿等方面③；情境性因素则关注能源价格、能效产品经济性以及城乡差异等④；人口学特征因素侧重于考察性别、年龄、收

① Diepen, A., *Households and Their Spatial-energetic Practices: Searching for Sustainable Urban Forms* (Netherlands: University of Groningen, 2000)；孙岩、冯立芳、庞阿荣：《城市居民能源使用行为的影响因素分析》，《科研管理》2013 年第 8 期。

② 孙岩、冯立芳、庞阿荣：《城市居民能源使用行为的影响因素分析》，《科研管理》2013 年第 8 期；姚建平：《论家庭能源消费行为研究》，《能源研究与利用》2009 年第 4 期；孙岩、刘富俊：《城市居民能源购买行为影响因素的实证研究》，《生态经济》2013 年第 10 期。

③ 李航、任学慧：《北京市居民能源消费行为研究》，《商业时代》2013 年第 25 期；孙岩、刘富俊：《城市居民能源购买行为影响因素的实证研究》，《生态经济》2013 年第 10 期；孙岩、江凌：《心理因素对城市居民能源消费行为的影响研究》，《消费经济》2013 第 3 期；芈凌云、顾曼、杨洁等：《城市居民能源消费行为低碳化的心理动因——以江苏省徐州市为例》，《资源科学》2016 年第 4 期。

④ 芈凌云、顾曼、杨洁等：《城市居民能源消费行为低碳化的心理动因——以江苏省徐州市为例》，《资源科学》2016 年第 4 期；许进杰：《居民能源消费行为研究述评》，《创新》2014 第 5 期；丁志华、刘振华、冯猜猜等：《城乡居民能源消费行为差异性分析——以江苏省为例》，《商业经济研究》2016 第 3 期。

入、受教育程度、家庭人口数、家庭类型、家中是否有儿童或老人等家庭异质性因素的影响[①]。本研究所关注的节能行为，实则是一种特殊的、正向的能源消费行为，可将其界定为“通过提升使用效率或减少使用而达到最有效利用的能源使用行为”。这一定义包含了两种路径：“减量”（curtailment）和“效率提升”（efficiency improvement）[②]。

“减量”意味着“低碳”。在低碳行为研究领域，学界也已取得了不少成果。从宏观角度来看，有研究者[③]分别从中国和美国国情出发，探讨了经济发展、能源使用与碳排放的相关关系。而在微观方面，迪茨等人则指出，家庭生活方式的转变将有助于快速减少居民的碳排放量[④]。国内亦有学者围绕低碳消费行为展开研究，如徐国伟提出事前、事后干预及团体与社会影响技术[⑤]，刘敏对湖南低碳消费生活方式的研究[⑥]，张馨、牛叔文、赵春升等人对城市化进程中居民家庭能源消费和碳排放的研究等[⑦]，但这些研究大都偏向于理论化探讨、宏观取向探究。

“提升效率”则意味着设备升级、改造与更新。如有研究发现，家电能源效率的提升可以减少住宅能源的使用，且随着新设备代替旧设备，住宅能源的使用会逐渐减少[⑧]。另有研究表明，用节能家电代替高耗能家电

① 孙岩、江凌在研究中提出的七种家庭异质性因素为性别、年龄、家庭人口数、家庭类型、家庭收入、家中是否有儿童和家中是否有老人。详见孙岩、江凌：《城市居民能源消费的群体细分与行为特征》，《城市问题》2013 年第 9 期。

② Stern, P. C., Gardner, G. T., “Psychological Research and Energy Policy,” *American Psychologist* 36 (1981): 329 – 342；刘宇伟：《国外住户节能行为的机理、促进策略及对我国的启示》，《科学经济社会》2011 年第 2 期。

③ Zhang, X., Cheng, X., “Energy Consumption, Carbon Emissions, and Economic Growth in China,” *Ecological Economics* 68 (2009): 2706 – 2712; Soytas, U., Sari, R., Ewing, B. T., “Energy Consumption, Income, and Carbon Emissions in the United States,” *Ecological Economics* 62 (2007): 482 – 489.

④ Dietz, T., Gardner, G. T., Gilligan, J., et al., “Household Actions Can Provide a Behavioral Wedge to Rapidly Reduce US Carbon Emissions,” *Proceedings of the National Academy of Sciences of the United States of America* 106 (2009): 18452 – 18456.

⑤ 徐国伟：《低碳消费行为研究综述》，《北京师范大学学报》（社会科学版）2010 年第 5 期。

⑥ 刘敏：《低碳经济背景下构建湖南低碳消费生活方式研究》，《消费经济》2009 年第 5 期。

⑦ 张馨、牛叔文、赵春升等：《中国城市化进程中的居民家庭能源消费及碳排放研究》，《中国软科学》2011 年第 9 期。

⑧ Young, D., “When Do Energy-efficient Appliances Generate Energy Savings? Some Evidence from Canada,” *Energy Policy* 36 (2008): 34 – 46.

将减少用电量。[①] 郭琪、樊丽明针对济南市居民的研究显示，节能措施的效果是居民的首要考虑，而直接购买能效用具是他们更倾向的节能方式。[②] 总之，要达到提升能源使用效率的目标，节能型设备的使用是富有成效的。

对于节能行为的影响因素，现有研究大多从心理性因素、情境性因素、人口学特征三个方面进行。心理性因素的探究多基于计划行为理论展开，如青平等人发现态度、主观规范对居民节水行为有显著的正向影响[③]；芈凌云、顾曼、杨洁等人则认为，主观规范、感知到的行为控制等因素通过影响低碳行为意愿而间接驱动节能行为[④]；张毅祥、王兆华则指出，态度和感知到的行为控制对节能行为意愿有促进作用，主观规范的影响则通过态度表现出来[⑤]；王建明、吴龙昌发现，态度、感知到的行为控制、主观规范对于家庭节水行为的影响效力递减[⑥]；另有研究者通过分析日本住户节能行为调查的数据发现，社会规范对节能行为的影响很小或不显著[⑦]；波拉德（Pollard）分析计算机节能行为时发现，仅有感知到的行为控制产生影响，而态度或主观规范未获支持[⑧]；吴曼妮等人分析家庭节水行为时亦发现主观规范的影响并不显著[⑨]。由此，主观规范对节能行为的影响值得做进一步深入探讨。

---

① 于启武、陈立平、郭慧婷：《北京城镇居民节能电器消费及节能效果分析》，《北京工商大学学报》（社会科学版）2012 第 6 期。

② 郭琪、樊丽明：《城市家庭节能措施选择偏好的联合分析——对山东省济南市居民的抽样调查》，《中国人口·资源与环境》2007 年第 3 期。

③ 青平、聂坪、陶蕊：《城市居民节水行为的实证分析——基于消费者计划行为理论的视角》，《华中农业大学学报》（社会科学版）2012 年第 6 期。

④ 芈凌云、顾曼、杨洁等：《城市居民能源消费行为低碳化的心理动因——以江苏省徐州市为例》，《资源科学》2016 年第 4 期。

⑤ 张毅祥、王兆华：《基于计划行为理论的节能意愿影响因素——以知识型员工为例》，《北京理工大学学报》（社会科学版）2012 年第 6 期。

⑥ 王建明、吴龙昌：《家庭节水行为响应机制研究：道家价值观视阈下的 TPB 拓展模型》，《财经论丛》2016 年第 5 期。

⑦ Arimura, T. H., Katayama, H., Sakudo, M., "Do Social Norms Matter to Energy Saving Behavior? Endogenous Social and Correlated Effects," *Social Science Electronic Publishing* 3 (2013): 525 – 553.

⑧ Pollard, C., *Applying the Theory of Planned Behavior to Individual Computer Energy Saving Behavioral Intention and Use at Work* (paper reprsented at the Twenty-first Americans Conference on Information Systems, Puerto Rico, 2015).

⑨ 吴曼妮、魏赟、吴龙昌：《情感和认知要素下的家庭节水行为研究》，《市场周刊》（理论研究）2016 年第 11 期。

另有不少学者侧重于探讨居民的节能意愿、节能意识、节能心理、节能情感对节能行为的可能影响，如王建明、王俊豪发现低碳心理意识作为前置变量对低碳消费模式产生显著影响[①]，资源节约情感亦被证明对资源节约行为产生显著影响[②]；有研究则认为节能态度与责任感、节能意识、环境信念等[③]心理性因素对节能行为均会产生积极影响。

情境性因素的考察主要从所处地区、相关政策和能源价格等方面展开。地区方面，有研究表明东部地区由于人口密集，在城市生活与工农业生产过程中争夺能源严重，故该地区居民节能意识较高，更注重节能[④]。政策方面，相关研究表明：低碳政策会对居民节能行为产生显著影响，具有引导和调控作用[⑤]；社会规范、政策法规对能源使用行为实施具有显著的正向影响[⑥]；补贴政策会显著影响人们对节能环保汽车的购买意向[⑦]。价格因素则被认为是影响消费者节能家电购买决策的最重要因素。[⑧] 此外，诸多研究表明，性别、年龄、教育、收入、家庭人口数等人口学特征变量均对公众节能行为产生显著影响。[⑨]

---

① 王建明、王俊豪：《公众低碳消费模式的影响因素模型与政府管制政策——基于扎根理论的一个探索性研究》，《管理世界》2011 年第 4 期。

② 王建明：《资源节约意识对资源节约行为的影响——中国文化背景下一个交互效应和调节效应模型》，《管理世界》2013 年第 8 期。

③ 孙岩、江凌：《心理因素对城市居民能源消费行为的影响研究》，《消费经济》2013 年第 3 期；穆泉、张世秋、马训舟：《北京市居民节水行为影响因素实证分析》，《北京大学学报》（自然科学版）2014 年第 3 期；郭华、李后建：《能源节约行为影响因素的实证研究》，《宏观经济研究》2017 年第 9 期。

④ 冯怡琳：《城镇居民的节能意识和节能状况》，《中国统计》2008 年第 8 期。

⑤ 石洪景：《低碳政策对城市居民节能行为的影响》，《北京理工大学学报》（社会科学版）2016 年第 5 期。

⑥ 李玉红、李旭东：《贵阳市城市居民能源使用行为影响因素分析》，《曲靖师范学院学报》2017 年第 6 期。

⑦ 杨媚茹、谭德庆、毕丽杰：《补贴政策下节能环保汽车购买行为实证研究》，《西南交通大学学报》（社会科学版）2013 第 5 期。

⑧ 马果、王璇、陈静等：《城镇消费者节能家电购买行为及影响因素研究》，《重庆大学学报》（社会科学版）2012 年第 6 期。

⑨ 冯怡琳：《城镇居民的节能意识和节能状况》，《中国统计》2008 年第 8 期；陆歆弘：《城市居民居住节能行为与意识实证研究》，《城市问题》2012 年第 3 期；牛云翥、牛叔文、张馨等：《家庭能源消费与节能减排的政策选择》，《中国软科学》2013 年第 6 期；Yue, T., Long, R., Chen, H., "Factors Influencing Energy-saving Behavior of Urban Households in Jiangsu Province," *Energy Policy* 62 (2013): 665 – 675; Hori, S., Kondo, K., Nogata, D., et al., "The Determinants of Household Energy-saving Behavior: Survey and Comparison in Five Major Asian Cities," *Energy Policy* 529 (2013): 354 – 362.

整体而言，作为一种具体的环境行为，节能行为关乎居民日常生活，并受到心理性因素、情境性因素和人口学特征的影响。在影响节能行为的因素当中，心理性因素多为学者们所强调，结构性因素却被忽视。虽然有的研究注意到了情境性因素的影响，但这些情境性因素多与心理性因素、人口因素重叠，并非严格意义上的结构性因素。故本研究以此为突破口，着重探究社会结构对于节能行为水平的影响以及在社会结构制约之下实践主体的主观规范约束所起的作用，进而从结构制约与主体能动的角度出发，对节能行为的影响因素加以探究。

三　研究设计

（一）研究思路

本研究基于结构二重性理论和日常生活实践理论，一方面考察社会结构对节能行为的制约作用，另一方面考察居民主体能动性对节能行为的约束作用。在社会结构方面，本研究主要关注阶层地位和地区差异这两个维度。对于阶层地位，学界多从需求层次理论、相对剥夺理论和自动延展学说展开论述①，同时亦借鉴后物质主义价值观加以探讨。基于上述理论，本研究提出阶层地位假设，并从组织资源、经济资源、文化资源三个方面②来考察居民阶层地位。而对于地区差异，可资借鉴的有污染驱动论和居住地假设等学说。本研究提出地区差异假设，并通过城乡差异和区域差异进行考察。

在居民的主观能动性方面，主要通过对主观规范的测量来体现：作为个体感知到的社会压力③，主观规范能够反映行动者对社会结构压力的感知，而这一点亦得到结构二重性理论和日常生活实践理论的支持。本研究

① Van Liere, K. D., Dunlap, R. E., "The Social Bases of Environmental Concern: A Review of Hypotheses, Explanations and Empirical Evidence," *Public Opinion Quarterly* 44 (1980): 181 - 197；彭远春：《城市居民环境行为的结构制约》，《社会学评论》2013 年第 4 期；邢朝国、时立荣：《环境态度的阶层差异——基于 2005 年中国综合社会调查的实证分析》，《西北师大学报》（社会科学版）2012 年第 6 期。

② 陆学艺：《当代中国社会阶层的分化与流动》，《江苏社会科学》2003 第 4 期。

③ 石志恒、晋荣荣、穆宏杰：《信息传播培养理论视域下的农户亲环境行为研究——对甘肃省 19 个县（区）542 农户的调研分析》，《西部论坛》2018 年第 2 期。

据此提出主观规范假设。为对上述假设进行验证，本研究采用 CGSS 2015 能源模块数据，将上述假设所对应的变量分别纳入多分类 Logistic 回归模型当中进行检验，以探究结构制约、规范约束是否以及如何对节能行为产生影响。

（二）研究假设

阶层地位假设。马斯洛需求层次理论认为，人在满足低层次需求之后便会寻求更高层次需求的满足。据此，社会地位高的个体在满足低层次的生理、安全等需求之后便会产生关注环境质量等美好生活的需求，进而激发人们使用清洁能源、实施节约能源等行为，即节能行为作为一种“奢侈品”[①]，其存在着明显的阶层差异。相对剥夺理论则认为，社会底层民众对恶劣的生存状况习以为常，其对环境恶化的感知不如中产阶层和上层阶层敏感。因此，这种相对剥夺会引发阶层之间不同的节能表现。虽然这一观点被一些学者所质疑[②]，但在学界仍有较大影响。而自动延展学说认为，中上层阶层本来就是社会中的活跃群体，他们对环境问题的关注只是对社会问题普遍关注的延伸。所以他们对环境问题的关注促使其在节能方面做出反应。此外，英格尔哈特提出的后物质主义价值观认为，随着生活水平的提高，人们的注意力从物质追求转到非物质方面上来。[③] 生活质量已成为人们关注的重点[④]：环境质量作为生活质量的重要体现，对其关怀甚至已成为后物质主义价值观的最显著特征之一[⑤]。基于上述认识，结合阶层的主客观方面，本研究提出客观阶层地位假设 H_{11} 和主观阶层地位假设 H_{12}：

H_{11}：客观阶层地位越高的居民，其节能行为水平越高；

---

① Van Liere, K. D., Dunlap, R. E., “The Social Bases of Environmental Concern: A Review of Hypotheses, Explanations and Empirical Evidence,” *Public Opinion Quarterly* 44 (1980): 181 - 197.

② Buttel, F. H., Flinn, W. L., “Social Class and Mass Environmental Beliefs: A Reconsideration,” *Environment and Behavior* 10 (1978): 433 - 450.

③ Inglehart, R., “Public Support for Environmental Protection: Objective Problems and Subjective Values in 43 Societies,” *Political Science and Politics* 28 (1995): 57 - 72；周娟：《环保运动参与：资源动员论与后物质主义价值观》，《中国人口·资源与环境》2010 年第 10 期。

④ 胡连生：《从物质主义到后物质主义——现代西方社会价值理念的转向》，《当代世界与社会主义》2006 年第 2 期；洪大用、卢春天：《公众环境关心的多层分析——基于中国 CGSS 2003 的数据应用》，《社会学研究》2011 年第 6 期。

⑤ 周穗明：《后物质主义价值观和全球环境主义》，《当代世界与社会主义》1998 年第 3 期。

H_{12}：主观阶层地位越高的居民，其节能行为水平越高。

地区差异假设。污染驱动论认为，一个地区的污染程度越高，该地区居民的环境关心程度也就越高，其环境行为也就越频繁。事实上，由于“生活者的致害者化”[①] 日益明显，人口分布密集的地方污染也较为严重，在我国就形成了城乡差异和地区差异。而居住地假设主要用于解释城乡差异，包括差别暴露理论、差别职业理论和差别体验理论。[②] 差别暴露理论与污染驱动论类似，认为较农村居民而言，城市居民暴露在更差的环境状况中，因而有更多的环境关心和环境行为，节能行为便属其中。差别职业理论认为农村居民比城市居民更有可能对自然环境有功利的倾向，因为他们参与了诸如农业、伐木和采矿等“采掘”性的职业。因此，农村居民较城市居民而言会采取更少的节能行为。差别体验理论认为，由于城市和农村不同的地理风貌，在人造环境和自然环境中接受社会化的体验使得城市居民和农村居民形成了不同的环境态度。相较而言，城市居民更易感受到人类对自然的能动作用及责任感，进而采取更高水平的节能行为。尽管居住地假设的各项理论遭到质疑，但仍有在我国实际中进行检验的空间必要[③]。基于上述认识及我国发展现状，本研究提出城乡差异假设 H_{13}与区域差异假设 H_{14}：

H_{13}：相较于农村居民，城市居民节能行为水平更高；

H_{14}：从西部到中部再到东部，居民节能行为水平依次提高。

主观规范假设。德塞图运用“抵制”（resistance）、“空间实践”（spatial practices）、“权宜之计”（making do）、“无言的生产”（silent production）等重要概念，来说明作为普通人的行动者并不只是被动地接受社会网络的“规训”，而是在权力体制当中迂回、渗透，创造着自己的日常生活。[④] 因此，作为具有主体性的日常生活实践者，其环境行为的实施与其对社会结构的反应有关：人们对于社会“规训”的接受程度决定了其在节

① 饭岛伸子：《环境社会学》，包智明译，社会科学文献出版社，1999，第 24 页。

② 范叶超、洪大用：《差别暴露、差别职业和差别体验——中国城乡居民环境关心差异的实证分析》，《社会》2015 年第 3 期。

③ 范叶超、洪大用：《差别暴露、差别职业和差别体验——中国城乡居民环境关心差异的实证分析》，《社会》2015 年第 3 期。

④ 转引自吴飞《“空间实践”与诗意的抵抗——解读米歇尔·德塞图的日常生活实践理论》，《社会学研究》2009 年第 2 期。

能行为上的落实程度。此外，吉登斯的结构二重性理论说明，社会结构是在行动者的行动过程中建构起来的，同时也作为个体行动的桥梁和中介[①]。这说明人不仅单方面受到结构的约束，还在实践中与其不断“互构”，发挥着自身的主观能动性。在节能行为实践中，较高程度的主观能动性能够促使行动者实施更高水平的节能行为。具体来说，这种能动性通过主观规范这一中介体现出来：通过主观规范，主体传达出对于社会结构的接受程度，并在其中赋予了自身的判断与倾向。因此，主观规范能够体现出在“结构－行动”互构过程中主观能动性的水平。基于上述考量，本研究提出主观规范假设 H_{15}：

H_{15}：居民主观规范水平越高，其节能行为水平越高。

（三）变量测量

1. 因变量及其测量

本研究因变量为节能行为，即通过提升使用效率或减少使用而达到最有效利用的能源使用行为。为测量该变量，本研究选取 CGSS 2015 问卷中“关闭电视机的方式”问题，该问题选项分别为“用遥控器关机”、“关闭电视机的电源开关”和“关闭电视并拔掉电源插头”，相应比例分别占 38.5%、44.7%、16.8%。作为普及率较高的家用电器（94.9%），电视机的使用情况具有代表性，其关闭方式能够较好地反映出居民日常生活中的节能行为水平。当然，综合考察多种家用电器不使用时的关闭方式将更具客观性。但在本次调查数据样本中，计算机与空调的持有率均较低，分别为 45.13% 与 44.86%，远不如电视机具有代表性，若纳入则会对测量造成偏差。故因数据所限，本研究暂未对其他电器使用情况进行考察。

2. 自变量及其测量

本研究自变量包括阶层地位、地区差异等结构制约变量和居民的主观规范。本研究分别从职业类型、受教育程度和收入水平三个方面对居民客观阶层进行测量。职业类型：借鉴已有研究[②]，将职业分为无业、失业、半失业者阶层，农业劳动者阶层，蓝领阶层和白领阶层四种类型，分别赋值为 0、1、2、3。受教育程度：将居民所受的最高教育程度分为未受过任

① 张云鹏：《试论吉登斯结构化理论》，《社会科学战线》2005 年第 4 期。

② 李飞、杜云素：《阶层分化与农民乡城永久迁移——基于 CGSS 2010 数据分析》，《人口与经济》2017 年第 3 期。

何教育、私塾/扫盲班/小学、初中、普通高中/职业高中/中专/技校、大专、大学本科、研究生及以上等层级，分别赋值为0、6、9、12、15、16、19。收入水平：为避免全国性区域间差异对收入的干扰，本研究参考刘精明、李路路[①]的操作方式，先将全国划分为西部城市、西部农村、中部城市、中部农村、东部城市、东部农村六个区域，分别计算各个区域内样本的平均收入，再将个案的收入与相应区域平均收入的比值作为考察其相对收入位置的指标。主观阶层地位则根据“您认为您自己目前在哪个等级上”这一问题测得，从低到高共有十个等级。

由于我国具有明显的区域差异和城乡二元结构，故将地区差异分为区域差异和城乡差异。对于区域类型，本研究遵照国家统计局的相关标准，将我国划分为东部、中部与西部三部分。其中，东部地区包括北京、天津、河北、辽宁、上海、江苏、浙江、福建、山东、广东、海南11个省（市）；中部地区包括山西、吉林、黑龙江、安徽、江西、河南、湖北、湖南8个省；西部地区包括四川、重庆、贵州、云南、西藏、陕西、甘肃、青海、宁夏、新疆、广西、内蒙古12个省（自治区、直辖市）[②]。

居民的主观规范约束则主要考察居民对于社会规范的内化与遵从程度，即自身主动性和社会“规训”的契合程度。利用一个包含十个项目的态度量表进行测量，具体包括：在公众/公共场合大声喧哗；吸烟者在非吸烟者面前或附近吸烟；随地吐痰；随手扔垃圾；讲粗话/脏话；不排队购物/付款/办事，夹塞/插队；不按照交通灯指示和行人线过马路；不守时间；不守信用；不关照/协助老、（病）弱、（伤）残、孕、幼。在分析中，将很反感、比较反感、无所谓、不太反感、不反感选项相应赋值为5、4、3、2、1。经过检验，该量表具有良好的信度[③]。经过探索性因子分析[④]，该量表聚集在一个因子之上，且具有相同的情感倾向，因此对其直接加总，该数值越大则说明居民主观规范与社会规范契合程度越高，反之

---

① 刘精明、李路路：《阶层化：居住空间、生活方式、社会交往与阶层认同——我国城镇社会阶层化问题的实证研究》，《社会学研究》2005年第3期。

② 我国东、中、西部划分参考国家统计局相关标准，详见：http://www.stats.gov.cn/tjsj/zxfb/201701/t20170120_1455967.html。

③ alpha值为0.90，量表中对应项目与量表总分的相关系数（Ri－t值）在0.551～0.759不等，且在删除对应项目之后，alpha值普遍降低。

④ KMO值为0.920，Bartlett球形检验的卡方值的显著性概率是0.000，说明量表的各选项彼此相关，适合做因子分析。

则越低。

3. 控制变量及其测量

在环境行为研究当中，信息获取渠道作为直接变量和中介变量发挥着重要作用[①]。它可能对受访者环保及节能知识的了解、环保和节能认知水平的提升产生影响，从而可能影响节能行为的实施。更多的信息获取渠道往往会给受访者带来更多的环保和节能知识，也更易使其了解国家的相关政策、节能意识得到潜移默化的提高，促进节能行为的实施。将反映报纸、杂志、广播、电视、互联网、手机定制消息等使用情况的六个变量直接相加并取平均值以生成信息获取渠道变量，其值越高则意味着信息获取渠道越丰富。

家庭电视机数量与电视使用时长作为重要的相关变量，也形塑着居民的电视使用习惯：电视机数量反映出家庭成员使用电视机的需求，数量多则说明需求大。同样地，电视使用时长也反映出居民对电视的需求程度，时长越长则说明需求越大。这种高需求伴随着“方便”的心理，对于电视机关闭的方式往往从简从快，而“用遥控器关机”正可以满足短期内再次开启的需求。因此，电视机数量和使用时长可能对关闭电视方式产生影响。家庭电视机数量通过问卷中“您家里一共有几台电视机”测得；电视使用时长通过问卷中“您家电视机每天工作时间”测得，由于原变量为分类变量，故该项取每组组中值转化为连续变量以便于分析。

同时，还应注意到，电视机作为一种用电设备，其使用过程也将受到居民对电价政策认知的影响。我国实行阶梯电价政策，即电力消费超过一定度数之后每度电价会上涨。基于经济理性立场，为使家庭用电量维持在较低档次，知晓这项政策的消费者会偏向于更节能的行为方式。电价政策认知变量通过对阶梯电价政策的知晓情况测得。基于上述考量，将信息获取渠道、家庭电视机数量、电视使用时长、电价政策认知四个变量与年龄、性别等人口学特征变量作为控制变量，以更清楚地考察“电视机关闭方式”这一指标的影响因素。综上所述，本研究使用的各项变量详情参见表 5－1。

① 彭远春：《城市居民环境行为的结构制约》，《社会学评论》2013 年第 4 期。

表5-1 节能行为研究变量赋值

变量类型	变量名	性质	说明
因变量	电视机关闭方式	定类变量	用遥控器关机 =0、关闭电视机的电源开关 =1、关闭电视并拔掉电源插头 =2
自变量	职业类型	定类变量	无业、失业、半失业者 =0，农业劳动者 =1，蓝领 =2，白领 =3
	受教育程度	定距变量	最小值为0，最大值为19，均值为8.94，标准差为4.59
	收入水平	定距变量	最小值为0，最大值为16.77，均值为0.82，标准差为1.23
	主观阶层地位	定距变量	最小值为1，最大值为10，均值为4.37，标准差为1.63
	城乡类型	定类变量	农村 =0、城市 =1
	区域类型	定类变量	西部地区 =0、中部地区 =1、东部地区 =2
	主观规范	定距变量	最小值为12，最大值为50，均值为43.25，标准差为5.43
控制变量	年龄	定距变量	最小值为18，最大值为93，均值为50.32，标准差为16.16
	性别	定类变量	女 =0、男 =1
	信息获取渠道	定距变量	最小值为0，最大值为6，均值为1.49，标准差为1.10
	家庭电视机数量	定距变量	最小值为1，最大值为5，均值为1.22，标准差为0.49
	电视使用时长	定距变量	最小值为0.50，最大值为8.50，均值为3.46，标准差为2.06
	电价政策认知	定类变量	不知道 =0、知道 =1

四 数据分析

以年龄、性别、信息获取渠道、家庭电视机数量、电视使用时长、电价政策认知作为控制变量，逐步纳入阶层地位、地区差异、主观规范方面的自变量，以电视机关闭方式这一节能行为作为因变量进行多分类 Logistic 回归分析，相应模型结果见表5-2。

首先，在纳入城乡类型、区域类型变量之后，农业劳动者、白领对节能行为的显著性影响消失，这可能是由于职业类型背后的地区差异所导致，即农业劳动者多在农村，白领多在城市，且二者在东、中、西部地区分布状况亦有所不同。最终职业类型和收入水平对节能行为并无显著影响。而在控制其他变量的情形下，居民受教育年限每提高 1 年，其选择“关闭电视机电源开关”的发生比则降低 2.7 个百分点，而对“关闭电视并拔掉电源插头”则无显著影响，这说明受教育程度对节能行为有着较复杂的影响。整体而言，客观阶层地位假设 H_{11} 未获支持。而居民主观阶层地位对节能行为存在显著的负向影响，如在控制其他变量的情形下，主观阶层地位每提高 1 个单位，居民选择“关闭电视机电源开关”的发生比则降低 7.8 个百分点，选择“关闭电视并拔掉电源插头”的发生比则降低 9.4 个百分点，这说明居民主观阶层地位越高，其节能行为水平反而越低。故主观阶层地位假设 H_{12} 被反向验证。

其次，城乡类型对节能行为并无显著影响。区域类型则对节能行为有着较复杂的影响：中西部地区的居民在节能行为方面并无显著差别，而相比于西部地区的居民而言，东部地区的居民实施的节能行为更少。如在控制其他变量的情形下，相较于西部地区的居民，东部地区的居民选择“关闭电视机电源开关”的发生比则降低 29.9 个百分点，选择“关闭电视并拔掉电源插头”的发生比则降低 33.6 个百分点。故本研究中城乡差异假设 H_{13} 未获支持，区域差异假设 H_{14} 则被推翻。

再次，在控制其他变量的情形下，主观规范变量每提高 1 个单位，居民选择“关闭电视机电源开关”的发生比就提升 1.4 个百分点，选择“关闭电视并拔掉电源插头”的发生比就提升 2.4 个百分点。这说明居民主观规范水平越高，其节能行为水平也就越高。故主观规范假设 H_{15} 得到验证。

此外，电视机数量与电视使用时长对节能行为有着显著的负向影响，即居民拥有电视机的数量越多、看电视的时间越长，其节能行为水平越低。男性和年轻者倾向于选择“关闭电视机电源开关”，但性别和年龄对“关闭电视并拔掉电源插头”并无显著影响，故性别和年龄对居民节能行为有着较复杂的影响。而信息获取渠道、电价政策认知对居民节能行为并无显著影响。故总体而言，客观阶层地位假设 H_{11} 与城乡差异假设 H_{13} 未获支持，主观阶层地位假设 H_{12} 被反向验证、区域差异假设 H_{14} 则被推翻，主观规范假设 H_{15} 得到验证。

表 5-2 节能行为多分类 Logistic 回归分析之 Exp（B）值

变量	模型 1		模型 2		模型 3	
	关闭电视机的电源开关/用遥控器关机	关闭电视，并拔掉电源插头/用遥控器关机	关闭电视机的电源开关/用遥控器关机	关闭电视，并拔掉电源插头/用遥控器关机	关闭电视机的电源开关/用遥控器关机	关闭电视，并拔掉电源插头/用遥控器关机
农业劳动者	1.181 (0.135)	1.341# (0.173)	1.101 (0.144)	1.192 (0.184)	1.104 (0.144)	1.199 (0.184)
蓝领	0.886 (0.123)	0.990 (0.160)	0.963 (0.126)	1.094 (0.165)	0.962 (0.126)	1.094 (0.165)
白领	0.780# (0.146)	0.681# (0.20)	0.861 (0.150)	0.765 (0.205)	0.857 (0.150)	0.758 (0.205)
收入水平	0.963 (0.038)	0.960 (0.055)	0.941 (0.04)	0.931 (0.057)	0.941 (0.040)	0.930 (0.057)
受教育程度	0.968** (0.014)	0.981 (0.018)	0.976# (0.014)	0.991 (0.019)	0.973# (0.014)	0.986 (0.019)
主观阶层地位	0.915** (0.028)	0.90** (0.037)	0.922** (0.028)	0.905** (0.037)	0.922** (0.028)	0.906** (0.037)
城乡类型	—	—	0.913 (0.115)	0.828 (0.151)	0.896 (0.116)	0.802 (0.152)
中部地区	—	—	0.975 (0.121)	0.864 (0.155)	0.980 (0.121)	0.870 (0.155)
东部地区	—	—	0.701** (0.128)	0.665** (0.166)	0.701** (0.128)	0.664** (0.166)
主观规范	—	—	—	—	1.014# (0.009)	1.024* (0.011)
年龄	0.993** (0.003)	0.997 (0.004)	0.994# (0.003)	0.998 (0.004)	0.994# (0.003)	0.998 (0.004)
性别	1.197# (0.092)	0.983 (0.120)	1.166# (0.093)	0.950 (0.123)	1.184# (0.094)	0.973 (0.124)
信息获取渠道	1.033 (0.046)	1.041 (0.061)	1.041 (0.046)	1.050 (0.062)	1.038 (0.046)	1.046 (0.062)
电视机数量	0.706*** (0.089)	0.651** (0.128)	0.728*** (0.090)	0.672** (0.129)	0.726*** (0.090)	0.668** (0.129)
电视使用时长	0.941** (0.021)	0.951# (0.028)	0.939** (0.021)	0.949# (0.028)	0.938** (0.021)	0.948# (0.028)
电价政策认知	1.106 (0.095)	1.129 (0.126)	1.150 (0.097)	1.180 (0.128)	1.139 (0.097)	1.161 (0.128)

注：括号内数字为标准误；*** $p<0.001$，** $p<0.01$，* $p<0.05$，# $p<0.1$；自变量职业类型以“无业、失业、半失业者”为参照组，区域类型以“西部地区”为参照组。

五　结论与讨论

（一）阶层地位与节能行为

客观阶层地位假设 H_{11} 在本研究中并未获得支持，其原因可能有以下几个方面。首先，我国尚未形成稳定的现代化社会分层体系，阶层之间具有流动性①，且具有多元化、碎片化②的特质。在这种情况下，我国的阶层划分其实是处于一种界限模糊的状态，即阶层利益与意识还处于不明确、待发展的状态③；阶层间差距不断缩小、阶层结构多元发展④的同时，阶层分化亦在高速持续⑤。故对居民节能行为而言，碎片化、模糊性的阶层特点难以切实反映出其影响作用。其次，我国的中间阶层尚未定型，其规模仍在不断壮大之中，中间阶层在消费习惯上更加注重质量和享受⑥，价格反而成为次要因素。这一消费方式在一定程度上造成了“享受大于环保”的现象，致使居民节能行为水平反而下降。而主观阶层假设 H_{12} 在本研究得到反向验证，其原因可能在于，居民对于自我阶层的归属感越强，对于承担生活支出的信心则越大。这种信心体现在节能行为上，往往形成一种“买得起”的消费心理，从而降低其节能倾向。

总的来说，我国社会的阶层分化仍处于多元化、碎片化的过渡完善时期。这一特征有别于国外业已稳定并固化的阶层结构。而阶层地位假设所依据的需求层次理论、相对剥夺理论、自动延展学说和后物质主义价值观均体现了西方社会各阶层对经济之外的政治、社会、生态领域方面的关心和参与意愿。在我国，经济关心被放在了突出位置，居民的生态/环境关心水平尚未达到西方国家居民的相应程度，我国居民的能源消费仍属于

---

① 陆学艺：《当代中国社会阶层的分化与流动》，《江苏社会科学》2003 年第 4 期。

② 李强：《从“整体型社会聚合体”到“碎片化”的利益群体——改革开放 30 年与我国社会群体特征的变化》，《新视野》2008 年第 5 期；李强：《当前我国社会分层结构变化的新趋势》，《江苏社会科学》2004 年第 6 期。

③ 李春玲：《社会阶层的身份认同》，《江苏社会科学》2004 年第 6 期。

④ 毛哲山、刘珍玉：《中国和国外社会阶层结构的比较分析》，《新疆社会科学》2012 年第 1 期。

⑤ 朱光磊、陈娟：《中国阶层分化与重组 30 年：过程、特征与思考》，《教学与研究》2008 年第 10 期。

⑥ 肖文涛：《中国中间阶层的现状与未来发展》，《社会学研究》2001 年第 3 期。

“物质主义价值观”解释范畴。因此，从阶层地位方面对节能行为的解释要结合“经济理性”的考量，并依据中国的阶层状况实际来展开。

（二）地区差异与节能行为

城乡差异假设 H_{13} 在本研究中未获得支持，出现这一结果的原因可能如下。随着我国经济的发展和政策的支持，农村地区的生活条件有了明显改善。如在此次调查中，96.6%的农村居民家中拥有电视，较高的普及率则说明农村居民对电视使用的需求并不低。与此同时，应注意到城乡之间电视使用方面的趋同倾向，即农村居民生活条件的改善伴随着人们对电视等媒介的依赖，而频繁地使用会滋生“省事”“方便”的心理，从而降低节能倾向，这种心理在城市居民节能行为中亦有体现。因此，电视机的关闭方式在一定程度上取决于居民的生活习惯，而这种习惯在城乡之间差异较小，这可能就是节能行为水平在城乡之间差异不显著的原因。

区域差异假设 H_{14} 在本研究中被推翻。相比于中西部地区的居民，东部地区的居民节能水平更低。其原因可能在于：东部地区经济发展水平更高，居民生活方式与中西部地区居民相比有着高节奏、高消费的特点。一方面，东部地区居民生活节奏快，电视的使用时间较为零碎，为便于观看电视，45.31%的受访者采取“用遥控器关机”的方式，这一比例高于中部地区（33.98%）和西部地区（32.30%）的相应比例；另一方面，东部地区消费水平较高，电视关闭方式所带来的电费差距并不足以引起重视；相反，在中西部地区，电费负担则可能更重，由此亦导致更节能的电视机关闭方式。

由此看来，污染驱动论和居住地理论假设的解释力度不是很大。电视机等家电所使用的能源为电能，这对于处于使用终端的消费者来说是“清洁”的。也就是说，在使用过程中消费者较难产生环境污染的感知，从而降低其实施节能行为的动机和倾向。对于实施节能行为来说，“污染驱动”的解释力度可能不如“习惯驱动”“经济驱动”。此外，由于我国农村劳动力越来越多地进城务工，单纯从事“采掘”性职业的农村居民数量减少，由此造成了城乡居民之间的职业差距稍有缩小；且伴随着我国新型城镇化进程的持续推进，农村的基础设施和能源供应都有了大幅提升和改善，城乡之间的地理风貌差距亦有所减小。据此，居住地假设中的差别暴露、差别职业和差别体验三个理论似乎并不具备相应的现实基础。可以这样认为，污染驱动论和居住地假设能有效解释环境关心和一般意义上的环境行为，但对于节能行为的研究来说解释力有限。

（三）主观规范与节能行为

主观规范假设 H_{15} 在本研究中得到验证：主观规范水平越高，居民的节能行为水平也越高。这表明，随着社会规范内化程度以及个体能动性的提升，其节能行为水平也相应提高了。结合上述阶层地位假设和地区差异假设的验证结果可以看出，在我国居民的节能行为影响因素当中，结构制约的作用其实并不明显，而主观规范起到了重要的促进作用。这说明，当前我国的阶层结构尚未成熟，没有对行动者形成强有力的制约作用。行动者节能实践主要依靠其主观能动性而产生影响，而主观能动性正是通过内化社会“规训”而再生产出来的。这一结论也验证了结构二重性理论和日常生活实践理论：对于行动者而言，来自社会结构的制约并不是其行为的唯一动机。在结构的宰制之下，行动者往往能够通过自身的日常生活实践对结构进行“抵制”，从而实现一种自主性的“无言生产”：行动者未明确表示对结构的不满与反抗，却是在用自身的实践来沉默抵抗，即行动者一直都发挥着自己的主体性，在节能行为领域甚至是环境行为领域结构的宰制之下“避让却不逃离”。上述结果亦表明，“主观规范”作为社会结构的内化产物和主体能动性的体现，其在“结构 - 行动”不断互构过程中发挥着重要作用。对于行为者来说，节能行为就是在结构制约下的主体行动，假设 H_{15} 正说明了主体在实施该行为时的能动作用，而这正是社会结构再生产的过程。这代表主体对于结构的反应能够直接地影响其行动，同时表明结构的建构过程不是与行动的二元对立，不是外在和凌驾于行动之上，而是一种内在于人的“二重性”存在。

此外，还应当注意到控制变量对节能行为的影响。信息获取渠道和电价政策认知对节能行为均无显著影响，而电视机数量和电视使用时长的增长会导致节能行为水平的显著下降。这说明，居民对用电政策、节能信息获取的了解程度可能已经饱和，关闭电视机方式更可能受居民的使用习惯①的影响。故布迪厄的“实践感”理论可能亦有解释力：节能行为实践

① 通过电视机数量和电视使用时长体现。

是行动者在使用“惯习”和节能场域下采取行动策略的主体选择[①]。

（四）结论与启示

总体而言，本研究对于节能行为影响因素的探究，主观规范约束假设得以验证，而结构制约假设未被证实。研究结果表明，居民的主观规范程度越高，其节能行为水平就越高。这将为节能行为的研究与实践提供新思路：相对于结构制约，居民的主观规范约束对节能行为起着更为重要的作用，故要对节能行为加以引导，则要更注重激发居民主体的能动性。当然，我国社会结构对节能行为制约具有局限性，对于其他类型的环境行为是否适用呢？这也值得进一步探究。同时，主观阶层地位较高的居民与东部地区居民较低的节能行为水平亦值得关注。在居民的主观阶层地位逐渐提高的过程中，尤应加强对其节能环保意识的引导，避免造成阶层地位与节能水平的脱节。另外对于东部地区居民亦应加强节能教育与引导，避免出现“发达不怕浪费”“富裕不怕浪费”等现象。

此外，我国目前仍处于社会结构的形成与完善时期，但是除了阶层结构、地区差异等“硬性”结构，还存在着价值导向和社会舆论等“软性”结构，它们均对个体行为产生限制。事实上，在我国这一有着悠久而厚重之集体主义传统的社会当中，社会集体的价值导向和舆论往往起着不亚于“硬性”结构的影响。如今，创建“美丽中国”、生态文明建设被放在我国发展的重要位置，全社会正努力践行“创新、协调、绿色、开放、共享”的发展理念，个人行为往往更容易受到“软性”结构的制约和影响。这也启示我们，在社会结构的考察当中，不能只关注“硬性”结构，还应当将价值导向、社会舆论等“软性”结构纳入考虑。

当然，本研究还存在诸多不足。首先，受限于现有数据，对于因变量节能行为的考察只采用了“关闭电视机方式”这一指标。在相关材料丰富的条件下，还应当对这一变量的测量指标进行补充，以更全面地考察居民节能行为。其次，未能将居民环境行为、其他能源消费行为、其他消费习惯进行综合考察，对于阶层等变量的测量方式亦尚有改进空间。在后续研究中，应当考察居民在节能方面的消费习惯，这就要求突破截面数据的限制，采取个案访谈、纵向调查等形式以补充完善相应资料。对于节能行为

---

① 夏路：《“实践”下的兼容并蓄》，《学理论》2015 年第 3 期。

的调查，亦可参照环境行为调查的方式，对情感、意向、关心度等心理性因素和价值观、社会舆论等结构性因素加以测量，以弥补单一维度解释的不足。

总之，节能行为与个人、家庭、社会都是息息相关的，对其影响因素的研究不仅对资源节约、环境保护有着重要的现实意义，也对相关的学术理论研究有着重要的推进意义，需要进一步地深入研究与讨论。

第六章　生活者的主体衡量与垃圾分类行为

本章结合生活环境主义，运用非参与观察与半结构式访谈的方法，基于H市居民的日常生活实践，从垃圾分类实施主体这一生活者出发，侧重于探讨垃圾分类行为历经着怎样的衡量过程、哪些因素对主体衡量的具体过程产生影响以及起着怎样的影响。

一　绪论

（一）问题的提出

随着经济的快速发展、消费方式的改变以及城市化进程的加速，我国城市生活垃圾呈现逐年增长的趋势。如2010年我国城市生活垃圾年清运量为1.58亿吨，2018年达到2.28亿吨，详见图6－1。另据统计，目前全国城市生活垃圾累积堆存量已达70亿吨，占地约80多万亩，近年来以4.8%的年平均速度增长；全国600多座城市，除县城外，已有2/3的大中城市陷入垃圾围城的困境，且有1/4的城市已没有合适场所堆放垃圾。[①]

为突破垃圾围城的困境，我国自2000年开始推行垃圾分类试点工作，北京、上海、南京、桂林、广州、深圳、厦门、杭州8座城市被确定为全国首批垃圾分类试点城市。北京市垃圾分类工作大致经历了三个阶段：2000～2006年，处于收效甚微的前期摸索阶段；2006～2008年，借助举办

① 转引自潘艺《垃圾围困　城市告急　我国垃圾处理面临六大问题》：http://www.prcfe.com/web/meyw/2013－07/25/content_993964.htm，2013年7月25日。

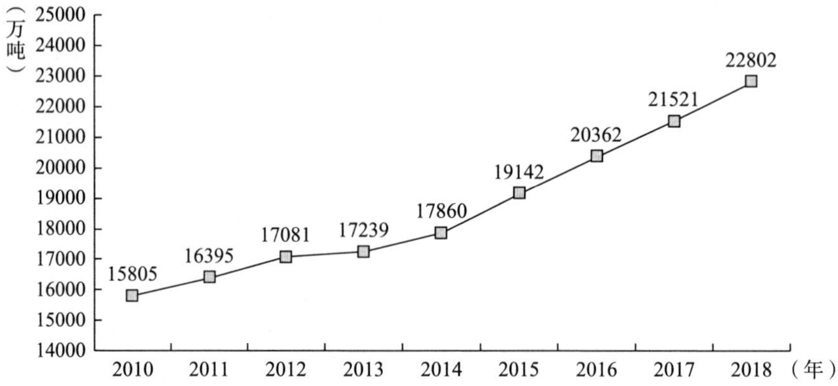

图 6－1　全国城市生活垃圾清运量

注：根据国家统计局相关数据制作，详见 http://data. stats. gov. cn/index. htm。

奥运会的契机，进入快速发展的阶段，但公众垃圾分类的理念仍未深入；2009 年北京市重启垃圾分类试点，试图提高源头分类质量。2010 年杭州市则再次在部分社区试点实施生活垃圾分类，采取了发放免费可降解垃圾袋，推出垃圾分类投放积分绿卡，大范围铺开垃圾清洁直运的措施，并将生活垃圾分类的正确率和生活垃圾投放的正确率作为生活垃圾分类工作检查考核指标。截至 2017 年底，市区开展垃圾分类生活小区 2031 个、参与家庭 123. 12 万户、各类机关与事业单位开展垃圾分类 1827 家、创建 122 个垃圾分类示范小区①，覆盖范围较为广泛，但垃圾“不分类”“分错类”的情况仍较普遍。② 上海、广州等地亦面临“政府热、市民冷”、公众参与度有待提高、实际效果有限等问题，尚处于鼓励促进的阶段。③

总体而言，我国垃圾分类工作推行了十多年，但垃圾分类的效果不容乐观，仍未取得根本性突破，将其归咎于公众素质不高、政府工作不力、

① 杭州市城市管理局：《杭州市持续打好生活垃圾“三化四分”攻坚战》，http://www. hangzhou. gov. cn/art/ 2017/12/12/art_1256302_14143879. html，2017 年 12 月 12 日。

② 《“三观”垃圾分类试点现状》，http://www. sohu. com/a/148598478_276904，2017 年 6 月 13 日；章高航：《杭州居民可准确垃圾分类不足 1/4，半数无减量意识》，http://zj. people. com. cn/n/2014/0814/c186806 - 21982799. html，2014 年 8 月 14 日；吴丽蓉：《垃圾分类处理试点 16 年　多数居民仍不知“怎么分垃圾”》，http://www. chinanews. com/sh/2016/11 - 06/8054480. shtml，2016 年 11 月 6 日。

③ 张一澜：《对中国城市生活垃圾分类的思考及建议》，《再生资源与循环经济》2016 年第 3 期。

财政不到位等因素则较为粗略。[①] 党和政府则越来越重视生活垃圾分类，《生活垃圾分类制度实施方案》的颁布以及 2019 年 7 月 1 日上海开始普遍推行强制垃圾分类，这意味着我国生活垃圾分类进入新时期。习近平总书记亦明确指出，实行垃圾分类，关系广大人民群众生活环境，关系节约使用资源，其关键在于加强科学管理、形成长效机制、推动习惯养成。生活垃圾分类实则是一个社会两难的问题，即居民既是生活垃圾产生的源头，亦是生活垃圾污染的受害者，充分体现出“生活者的致害者化”[②] 的特点。故本研究结合生活环境主义，基于居民的日常生活实践，从垃圾分类实施主体这一生活者出发，侧重于探讨垃圾分类行为历经着怎样的衡量过程、哪些因素对主体衡量的具体过程产生影响以及有着怎样的影响，以期对改善公众的垃圾分类行为、推进我国垃圾分类实践有所裨益。

（二）文献回顾

垃圾分类行为本质上是一种减少环境污染、提升环境质量的环境行为。既有垃圾分类行为的研究大多从垃圾分类意识约束、垃圾分类情境调节与垃圾分类政策导向等视角展开探讨，聚焦于公众垃圾分类意识的提升、垃圾分类客观障碍的减少以及垃圾分类政策与举措的完善。

1. 垃圾分类意识约束视角

垃圾分类意识约束视角强调意识对行为的约束作用，侧重于探讨公众垃圾分类认知、垃圾分类情感、垃圾分类行为意向对垃圾分类行为的具体影响。如有研究者指出，垃圾分类知识的抽象程度影响着垃圾分类行为，相比于一般性环境知识，较为具体的垃圾分类知识发挥着更大的作用，报纸的分类行为高而餐厨垃圾分类行为低则较好地体现出这一点。[③] 垃圾分类认知与分类体验亦对垃圾分类行为有着显著影响，即对垃圾分类标准越了解、垃圾分类必要性体验越高的城市居民，其垃圾分类行为表现越好。[④]

---

① 陈阿江：《探索城市生活垃圾处置新方向》，《中国社会科学报》2012 年 8 月 3 日第 8 版；鲁先锋：《垃圾分类管理中的外压机制与诱导机制》，《城市问题》2013 年第 1 期；童昕、陶栋艳、冯凌等：《可持续转型社区行动：社区生活垃圾分类实验反思》，《北京大学学报》（自然科学版）2018 年第 1 期。

② 饭岛伸子：《环境社会学》，包智明译，社会科学文献出版社，1999，第 24 页。

③ Gamba, R., Oskamp, S., “Factors Influencing Community Residents' Participation in Commingled Curbside Recycling Programs,” *Environment and Behavior* 26 (1994): 05.

④ 郝明月：《垃圾分类中环境意识与环境行为的相关性探究——北京市居民垃圾分类现状及环保意识的调查》，《环境与发展》2009 年第 2 期。

另有研究发现，居民进行垃圾分类的意愿越强，其实施垃圾分类行为的可能性越高。[①] 但垃圾分类意愿与垃圾分类行为存在背离现象：城市居民中拥有垃圾分类意识的比例明显高于分类行为的比例，影响垃圾分类意愿和垃圾分类行为的因素及其重要程度存在差别，个性特征等主观因素对垃圾分类意愿影响较大，而垃圾分类行为的实施取决于情境性因素/便利性，但分类认知和态度对分类意愿和行为均有重要影响。[②]

有研究从建构主义的角度思考垃圾分类行为，试图从行为的建构意义之中找出促进居民垃圾分类行为的可能性。如有学者着重分析了垃圾桶社会功能的建构过程，认为垃圾桶除了作为装垃圾的容器以外，还具有测试个人的公德心和环保意识、标识环保形象和现代文明等功能。故对垃圾分类行为的研究更应该强调“生活者”的视角，从生活实际出发，重视普通人可以获得的愉悦感和便利性[③]，其实际上看到了个体在应对环境问题时，不仅仅关注环境行为的直接意义，亦会对其建构意义进行衡量。

整体而言，垃圾分类意识约束视角虽然强调行为主体自身的作用，但易滑入意识决定论，对外在条件、社会规范、具体实践等关注不足，难以解释与跨越“意识与行为之间的距离”，即有些居民充分认识到垃圾分类的重要性且对垃圾分类有着较多的了解与认识及具较强的行为意向，但未付诸行动。

2. 垃圾分类情境调节视角

垃圾分类情境调节视角则以外部条件对垃圾分类行为的阻碍为出发点，侧重于关注便利性、人际互动、社会规范等因素对垃圾分类行为的调节作用。如有研究者发现生活垃圾分类的情境性因素作为中介变量，对行为意向转换为具体行为起到了非常重要的作用。[④] 垃圾分类实施需要耗费

---

① 巫维云、陆智健：《城市居民垃圾分类行为研究——以南京市例》，《科技创新导报》2014年第21期。

② 陈绍军、李如春、马永斌：《意愿与行为的悖离：城市居民生活垃圾分类机制研究》，《中国人口·资源与环境》2015年第9期。

③ 栗治强、王毅杰：《垃圾桶的功能及其社会建构——基于一个高校社区的社会学考察》，《河海大学学报》（哲学社会科学版）2010年第2期。

④ 曲英、朱庆华：《情境因素对城市居民生活垃圾源头分类行为的影响研究》，《管理评论》2010年第9期；王婷婷：《公众生活垃圾源头分类行为影响因素研究》，硕士学位论文，浙江理工大学，2015。

时间、精力，便利性是影响垃圾分类的重要因素[①]。而相比于信息公开、教育宣传、示范行为等垃圾分类回收的措施，金钱、优惠券等物质奖励更能促进垃圾分类回收。[②] 另有研究则关注人际互动、社会规范对垃圾分类行为的影响，认为个体在与家庭成员、邻居、朋友、同事互动过程中，可能会对垃圾分类有更多的认识与了解，并存在行为示范效应。同时，社会规范亦会强化群体性压力对垃圾分类行为的正向作用。[③] 有研究者则结合社区环境、人际互动的特质来探讨居民的垃圾分类行为，认为其具有从众性、政策宣传依赖性、高环境认知度低行动参与性三个特性，即社区居民在进行垃圾分类行为时，会从效仿性角度考虑，当大部分社区居民采取了垃圾分类的行为时，行为主体愿意跟随大部分人的意志或者迫于群体的压力而采取垃圾分类行为。[④]

另有研究则详细探讨了社会资本影响居民垃圾分类行为的内在机理，认为社会网络有助于降低居民机会主义及“搭便车”的行为倾向，社会规范能够提升居民行为的可预测性，社会信任则有助于降低交易成本，进而促进居民实施生活垃圾分类行为。[⑤] 张登国则分析了城市拾荒者产生的社会原因，认为城市拾荒者的存在具有缓解垃圾围城、提高废弃物分类利用率的积极功能[⑥]，但对城市拾荒者这一群体对居民垃圾分类行为实施有无影响则无分析。

概而言之，垃圾分类情境调节视角侧重于探讨便利程度、人际互动、社会规范、社区文化等外在情境性因素对垃圾分类行为的影响与调节作用，有助于弥补意识约束论过于注重内在心理约束而相对忽视外在条件的不足，但相关研究往往预设行动主体足够理性且对情境性因素有着清晰的

---

① 陈绍军、李如春、马永斌：《意愿与行为的悖离：城市居民生活垃圾分类机制研究》，《中国人口・资源与环境》2015 年第 5 期。

② Schultz, P. W., Oskamp, S., Mainieri, T., “Who Recycles and When? A Review of Personal and Situational factors,” *Journal of Environmental Psychology* 15 (1995): 2；廖银章：《国外城市生活垃圾管理政策及启示》，《软科学》2000 年第 1 期。

③ Do Valle, Patrícia, O., Reis, E., et al., “Behavioral Determinants of Household Recycling Participation,” *Environment and Behavior* 36 (2004): 505 – 540.

④ 杨阳：《社区环境行为：垃圾分类回收机制研究》，硕士学位论文，中国海洋大学，2012。

⑤ 韩洪云、张志坚、朋文欢：《社会资本对居民生活垃圾分类行为的影响机理分析》，《浙江大学学报》（人文社会科学版）2016 年第 3 期。

⑥ 张登国：《城市拾荒者的透视与思考》，《河北青年管理干部学院学报》2007 年第 2 期。

判断与识别，进而能做出趋利避害或代价最低的理性选择，相对忽视行为主体日常生活中的模糊实践，对政府、市场、社会、公众等不同主体之间的相互作用关注不足。

3. 垃圾分类政策导向视角

垃圾分类政策导向视角认为在城市生活垃圾分类与处理工作中，政府应该坚持统筹规划、以人为本、培育市场、政府作用恰当有序以及社会参与的原则，通过增强政府系统筹划，合理引导宣传方向，提升监管效力，在生活垃圾分类与处理的各个环节科学有序地开展规划、引导和监管，充分发挥公众本位、依法而治和有限政府的作用，从而降低行政运营成本，形成政府、企业、社会组织与公众良性互动的局面。如有研究强调发挥政府在促进垃圾分类行为方面的主导作用。[①] 有学者则基于上海市绿色账户实践经验，认为合理分配政府用于助推垃圾分类的资金并搭建更为全面的评估平台，同时引入垃圾分类奖励与银行信用，以吸纳政府、社区、学校和企业等达到多方支持和宣传垃圾分类的效果。[②] 另有研究者提出应逐步开展征收生活垃圾处理费行动，这样不但能降低政府财政压力，还能将环境保护与居民生活紧密联系起来，强化公众垃圾分类的行为。[③] 有学者则认为单纯依靠市场力量并不能有效推动垃圾分类工作，只有充分发挥政府的基础保障作用、企业的激励作用和公民的参与作用，才能在垃圾分类过程中形成多主体的合作共治模式。[④]

有研究对日本垃圾分类经验进行了梳理，认为其成功的关键在于形成了以公民参与为中心、社会各界全面参与的协同治理机制，提出应着力从宣传教育、法律制度、政府激励、多主体协调等方面推动公民积极参与生活垃圾分类。[⑤] 有学者则提出全社会广泛参与的社会化分类模式与少数人利用技术、技能及设备进行垃圾分类的专业化模式并举的“双轨策略”，

---

① 施维：《广州城市生活垃圾分类与处理的政府作用研究》，硕士学位论文，华南理工大学，2014。

② 何孟伟、黄世伟、刘婧楠等：《助推上海市垃圾分类的“C-GSSC”循环研究》，《中国人口·资源与环境》2015 年第 S2 期。

③ 贾子利：《北京市生活垃圾分类及处置方式研究》，硕士学位论文，北京林业大学，2011。

④ 陈智鹏：《探索垃圾分类中的多元主体合作共治模式——基于南京“志达模式”的实证研究》，《江苏第二师范学院学报》2016 年第 5 期。

⑤ 吕维霞、杜鹃：《日本垃圾分类管理经验及其对中国的启示》，《华中师范大学学报》（人文社会科学版）2016 年第 1 期。

以提升垃圾分类的成效。① 而有研究基于层次分析法，综合考虑政府、环保部门和居民三者之间的利益关系，将生活垃圾源头分为有毒有害垃圾、可回收物、餐余垃圾和其他垃圾四类，这有利于协调各方利益以达到最佳垃圾分类效果。② 有研究者则基于社区行动实验方法，认为社区行动应持续依靠企业参与的市场化机制，并将废品回收者的收集、分拣和运输纳入正规化体系中，以促进居民垃圾分类的实施。③ 另有研究则对我国生活垃圾分类管理的发展历程加以检视，发现试点思路、分类标准、参与主体、系统管理、政策工具等是制约生活垃圾分类制度走向现代化的关键因素，强调形成政府主导与社会协同相结合的分类格局，建立横向协调与纵向衔接相结合的分类机制，实施正向激励与负向激励相补充的政策工具。④

概而言之，垃圾分类政策导向视角历经着突出政府在垃圾分类中的主导作用向政府、企业、社会组织与公众协调治理的转变，从侧重于制度与政策的完善到注重公众的积极参与。但相关研究大多将公众参与纳入环境管理与政策管制的范畴，忽视公众作为生活者的面向，相关探讨与公众日常生活实践亦缺乏内在关联。

4. 小结

总之，现有垃圾分类研究取得了较为丰硕的成果，为后续研究的推进奠定了基础，但仍存在以下不足。

一是现有研究大多遵循意识约束视角、情境调节视角与政策导向视角展开，凸显垃圾分类行为实施的结构制约抑或心理约束面向，导致过于注重垃圾分类制度与政策的完善而忽视行为者的主体作用，致使出现相关政策难以落地、居民普遍参与不足的状况；或者滑入意识决定论，拘泥于行为主体内在心理过程的探讨而对外在情境性因素以及其他主体的相互作用关注不足，难以跨越“意识与行为之间的距离”。故本研究尝试将垃圾分类实施的结构制约与行为主体的能动反应相结合，侧重于探讨行为主体实

---

① 陈海滨、杨夔：《社会化与专业化相结合的垃圾分类“双轨策略”探究》，《环境卫生工程》2016 第 8 期。

② 陈肖静：《基于层次分析法的中国城市生活垃圾分类收集方案优选——以上海市浦东新区为例》，《中国人口・资源与环境》2015 年第 S2 期。

③ 童昕、陶栋艳、冯凌等：《可持续转型社区行动：社区生活垃圾分类实验反思》，《北京大学学报》（自然科学版）2018 年第 1 期。

④ 范文宇、薛立强：《历次生活垃圾分类为何收效甚微——兼论强制分类时代下的制度构建》，《探索与争鸣》2019 年第 8 期。

施垃圾分类时面临怎样的衡量过程、衡量过程受哪些因素的影响，以弥补既有研究的不足。

二是既有研究大多在环境管理、政策管制等宏观范畴或心理机制等微观范畴对居民垃圾分类行为展开研究，难以突破“宏观－微观”“客观－主观”等二元对立以及垃圾分类作为社会两难论问题的困境。而社会两难论的问题实则是个体合理性与集体合理性相违背的问题，即若每个人都任意行动，那么结果将会出现包括自己在内的整体环境都要遇到麻烦的现象。生活环境主义的创立者鸟越皓之则认为，依靠行为者的日常经验、地方性知识与规则、生活智慧等，有助于突破社会两难论问题的困境，如文化背景基础、循环再利用机制、个人活动的动机三者能够联袂运作，那么地区循环再利用就可能顺利进行①。故本研究借鉴生活环境主义，从生活者的角度出发，结合行为主体的日常生活实践，探讨生活者实施垃圾分类行为的主体衡量过程，以弥补既有研究的不足。

二 研究设计

（一）核心概念

1. 生活者

学界对生活者概念的理解，往往会溯源至马克思、恩格斯对“生活”“生活过程”“生活关系”“生活活动”等概念的阐述，正如日本学者岩佐茂所言，“虽然马克思并未直接提出生活者的概念，不过在有关人的问题上，马克思始终强调人的现实性，他把人的存在归结为人的生活，认为人并非抽象的存在，而是生活着的人，是现实的、活生生的人。”② 1965 年日本兴起对资源浪费说“不”的生活者运动，参与者首次提出生活者概念，用以取代“消费者”，其认为生活者是一个能够在日常生活中积极思考、探索并自由选择生活方式的个体。③

20 世纪 80 年代以来，日本广告代理公司博报堂使得生活者的理念得

① 鸟越皓之：《环境社会学——站在生活者的角度思考》，宋金文译，中国环境科学出版社，2009，第 41 ~ 56 页。

② 岩佐茂：《马克思的“生活者”思想》，邹皓丹译，《国外理论动态》2014 年第 7 期。

③ 胡澎：《日本社会变革中的“生活者运动”》，《日本学刊》2008 年第 4 期。

以广泛传播，人们认为生活者是过自己生活的人，不仅涵盖人们作为消费者的经济层面，而且还包括作为个人的社会心理和政治层面，即生活者是指拥有自己的生活方式、抱负和梦想的人。[①] 随着网络社会的崛起，网络日益嵌入个体的日常生活，进而有研究者提出生活者是生活在互联网上的活生生的人，他们在数字生活空间中有自己相对固定的家园[②]。可见，虽然上述表述在理解与界定生活者概念时存在差异，但共同强调日常生活实践中个体的自主性与能动性。故本研究认为，生活者是指在日常生活实践过程中有着自主意识、能动选择的个体。

生活者的视角，亦是生活环境主义研究范式的基本视角。而生活环境主义的一个很大的特点是重视“经验”和“历史的个性”[③]，即生活环境主义主张研究环境问题需要从生活在这片“田野”上的人们的角度出发。因为这些生活者长期生活在他们的土地上，他们对于环境问题有着多元丰富的理解。生活者的视角要求研究者充分了解个体在日常生活实践中所累积的经验、生活智慧以及实践规则等，并需要考虑到生活者对于生存、发展的需求，在此基础上考虑如何进行环境保护。故本研究在探讨垃圾分类问题时，侧重于关注居民在日常生活实践中所累积的有关垃圾分类的知识、经验、生活智慧、实践规则以及日常体验等。

2. 主体衡量

学界对主体衡量尚无明确界定，一般涉及行为者对行为实施的动力、相应代价、可能遭遇的风险、制约条件等做出的评判与应对。经济学侧重于关注“经济人”理性选择面向，而心理学着力挖掘行为主体的内在心理驱动机制，社会学则可能更为关注结构性因素的制约作用。本研究基于生活者的视角，试图呈现结构制约与主体能动之间的交织作用，即居民作为行为主体，自身判断哪些因素对其垃圾分类行为产生影响以及自身在实践过程中如何能动应对，进而在这一过程中建构与重塑垃圾分类的价值与意义。

（二）研究思路

本研究结合生活环境主义，从生活者视角出发，基于居民的日常生活

---

① 转引自宋玉玉《生活者概念的发展嬗变与反思——从马克思的生活者思想到数字生活空间的“生活者”》，《广告大观》2018 年第 4 期。

② 陈刚：《创意传播管理：数字时代的营销革命》，机械工业出版社，2012。

③ 鸟越皓之：《日本的环境社会学与生活环境主义》，闰美芳译，《学海》2011 年第 3 期。

实践，运用观察法和深度访谈法，以垃圾分类的行为过程为线索，依照信息收集、行为准备、行为实施、行为反思这一顺序，对城市居民垃圾分类行为的主体衡量过程及其影响因素进行理解与分析。具体而言，先是结合实地观察与深入访谈所获得的资料，对城市居民垃圾分类信息收集、行为准备、行为实施、行为反思等垃圾分类阶段进行描述和分析。再是在垃圾分类行为的信息收集阶段，侧重于探讨居民对垃圾分类知晓情况、垃圾分类信息完备与匹配程度及其对垃圾分类意义的可能影响；在垃圾分类行为的准备阶段，侧重于关注居民对垃圾分类的代价衡量与风险判断；通过设置厨余垃圾、可回收垃圾以及有害垃圾之分类处理情境，旨在真实反映居民在垃圾分类行为实施阶段的心理和行为过程；在垃圾分类行为反思阶段，通过个案对垃圾分类行为相互作用的描述，以理解居民对垃圾分类行为的意义重塑。

（三）资料收集

本研究主要采取非参与观察与半结构式访谈方法收集资料。

1. 非参与观察

非参与观察是定性研究的重要方法之一，其并不要求研究者直接参与研究对象的日常生活，观察者通常置身事外，与研究对象保持专业距离，作为旁观者了解事件的经过。本研究侧重于观察小区内垃圾分类基础设施等客观条件以及居民的垃圾分类与垃圾投放情况，为准备访谈、验证访谈信息以及后续分析提供丰富的素材和资料。

2. 半结构式访谈

要研究垃圾分类行为中的主体衡量过程，仅仅依靠实地观察，获得的资料仍不完整，且难以切实把握真实的衡量过程，故本研究采取半结构式访谈法，基于行为主体的日常生活实践以侧重于探究主体能动性、权宜策略等。访谈时参照提纲[①]，先对被访者垃圾分类实施情况进行总体意义上的度量，再对应相应情境围绕垃圾分类的信息收集、行为准备、行为实施与行为反思展开探讨，充分了解影响行为主体衡量的障碍、促发因素以及主体回应等。当然，访谈虽按照提纲有序展开，但并非机械地依序进行，随着访谈的深入，访谈者在访谈过程及时有效追问，从而让被访者的想法能够突破访谈结构的束缚，获取更为丰富、真实的信息。

---

① 参见附录四垃圾分类访谈提纲。

（四）调查地选择

强度抽样是指抽取具有较高信息密度和强度的个案，以确切了解在这一具有密集、丰富信息的个案中，所研究的问题呈现怎样的状况[①]。故本研究借鉴强度抽样的策略，对垃圾分类行为者的主体衡量过程展开深入研究，则所择取的个案必须对垃圾分类实践有着较多的接触、了解与体验，并且其日常生活领域应具备基本的垃圾分类处理设施等。而H市作为我国垃圾分类的首批试点城市，十多年来采取诸多措施着力推进居民生活垃圾分类，故H市居民在日常生活中对垃圾分类有着更多的感受与体会。由此，本研究选择H市作为本次个案研究的城市，基于选点与否择取QS公寓和P园作为本研究的调查地。

QS公寓是H市首批生活垃圾分类试点小区之一。QS公寓隶属于H市XW巷社区居民委员会，是目前市区规模最大的中高档住宅小区，总占地面积约74800平方米，总建筑面积211449平方米，建筑密度27.5%，绿化面积22640平方米，绿地率30.2%。QS公寓拥有住户1400户左右。自2010年试点垃圾分类以来，XW巷社区为了提高QS公寓居民垃圾分类意识、促进居民实施垃圾分类行为，采取了上门宣传、完善配套设施、抽检督查等诸多形式，取得了一定成效。[②] 实地观察发现，QS公寓促进垃圾分类的基础设施有分类垃圾桶和分类知识宣传栏两类。QS公寓在每栋单元楼的楼道口都放置了一只绿色垃圾桶和一只黄色垃圾桶[③]，且为便于回收和

---

① 陈向明：《质的研究方法与社会科学研究城市居民环境行为研究》，教育科学出版社，2000。

② 基于本课题组对社区工作人员的访谈资料。

③ 2003年10月，我国出台了《城市生活垃圾分类标志》，生活垃圾被分为可回收物、有害垃圾和其他垃圾三类，分别用蓝色垃圾容器、红色垃圾容器和灰色垃圾容器收集。2008年8月，我国出台了《生活垃圾分类标志》，替代2003年的《城市生活垃圾分类标志》，将生活垃圾分为可回收垃圾、有害垃圾和大件垃圾、可燃垃圾、可堆肥垃圾、其他垃圾六类，分别用蓝色垃圾容器、红色垃圾容器和灰色垃圾容器收集。而我们在调研中发现，我国虽有生活垃圾分类政策规定，但各地并未切实遵循相应规定，也未按照规范使用垃圾桶。如黄色垃圾桶本应该用于收集医疗垃圾，但在该小区却用于收集其他垃圾。

2019年11月15日，住房和城乡建设部发布了《生活垃圾分类标志》标准。在该次标准修订中，生活垃圾类别调整为可回收物、有害垃圾、厨余垃圾和其他垃圾四大类，分别用蓝色垃圾容器、红色垃圾容器、绿色垃圾容器和黑色垃圾容器收集。各地规范使用垃圾桶，有利于居民实施垃圾分类行为。

详见：https://baike.baidu.com/item/生活垃圾分类标志/3008148？fr=aladdin。

统计，每组垃圾桶都有编号。红色和蓝色的垃圾桶仅被放置在小区门口，小区内其他地方未摆放这两类垃圾桶，但是在每栋单元楼下的黄色、绿色垃圾桶附近，竖有关于有害垃圾和可回收垃圾信息的宣传栏。

P 园以宽景高档公寓为主，自然秀丽、风景宜人。小区拥有楼栋总数 3 栋，住户总数 322 户。P 园虽然不是 H 市垃圾分类的试点小区，但地处国家湿地公园附近，居民普遍生活条件优越、受教育程度较高，且高档小区配套设施较完善，减少了与试点小区在垃圾分类基础设施上的差距。实地观察发现，P 园每栋单元楼的楼道口均摆放多只垃圾桶，但垃圾桶的颜色是随便安排的，并没有成组垃圾桶出现。在小区门口摆放有红色和蓝色的垃圾桶，但小区内没有关于垃圾分类的宣传栏。小区内大多数垃圾桶没有实现垃圾分类收集，不同颜色的垃圾桶内充斥着各色各样的垃圾袋。

（五）个案择取

2016 年 2 ~ 5 月，家住 H 市的课题组成员深入 QS 公寓和 P 园小区，围绕居民生活垃圾分类行为的衡量过程开展实地观察和深度访谈。调查伊始，我们获得 XW 巷社区居民委员会主任的大力支持，除开详细介绍社区以及 QS 公寓的基本状况、居民实施垃圾分类情况等，该主任还协调社区居委会的工作人员、小区物业工作人员支持与配合我们的调查。在 P 园，调查者则通过亲友的帮助顺利进入小区，并了解到小区居民实施垃圾分类的大致情况，以及通过亲友的介绍，结识并顺利访谈了部分居民。

基于调查议题特质、社区实际情形、个案特性等考虑，调查者主要采用立意判断和滚雪球的行动策略，与社区走访、实地观察时遇见以及介绍认识的居民，围绕垃圾分类知识、信息、政策以及实施情况等展开攀谈，再择机进行深入访谈。前后对两个小区的 20 余位居民进行深度访谈，为充分呈现居民垃圾分类实践的主体衡量过程，本研究依据垃圾分类实施的程度、分类意识以及个人特质等因素，择取 4 位居民作为个案①，为了保护个案的隐私以及遵循学界通行规范，个案姓名采取匿名方式处理。个案基

① 关于多少个案算够这一问题，潘绥铭教授等人认为定性调查只要相对实现了“最大差异的信息饱和”，就足以反映信息的整体质性，足以通过归纳来满足研究主题的需要，而绝不在于人数的多少。详见潘绥铭、姚星亮、黄盈盈《论定性调查的人数问题：是“代表性”还是“代表什么”的问题——“最大差异的信息饱和法”及其方法论意义》，《社会科学研究》2010 年第 4 期。

本情况如下。

QXM：男，71 岁，居住在 QS 公寓，早年做过纺织厂工人，儿子为烟草局公务员，家庭小康。老人家平时休闲活动较多，交友广泛，能够使用智能手机和电脑。据观察，他将垃圾分袋装好，但没有把垃圾袋投放到特定的垃圾桶。

LLG：男，22 岁，居住在 QS 公寓，现为某重点大学本科生，家庭收入较高。2012 年其由 H 市其他区迁入 QS 公寓。据观察，他没有将垃圾分袋装，垃圾袋也是随手扔进垃圾桶。

DFR：男，46 岁，居住在 P 园，浙江大学法律硕士，现为 H 市多家工厂的投资人。其家庭生活富足，曾多次出国旅行。其儿子留学美国，现正在日本一大学做交换生。这位男士很注重健康，也非常有闲情逸致，爱好读书，与邻居间的交往较频繁。据观察，他将垃圾分袋装好，但把分装好的垃圾袋投放进同一个垃圾桶。

HMY：女，40 岁，居住在 P 园，家庭主妇，大儿子刚上大学，小儿子正在上小学，平日里主要负责家庭事务和照顾小孩，偶尔会与好友一起出门活动休闲。据观察，她把垃圾袋分装完好，且将垃圾袋投放到特定的垃圾桶。

三　垃圾分类的信息收集

在垃圾分类行为的主体衡量过程中，最初的阶段实为收集信息的阶段，即行为主体为衡量是否有必要实施垃圾分类行为而收集相关信息。本研究发现垃圾桶这一再普通不过的废弃物收集设施，实则蕴含着行为主体对垃圾分类意义的理解。

（一）明确垃圾分类的意义

1. “生活垃圾需要我们分类处理”

虽然每个个体的生活状态与客观实际不一，但当问及对实施垃圾分类的认识时，他们的回答却趋向一致：“生活垃圾需要我们分类处理”。而年纪大，并不意味着 QXM 的垃圾分类信息匮乏、垃圾分类知识贫乏。相反，他不仅认识到“应把垃圾扔进垃圾桶”，更清楚地意识到乱扔电池会产生污染，并思考塑料袋可不可以降解等问题。他明白生活垃圾需要人们加以分类处理，不然会产生意想不到的危害。显然，对垃圾分类意义的有效认识，促使居民在日常生活实践中产生实施垃圾分类行为的倾向，进而潜在影响着垃圾分类行为的准备与实施。

> 垃圾分类？我明白啊，是要这么做的。这一点我想大家都应该有这个意识，因为我这样的老头子都知道，对吧。这就像很长一段时间来，大家都知道了该把你的垃圾扔到垃圾桶里，不随地乱扔一样。现在大家都应该知道该把你的垃圾分个类再扔了吧。你比如说我，我这么大年纪了，我平时上网看看，也能听别人说起来过，就有些印象；我想扔个电池我会知道这东西是有污染的，是对环境影响非常大的，不可以随便扔；我想扔个塑料袋，我会想想可不可以降解什么的。生活垃圾需要我们分类处理，这一点不用去质疑。我做没做到是一回事，但是起码我知道这些。（QXM）

2. 垃圾桶承载的意义

实地调查发现，两个小区的绝大多数居民已认识到未实施垃圾分类的可能危害，而有居民亦认识到完备的垃圾桶设施作为一种象征符号，对垃圾分类实施有着潜在的促进作用。HMY 是一名家庭主妇，生儿育女、生活照料的母性品格可能使她更为关注环境状况及其变化[①]以及周围生活设施功能的发挥。如在她看来，垃圾桶就要“物尽其用”，充分发挥其指引垃圾分类的作用，而把生活垃圾有效区分并正确扔进相应垃圾桶里才算完成“扔垃圾”这件事情。

> 我知道一些垃圾分类的东西。你来过我们小区，你应该看到了，小区里面各种颜色的垃圾桶都有。在这么个环境下，你想不知道这么一件事挺难的吧。这应该叫潜移默化的东西……我明白垃圾分类的好处，什么防止污染啊，资源回收利用啊，等等。但是回过头来你想，在楼道下面摆那么些个不同颜色类别的垃圾桶，自然就会让人这么做了。好比我去扔个垃圾，有多个不同颜色的垃圾桶供我选择。第一次

① 洪大用、肖晨阳：《环境关心的性别差异分析》，《社会学研究》2007 年第 2 期。

> 我没有分开放进去，第二次我没有分开放进去，第三次我就会想：为什么我不把我要扔的垃圾分开来以后放进垃圾桶呢？要不然放在这里这么多不同类别的垃圾桶还有什么意思……小区里放不同颜色的垃圾桶就是让我们扔不一样的垃圾的嘛。好像没什么人会像我这么想吧。(HMY)

（二）不被接受的信息

1. 信息抽象

为了贯彻落实各级政府关于有效推进垃圾分类的指导精神，H市各社区采取诸多措施对促进居民实施垃圾分类行为加以引导，期望能够增加居民对垃圾分类行为的了解，进而正确地实施垃圾分类。但其成效却不尽如人意。我们在社区调研中发现，放在P园小区内的垃圾桶都是按照颜色统一区分，旁边并没有任何分类标准的说明和举例。在这一段访谈的过程中，DFR较为激动，他对垃圾分类的认识较深刻，其对自己的要求亦较高。尽管如此，DFR还是宣称自己“根本”不清楚怎么将垃圾分类，并将其归咎于垃圾分类宣传过于抽象，即宣传的垃圾分类标准不够具体、形象、通俗易懂。对于被动接受信息的居民而言，难以理解的垃圾分类信息可能致使其对垃圾分类漠不关心或消极应对，不利于激发居民实施垃圾分类行为的内在动机。

> 我也是近段时间才看到有关这方面的宣传，而且宣传一点也不明显。我已经知道的任何有关垃圾分类的知识都是我在网络和书籍上的文章里看来的……我想去垃圾分类，但是我不知道怎么分。我感觉我们对垃圾分类的理解非常抽象化，光告诉你要按照厨余垃圾、可回收垃圾、有害垃圾和其他垃圾来分，你根本分不清楚。我的话有时候还会去了解和学习，但是要是换一个人呢？我不认为换一个人会分得清楚。然后虽然楼下垃圾桶上印了字，但是太模糊，我看不清楚；如果要我根据颜色去区分，还需要我主动去学习，我觉得太麻烦……我儿子现在在日本，我也有时候关注日本人的做法，他们就做得不错。日本人在做垃圾分类的时候非常细致，他们把生活垃圾分了八类，包括纸张、金属什么的。而且他们的垃圾桶之类的回收设施上面就是简单

> 的例子。比如我要扔一个牛奶盒，我还要把它分解开来，把纸放进收集纸张的箱子里，把一层金属膜放进金属的箱子里。详情我也记不清了，但是八九不离十吧。他们有专门的人来教你怎么分类，还会下发小册子，上面写着非常详细的垃圾分类标准……我觉得这种时候就需要有人来给我们做指导，而不是形式主义的东西。如果说政府真的要求我们做到垃圾分类的话，就需要这样。(DFR)

LLG 提出了诸多期望，像要求得到专门用于分类的袋子、发明自动分拣的装置等。在某种程度上，其在垃圾分类实施方面达到了一种自我规避的状态。可以这么理解，依靠现有设施和宣传的引导，LLG 无法确定在垃圾分类时具体该怎么做，进而采取消极态度并规避自身的责任，最终依赖于政府等外部条件的完善。实际上，部分居民权衡了自己在垃圾分类实施前所获得的信息，并在发现信息不足之后试图放弃实施垃圾分类行为。

> 我不太了解怎么把垃圾分类，我只知道一些普通的。像可回收物和不可回收物、可降解和不可降解的东西，我不是很关注这些东西……我觉得要做到垃圾分类得有许多特定的知识，而且在生活中这么做的话很麻烦。我家里有我奶奶，老人家 75 岁了，还会负责一些家里面的小事情什么的；难道我们还会要求老人家在分类上面做到几乎完美么？奶奶毕竟会遇到分拣困难呀。我就希望要有专人专门把我扔出去的垃圾给分拣开来，要有制度去管理它们。原因很简单，因为我几乎没办法做完美。我觉得要我平时这么把垃圾分类的话，政府得给我专门的袋子，上面写着哪个袋子我应该装什么垃圾进去。最好是我们的科技能够很发达，能有先进的自动分拣的装置。(LLG)

2. 信息质疑

除了对垃圾分类信息的不理解，我们发现垃圾桶承载的意义具有双重作用，完备的垃圾桶设施对垃圾分类实施有着潜在的促进作用，但垃圾桶等设施若缺乏，则会让人质疑垃圾分类实施的标准、政府推行垃圾分类的政策甚至自身实施垃圾分类的意义。居住地的环境状况及其受教育水平促使 DFR 经常反思自身的行为。他对垃圾桶的缺失与政府宣传的垃圾分类意义之间的矛盾持保留意见。这一矛盾使得他对自己实施垃圾分类行为的意义产生怀疑。

> 我们楼下就那么一个垃圾桶，你不去认真留意还真的找不到别的类别的垃圾桶在哪里。我曾经去找门口正在处理垃圾的环卫工人问过……她自己也不知道……为什么垃圾桶会这么摆。这是什么意思呢？一边鼓励我们把自己的垃圾分类了再分别放进不一样的垃圾桶里面，另一边在居民楼前只放了那么一个垃圾桶。是要求我们只产生厨余垃圾么？还是让我们把所有的东西都扔进厨余垃圾桶里面？（DFR）

而垃圾桶的缺失带给 QXM 的更多的是心理落差。他突出垃圾分类的信息包括“试点小区”和“垃圾分类的标准”，然而便于实施垃圾分类行为的基础设施与既有宣传信息不匹配，致使其只能通过自身主观愿望的表达来满足他对于垃圾分类意义的理解，这一心理落差可能诱致其在垃圾分类实施方面的不彻底甚至不作为。

> 我觉得既然已经在我们小区做了试点了，就应该放开手，大手笔地去干。我没条件去争取些什么，怎么说楼底下是离我最近的可以投放的地方了，我觉得有条件还是标准里有几个桶就放几个桶吧。现在我们楼下有绿色的和黄色的两个桶，要是多另外两个的话我觉得情况可能会好很多。不然凭空要我把另外两种垃圾分开来不是在作孽么？（QXM）

（三）小结

行为主体为衡量自己是否有必要实施垃圾分类而收集相关信息，信息完备、匹配等都将直接影响行为者的主体衡量过程。首先，居民在日常生活实践中逐渐形成有关垃圾分类的大致认识，虽然这一认识往往并不全面，常以碎片式、混杂式形态存在，但居民大多明确“生活垃圾需要分类处理”，而生活场域中的垃圾桶等较完备的分类设施则“提示”社区居民将垃圾分类落到实处。

其次，相比于抽象晦涩的概念，居民更倾向于接受具体、形象且通俗易懂的信息，并对无法清晰理解的信息会加以简化处理。当居民发现自身难以详尽地理解已获悉的垃圾分类信息，则会对垃圾分类行为抱有消极态度。此外，行为主体易于将自己收集的垃圾分类信息与相应垃圾分类设施相匹配，垃圾桶等分类设施若缺乏，行为主体则会质疑垃圾分类实施的标准、政府推行垃圾分类的政策甚至自身实施垃圾分类行为的意义，进而影响垃圾分类行为的实施。

四　垃圾分类的行为准备

居民在收集信息明确垃圾分类的意义之后，往往会对垃圾分类的代价、风险等做出衡量，来判断自己是否适宜实施垃圾分类行为，这一阶段亦被称为垃圾分类行为准备过程，具体包括操作距离、物质资料等成本衡量以及收费、不确定性惩罚等风险判断。

（一）计算操作距离

在行为准备的过程中，垃圾桶更多的是作为行为主体进行操作距离计算的对象。而操作距离的计算可分为分类行为实施所需付出时间的多少和所经历空间的远近。

1. 时间的多少

垃圾分类需要技能和耐心，除开糅合整理获知的垃圾分类信息，还需以一定的时间消耗为代价，即生活垃圾从产生到被恰当地扔进垃圾桶，要经历两个消耗时间的阶段：一个是在家分拣的阶段，另一个是分类投放的阶段。

> 我希望能有自动分拣的机器可以摆在我家里，也不知道现在的科技有没有这么发达。我想把我厨房里面的垃圾分开来放要花我很多时间。你看我今晚做红烧豆腐，我做饭的时候就把我不要的东西都扔进垃圾桶了……就像你说的，豆腐的包装盒和豆腐应该是两种垃圾是吧，但是要我再把它们分拣开来很费时间的。不知道我有没有这么个精力去搞这个。本来我可以很自然地把我做饭结束之后的垃圾拿个口袋扎起来放到门口去，等第二天收就没事了……哈，说到底还是懒啊，我如果勤快点是不是就不是这样了。（QXM）

居民在家分拣的阶段，需要有必要的分类知识或经验作为基础。但如上文所述，居民并不能清晰、完整地理解现有垃圾分类的信息，这就导致居民需要花费更多的时间来处理分拣这件事。如 QXM 在谈话中不确定自己举的例子是否正确，还中途向调查者求证，他其实是想表达一种“费力”的态度。QXM 用自己处理做饭时产生的垃圾的例子向调查者证明分类垃圾所耗费的时间与精力。第二个阶段则是分类投放的阶段。就 HMY 而言，她坦言分类投放垃圾的阶段亦需要耗费时间，虽然她不在乎所耗费的时间，因为其空余时间丰富。在她举出她儿子的例子的时候，她就提出了她儿子没有做到垃圾分类投放的原因——太关注分类投放所耗费的时间。

其实你要抽点时间出来很容易啊。我每次下楼扔垃圾的时候都是到了楼下，然后把我之前包好的要扔的垃圾从大袋子里面拿出来，该放哪里放哪里嘛。跟你说现在的年轻人啊，就是懒。你要他去做点事情他就烦得要死。我儿子放暑假在家的时候，要他扔个垃圾，他随手一扔就走了，哪管什么分类不分类的。我跟他说了很多遍啊，我都给他包好了，不就是分开扔么，这要花你几秒钟呢？……有时候我回头一想，小孩心里浮躁；像我，平时也没啥事，你要我做我就做了，其实这么分分类多知道些事情还是挺有味道的。(HMY)

2. 空间的远近

除了花费时间的多少，更好理解的就是行为主体对空间距离的衡量。居民们进行垃圾分类的时候关注的空间距离大多是自己距离可投放的垃圾桶有多远，其揭示出居民们认为垃圾分类基础设施是否完善及其便利程度。之前 DFR 在质疑垃圾分类相关信息时便曾提及。

我们楼道口只有一个垃圾桶。小区里好像每个楼道口都是这样的，要么是装厨房垃圾的绿色桶，要么是黄色桶。我记得我楼下是黄色桶吧。那我把垃圾分类分好了，拿到楼下去，再怎么着也是有厨余垃圾的吧。你说小区里没有把装有害垃圾的桶和装可回收垃圾的桶覆盖到每栋楼下，是因为可能我们不是天天会产生这些垃圾。但是我们

是要天天做饭的呀，也肯定有一些乱七八糟的杂物，这些东西怎么办，我是扔也不是不扔也不是。(DFR)

可见，DFR决定对垃圾进行分类处理之前，对缺少必要的基础设施产生了较大顾虑。他认为在最适合的地方缺少必要的垃圾桶对他实施垃圾分类行为会产生很大的阻碍，所以他在犹豫最终要不要将垃圾分类好再处理。从表面上看，居民是因为缺少必要的垃圾桶才会犹豫，可是从严格意义上说，这些垃圾桶并非不存在，只是它们分布不合理，通常分散放置在居民小区内。

你说我把平时的生活垃圾拿下楼，我肯定是有厨余垃圾的，但是我们楼下并没有装厨余垃圾的桶。为了按你说的做好垃圾分类的话，我还得跑别的楼栋去。如果让我长途跋涉去垃圾分类，这不可能。相信别人也不可能做到。(DFR)

便利的基础设施更易受到居民的欢迎，进而减少垃圾分类行为的障碍。行为主体在行为准备过程中自会衡量实施垃圾分类行为所要承担空间距离的远近。而空间距离越短，表现得愈加便利，行为主体决定实施垃圾分类行为的倾向就越明显。由于P园小区内放置的垃圾桶不够便利，致使部分居民在衡量是否做出垃圾分类投放行为之时，鉴于投放不便，于是放弃了自己可能做到的垃圾分类行为，最终将分装好的垃圾投放在同一个垃圾桶里。

(二) 准备物质资料

除开对操作距离的衡量，行为主体在垃圾分类行为准备阶段还会对其所涉及的物质资料做出判断。如垃圾袋是实施垃圾分类行为的必备材料。调研中发现，愿意付出时间与距离成本的HMY针对垃圾袋提出了疑虑。她注意到塑料袋在垃圾分类过程中必不可少，但用普通塑料袋封装垃圾在本质上并未做好垃圾分类这件事。同时她也提出针对垃圾分类需要大量的环保垃圾袋，但她并不愿意承担这一额外的物质成本。

我挺愿意去搞垃圾分类的，我可不怕麻烦。不过我有一个问题。

> 现在不是讲可降解和不可降解么，我就算分开来扔垃圾，我分别用塑料袋装好，可这些塑料袋不是不可降解的么？……我这么扔的话不是还是没有达到目的么，我花时间跑过去按照不同的垃圾桶给扔掉，但是包这些垃圾的塑料袋怎么办。我想不通这个，本来辛辛苦苦地就是要把垃圾分开来处理，但是到头来还是有塑料袋这个东西混在里面。重点是，好像塑料袋也是不能乱扔的吧，电视里说塑料袋降解慢、烧的时候会有气体什么的。而且每天都这么分类的话，我得存着多少垃圾袋不是。如果哪一天我没有塑料袋了，那我还把垃圾分类么，我连扔垃圾都扔不了。(HMY)

行为主体为完成行为准备，总是在寻找完成行为所必需的物质资料。既然要做好垃圾分类，那不同类别的垃圾就应有不同的环保器物来盛装。而 HMY 从分摊成本、便利实施等角度出发，认为应有专人负责分发环保垃圾袋。她将提供垃圾分类物质资料的责任归之于所居住的社区和小区物业，实质上体现出行为主体彻底实施垃圾分类行为方面的无力感，需要克服诸多障碍。[①]

> 最好能有专门的垃圾袋吧，让我们可以把垃圾分开来装，不同的垃圾袋用来装不同的垃圾。那垃圾袋就不会造成二次污染了嘛。……而且要有人把专门的垃圾袋送上来是最好的，比如说社区干部、小区的物

---

① 2016 年底杭州市开始试点投放新型智能垃圾分类设备——垃圾袋自助发放机、太阳能智能垃圾分类专用可回收箱、智能垃圾分类平台，其基本原理是通过二维码技术，建立一户一码实名制，通过智能技术手段实施垃圾分类投放。详见孙璐《互联网走进小区 杭州的垃圾分类也可以这么智能化》，http://epmap.zjol.com.cn/system/2017/02/23/021450012.shtml，2017 年 2 月 23 日；王丽：《杭州现“智能垃圾桶” 分类扔垃圾可兑换礼品》，http://zj.qq.com/a/20170919/034869.htm，2017 年 9 月 19 日。虽说技术进步有助于垃圾分类行为的实施，但垃圾分类与投放最终有赖于行为主体实施，加之其尚处于试点阶段，且技术使用、设备管理与维护亦会较大地投入，故其成效还有待观察。童昕等人自 2013 年 12 月至今在北京市昌平区 H 社区所开展的绿色社区循环经济试点行动经验亦说明了这一点，该方案采用注册用户的方式，为用户提供二维码和专用垃圾袋，用户将可回收垃圾分类装袋，并贴上自家的二维码，投入专用回收桶或交给社区回收员称重扫描，即可获得相应积分，并可用于兑换生活用品。但实验结果不甚理想，注册用户仅占总户数的 5%，有投放行为的家庭户仅占注册用户的 37.9%，维持投放习惯的用户累计为 15%。详见童昕、陶栋艳、冯凌等《可持续转型社区行动：社区生活垃圾分类实验反思》，《北京大学学报》(自然科学版) 2018 年第 1 期。

业，都可以派人这么做，定期地发一些垃圾袋，这样我就不用担心垃圾袋用完了的问题啦。(HMY)

(三) 比较风险的大小

贝克认为现代社会的风险已经由自然风险转向人为不确定性风险，后者包括风险的“制度化”和“制度化”风险[①]。对生活者而言，实施垃圾分类行为的风险更多地存在于制度实践之中，而非制度本身的不确定性。在垃圾分类行为的准备过程之中，行为主体必然会考虑伴随自己的垃圾处置方式而带来的风险。

1. 分类收费的影响

英国、法国、荷兰等发达国家在解决垃圾分类问题的时候，大多采取了“谁排放、谁付费，多排放、多付费，混合排放多付费、分类排放少付费”的奖惩方式，取得了较好的成效。我国部分城市亦试图推行垃圾分类收费的政策，如杭州市在 2014 年 12 月正式出台了《关于深入推进市区生活垃圾“三化四分”工作实施意见》，指出要运用经济杠杆促进减量，实施垃圾处理费阶梯式管理，提高生活垃圾减量化、资源化、无害化，分类投放、分类收运、分类利用、分类处置水平[②]。北京市亦曾制定垃圾分类的收费标准，包括每户每月分别为 3 元或 2 元的费用[③]，旨在从费用上促进垃圾分类。居民分类工作若做得好，就可以少花钱，这不仅减少了垃圾分类后续工作，而且还会从源头上促进分类。进而部分居民呼吁对垃圾分类采取奖罚措施。

我觉得垃圾分类要收费的话不太现实，因为涉及的人太多了，处理起来也太麻烦，咱们也不好保证管理部门在垃圾分类的收费上是怎么运作下去的。不过，如果真的和钱有关系的话，我还是会考虑一下进行分类再处理的。毕竟钱嘛，我又没啥钱，你罚一下的话对我的影

---

① 乌尔里希·贝克：《风险社会》，何博闻译，译林出版社，2004。

② 《杭州市人民政府办公厅关于深入推进市区生活垃圾“三化四分”工作的实施意见》，http://www.hangzhou.gov.cn/art/2014/12/30/art_807197_1193.html，2014 年 12 月 30 日。

③ 《北京市生活垃圾收费标准一览表》，http://bj.bendibao.com/zffw/2013913/116944.shtm，2013 年 9 月 13 日。

响还是比较显著的。(LLG)

可见，LLG 并不认可对垃圾分类进行收费，他认为这种收费从制度层面来说是不现实的，实际操作起来复杂性较高。但他还是肯定经济杠杆对他实施垃圾分类行为的可能影响，即准备处理垃圾的时候会考虑可能随之而来的经济处罚。

2. 不确定的惩罚

LLG 虽然不认可对垃圾分类进行收费，但是他在垃圾分类的行为准备阶段还是选择谨慎处理可能面临的罚款。而 DFR 却是一点也不在意经济处罚。原因不仅仅在于他收入十分丰厚、工作稳定、家庭条件好，罚款对他而言显得微不足道。他反而认为罚款这一措施过于直接，将对贫困群体产生不利影响甚至逆反作用，对富裕群体则收效甚微，不利于垃圾分类的有效实施。

为什么要罚款，这是起不到什么效果的。我绝不考虑会不会被罚款的事情。首先，我不是在炫富，这是我要说明的。如果我因为没做到垃圾分类你罚我多少钱？一个月抓一次的话，你罚我一千块钱，我连眼皮都不会眨一下。也许你一个月罚我一万块，我才会有点心痛的感觉，然后我真的会去想我是不是真的该把垃圾分类做了，省下这笔巨额的罚款。但是你想想家庭条件不好的人呢？要是他们的话，你也按照同样的标准，什么“阶梯式”收费，来收取这笔巨额的罚款吗？如果他们被罚了，交不起罚款连生活都有问题。撇开它行不行得通不谈，政府真的要做些什么的话，让我们获得更加便利的条件才是应当被关注的。(DFR)

对 DFR 所处阶层中的居民而言，经济处罚作用有限，而对贫困阶层则不堪其重，无形中诱发了诸多矛盾与冲突。相比于直接的经济处罚，DFR 更加看重潜藏于惩罚措施之中的相关风险。如普遍重视的信用风险，因为相比于确定的经济惩罚，信用危机带来的风险更加具有不确定性。DFR 把这种风险看作可能因为没有进行垃圾分类而接受的惩罚，或者是因为将垃圾分类做得很好而获得的意外收益。他认为把信用评级作为垃圾分类的惩罚措施则更加公平且更加有效，这是解决垃圾分类中个体合理性和集体合理性矛盾的好方法。

> 可以这么说，罚款不应该是想让我们更多地把垃圾分类而采取的手段。我没必要为了垃圾分类付钱，因为我一个人把垃圾分类了并不能对这件事产生多大的影响。那我为什么要为大家的错误买单呢？你要说有一个方法会让我觉得我必须要这么做、不做不行，就是把垃圾分类和我的信用挂钩，和我的车险、房贷挂钩。那我就有一种被推动的感觉去想，“我不这么干”的话可不行。因为对我而言，信用评级的降低，意味着我可能为我的车投保需要花更多的钱，我要为我的房子花更多的钱。我可能因为我没有把垃圾分类而遇到生活的麻烦，也可能因为把垃圾分类做得很好而生活得更加便利。更重要的是，不管是什么社会层次的人，信用对于他们是公平的，判断信用的标准也是公平的。我觉得这么操作的话更加简单易行，也可以减少实施过程中可能的权钱交易。(DFR)

(四) 小结

在垃圾分类的行为准备过程中，主体的衡量过程较为复杂。不同居民在衡量垃圾分类的代价与风险之时，会根据自身基本状况和社会条件而有不同的关注点。一是付出的成本。任何行为在付诸实践之前，作为主体的个体都会衡量一下其需要付出的代价，垃圾分类亦是如此。正如低成本理论[①]所言，居民在垃圾分类前总要“估算”自己需要付出多少成本，付出的太多，垃圾分类行为可能就不会被实施。这里的成本贴近居民日常生活实践，包括操作距离，即居民进行垃圾分类所付出时间的长短、所经历距离的远近，以及分类过程所耗费的物质材料多少等。

二是承担的风险。从严格意义上讲，为实施垃圾分类行为所要付出的成本和要承担的代价是不一样的。成本的付出是居民实施垃圾分类行为时的必然消耗量，而风险的承担却是不确定的。这种不确定对于不同的行为

---

① 转引自周志家《环境意识研究：现状、困境与出路》，《厦门大学学报》（哲学社会科学版）2008 年第 4 期。

主体是可变的，故而亦更加公平。对垃圾分类行为而言，居民承担行为的代价意味着不确定的风险；居民们可能因为顾忌潜在风险对生活的影响而更多地实施垃圾分类行为，也可能敢于应对风险的不确定性而获得更多的益处。后者更能达到一种双赢的局面，即居民不仅能够更好地做到垃圾分类，更能够从垃圾分类中获得良好的体验与收益。[①]

五　垃圾分类的行为实施

经过了前期信息收集和行为准备，行为主体趋向实施垃圾分类行为。即便在垃圾分类行为的具体实施过程中，居民依旧对行为实施的相关因素加以衡量。鉴于其他类型的垃圾涉及范围较广，本研究侧重于围绕与居民日常生活关联紧密的厨余垃圾、可回收垃圾、有害垃圾的分拣与投放过程展开探讨。

（一）对厨余垃圾的处理

厨余垃圾主要是指居民在食物制作、饮食活动中产生的食物残渣、果壳瓜皮、残枝落叶等。调查发现，大多数居民对厨余垃圾的后续处理如制作肥料、饲料、生物燃料等不太了解，加之厨余垃圾含有较高水分与有机物、易腐烂并产生恶臭等特点，他们对厨余垃圾分类并不严格，往往将其等同于厨房里的垃圾，食品包装、纸屑、塑料袋等时常与食物残渣、果皮混杂在一起，并一扔了之。如 QXM 大致对厨余垃圾进行了分类，他先在厨房里放一个垃圾桶专门储存做饭后的废弃物，次日顺便将垃圾投放到楼下的垃圾桶，整个过程并不耗费太多的时间与精力。

> 厨房里面的垃圾是无害的，对环境的污染小。我平时就是把厨房里的垃圾放在厨房那只垃圾桶里，在烧好饭以后就要做好卫生了。因

---

① 《生活垃圾分类制度实施方案》提出，到 2020 年底，在实施生活垃圾强制分类的城市，生活垃圾回收利用率达到 35%。杭州市亦开始探索垃圾强制分类，对不分类的垃圾拒绝清运，结果出现“物业着急、居民疲态”的情形，关键在于居民没有从源头上参与。详见《国务院办公厅关于转发国家发展改革委住房城乡建设部生活垃圾分类制度实施方案的通知》，http://www.gov.cn/zhengce/content/2017-03/30/content_5182124.htm，2017 年 3 月 30 日；《杭州部分小区强制生活垃圾分类，这个方法可行吗?》，http://n.cztv.com/news/12487436.html，2017 年 4 月 12 日。

> 为这样比较快捷干净嘛。就在厨房里面放一个垃圾桶，直接把烧饭的垃圾收起来，又快又不费脑子，我很顺手就放起来了。然后我早上出门溜达，下楼的时候就顺道扔掉了。就扔到楼下的绿颜色的桶，别的垃圾的话全部扔进黄色的垃圾桶。没什么别的原因，那些垃圾桶就放在那里，既然已经有了条件，不用的话总不好。在家的时候我就把厨房里的垃圾分开来放了，拿出来就已经是分好类的了。我下楼的时候顺路就这么扔了，挺方便的吧。（QXM）

外部设施的完备情况也是居民在垃圾分类的过程中考虑的因素。如 QS 公寓的每幢单元楼的楼下都配有绿色的厨余垃圾桶和黄色的其他垃圾桶。QXM 之所以在家里进行初步的垃圾分类并分别投放，原因在于他觉得楼下的垃圾桶“有用”“顺路就扔了”。而 P 园并非垃圾分类试点小区，单元楼下只有一个垃圾桶，这对 DFR 的厨余垃圾分类行为产生一定的制约。虽然他也在家进行初步分类，但一般将装有厨余垃圾的垃圾袋放到家门口，等待物业工作人员上门处理。一旦需自行投放，则觉得远距离投放很麻烦，他就随手将原本已经初步分类的生活垃圾一并扔进垃圾桶。

> 我在厨房里有个专门放垃圾的小桶，我做饭以后的残留物就直接放进那个小垃圾桶了。这样很省事的。然后我打扫好厨房卫生之后就把那些垃圾袋子装起来放在楼梯口，也就是这个门口。因为厨房垃圾放不久，时间一长就会脏、臭，还会招虫子。我这么放在门口，等早上就有专门的人来收的。有一段时间那个来收的人没来了，我就把垃圾都拿到楼下去扔了。没法分开放，谁叫我们楼下只有一个垃圾桶呢。厨房垃圾这种一天至少要扔一次的东西要我特地走到别人楼下或者小区门口去扔，也太麻烦了吧！（DFR）

（二）对可回收物的处理

可回收垃圾是指可再生循环利用的废弃品，包括纸类、塑料制品、玻璃、橡胶制品、金属等。居民对可回收垃圾的处理大抵经历着从分类保存到随手一扔的演变。以前，收购废品者经常走街串巷，从居民那儿回收塑料瓶、旧报纸等物质材料，再转售给废品回收站，而居民则从废品回收的交易中获得经济收益，促使他们将可回收物质从生活垃圾中单独分拣出来，并储存出售，即废品回收活动无形之中促进了居民实施垃圾分类行为。但随着城市化进程的加速、社区陌生化程度的加深以及城市管控力度的加强，回收废品的小贩和私营废品回收站逐渐从居民日常生活中消失，分拣与储存可回收物品由“出售换钱”变成了“徒添麻烦”，于是大多数居民不再分拣可回收物品，而是一股脑儿地扔进垃圾桶。当然，物业清洁人员可能扮演分拣者的角色，但末端分拣实则反映出居民源头分类的不足，且不利于居民垃圾分类习惯的养成。

> 塑料瓶啊，可回收物嘛，这种东西初中就有教了。以前的话我把用过的塑料瓶找个地方存起来，因为可以卖的。小区附近会有收这种塑料瓶还有一些其他废品的人，蹬着三轮车来回喊。等他来的时候我爸妈就会叫住他，把塑料瓶还有一些旧报纸通通卖了。我记得那时候卖了的钱还是给我的，塑料瓶五毛一个，很大一堆报纸好像卖不到十块钱吧，钱不多，我零用足够了。我很高兴地把自己喝完的可乐瓶都放起来，堆在阳台上。每次都能卖了。这几年回收废品的人越来越少了，卖掉的钱也是越来越少，于是我就把这些东西随手一扔，懒得处理了。（LLG）

（三）对有害垃圾的处理

有害垃圾是指对人体健康、外在环境造成现实危害或潜在危害的重金属、有毒物质等废弃物，包括废电池、废灯泡、过期药品与化妆品等。居民大多对有害垃圾的危害有着较好的认识，但在日常生活实践中往往缺乏配套、完整、便捷的处理措施，致使居民对有害垃圾只是简单地加以处理，远未达到有针对性、分类实施的层次。如 DFR 处理废电池并非直接一扔了事，而是将废电池存放在小盒中等待专人收取，在无人收取时只得将其包起来扔进楼下垃圾桶。

> 废电池是有害的，如果暴露在土壤里的话，电池会烂掉，释放出辐射和重金属污染土壤，我们还怎么吃东西……所以我不会把电池随便乱扔。你不得不承认的是，把电池分类处理了实在是太不方便了。

我的家里有着很多的小电器，遥控器、闹钟、手电筒等，它们都要用到电池。我就在家门口放了一个小盒子，平时就是把用过的电池放进这个纸盒里。对，就是过渡一下。等着有人上门回收处理，但是从来没有人来收过。我只能把电池扔进垃圾桶了。当然不会直接扔了，我拿一个塑料袋把所有要扔的废电池包起来，方便后面人分拣开来处理嘛。(DFR)

（四）小结

在垃圾分类行为的具体实施过程中，居民的主体衡量持续存在，除开信息整合、时间多少、距离远近、物质投入等成本核算与经济处罚等风险判断，侧重于围绕效率、利益因素、价值意义等做出衡量。

首先，效率至上。在对待厨余垃圾时，QXM 和 DFR 都在各自的厨房设置了一个小垃圾桶专门用来收集厨余垃圾，能够在最短的时间内完成对厨余垃圾的分拣，而且不需太多的分类信息与分类知识。由于垃圾桶等外在条件的不同，QXM 和 DFR 两人都选择了对本人而言最方便快捷的方式，对于 DFR 来说，只有一个垃圾桶，全部扔进去才是最不麻烦的。行为主体很容易在行为过程中选择“捷径”。在垃圾分类之中，居民们容易做出“用时最短”“扔到最近的垃圾桶”“最省力”的选择。

其次，适度激励。对待塑料瓶等可回收垃圾，LLG 回忆了在有偿回收情形下，自己是如何积极地实施分类处理，而后随着有偿回收的减少甚至消失，则不再愿意对可回收垃圾进行分类处理。行为主体如果在分类行为的实施过程中有适度的激励，那么行为主体则更乐意持续这一行为。当然，激励并不仅仅是物质收益，更重要的是让行为主体获得肯定、赞赏等良好体验。

最后，彰显价值。行为主体在垃圾分类行为实施过程中通常会选择与其价值观相一致的方式。如在对待废旧电池等有害垃圾时，DFR 虽然认识到有害垃圾随意处理可能带来的污染，但因基础设施的缺乏，致使垃圾分类行为中止，最终只得将废旧电池包起来和别的垃圾混装在一起。

六　垃圾分类的行为反思

垃圾分类行为并非一次性举动，居民在日常生活实践中可能时常、反复实施。单次垃圾投放行为的完成并不意味着主体衡量过程的结束，行为主体依然可能对行为实施过程、相关因素加以回顾反思，重塑主体对垃圾分类意义的理解，进而影响着垃圾分类行为的后续实施。对实施垃圾分类行为的居民而言，他们非常关注整个垃圾分类的处理过程，这一过程实则是行为主体建构垃圾分类意义的过程，关系到居民对垃圾分类意义的长远看法，对他们是否再次实施垃圾分类行为产生持续影响。

（一）关注后续处理过程

1. 不做“城市拾荒者”

城市居民实施生活垃圾分类行为的过程属于垃圾处理的前端环节，后续过程涉及精细分类、垃圾清理运输、垃圾处置等环节，而拾荒者亦是生活垃圾初步分类过程的参与者。与城市人不同的是，拾荒者对垃圾分类产生“贡献”的过程大多发生在大街小巷等公共空间之中，而居民的垃圾分类行为大多发生在较为私密的生活空间之内，如家里、楼道里、房门口等。本研究发现，由于城市居民的理性化程度相对较高，更加注重效率和隐私，他们更愿意完成私域环境行为，即实施垃圾分类行为的居民希望能够有条件让他们可以在私域空间内最大效率地完成垃圾分类，而不是带入公共空间中去处理，这与城市人的形象、身份及生活方式不相符合。如DFR 自嘲“长途跋涉去做垃圾分类”就“像个‘捡垃圾’的人”。

> 如果让我长途跋涉去做垃圾分类，这不可能。相信别人也不可能做到。我可不会在公共场所进行垃圾分类。这样看上去我不就像个“捡垃圾”的人么。我肯定是在家里把垃圾包好的，走到楼下，见到垃圾桶就扔了。小区门口的垃圾桶那么远，我扔垃圾还要走那么远，太麻烦了，我还是扔楼下。（DFR）

2. 对分类垃圾后续处理的疑惑

对投入垃圾桶后的垃圾再实施分类处理，被称为二次分拣。二次分拣比居民初次分类更为精细，且分拣后的垃圾将进入最终的处理环节。居民尤为关心垃圾处理部门对初步分类垃圾的精细分拣、分类运输及分类处置等。实际上，行为主体需要通过衡量行为价值来确定是否再次实施垃圾分类行为，即居民期望初步分类的垃圾在后续环节亦得到分类处理，借此来判断自身垃圾分类行为的价值——自身实施的垃圾分类行为发挥着相应作用。若后续环节未遵循分类处理的原则，则会影响行为主体对垃圾分类行为实施的价值判断及其行为实施的意义，致使行为主体对再次实施垃圾分类行为产生怀疑，即“自身行为毫无意义”。

> 你别看我们楼下有两个垃圾桶，我观察过，来后续处理的工作人员也没有做到垃圾分类。我们把垃圾中的厨房垃圾分开来专门放在绿色的桶里面，但是工作人员还是把它们一股脑儿统一装车拉走了。他们自己都没有做到垃圾分类。我们小区是试点小区，为了促进咱们大家做到垃圾分类，那么首先政府就得做出榜样来。我们关心后续的分类是否真正实施了。如果人家后续不处理，那我们还不如不做。(QXM)

（二）不愿被当作异类

垃圾分类是一项系统工程，需要全社会的共同努力。居民时常关注日常生活实践领域中其他人实施垃圾分类行为的状况，并往往根据别人实施垃圾分类行为的情况和别人对自己进行垃圾分类行为的看法来衡量决定是否再次实施垃圾分类行为。人们通常会想，单个人的不合作不会对集体造成多大的危害，或者就算自己做得再好，别人不配合也只能使自身努力变成无用功，即产生“自己一个人采取环保行为没有意义”的个体无功效意识[①]，进而阻碍后续垃圾分类行为的实施。只有当行为主体明确意识到，自己实施的垃圾分类行为与大多数人行为一致，自己的行为亦被别人理解与支持，行为主体才会更愿意实施垃圾分类行为，方才能突破社会两难论问题的困境。

> 垃圾分类不是一个人就能做到的事情，它是需要全社会进行努力的事情。别人总想着，“我自己好好垃圾分类了，其他人不这么做的话，我再垃圾分类有什么作用”。人人都会这么想，但是人人都这么想可不行。要是人人都这么想，那所有人就都不去做了。没人去做的

① 转引自中国公众环境素质评估指标体系研究项目组《中国公众环境素质评估指标体系研究》，中国环境科学出版社，2010，第 27 页。

> 话垃圾分类的情况就会变得更糟，变成一个恶性循环。我觉得我现在做得挺好，我起码把厨房垃圾分好了再扔出去。可是别人看了我就会不理解，他们会把我当作一个异类。连我自己的儿子有时候都觉得我很奇怪，可能是我每次让他们帮忙扔垃圾的时候都千叮万嘱的吧。总之啊，一个巴掌还是拍不响的。不过我平时也没啥别的事，我也不在乎别人咋看我，我一个人能做出的贡献再少，我也愿意去垃圾分类。我估计换个人就不行了，换个人还会不会和我一样呢。(HMY)

居民普遍认为需要创造条件让大家养成垃圾分类的习惯，这一习惯能够促进越来越多的人参与垃圾分类，进而促使新的行为转变为习惯性环保行为[①]，最终形成居民普遍实施垃圾分类行为的良性循环。如 HMY 认识到群体行为的困境是行为主体实施垃圾分类行为的较大障碍，同时她也看到了利用群体促进行为主体实施垃圾分类行为的希望。

> 我觉得关键还是让大家都养成一个习惯吧。我一个人当然不行，人和人之间总是在相互影响嘛。越来越多的人能够养成垃圾分类的好习惯的话，就会有越来越多的人再加入进来。其实很多人还是有意识的，他们还在观望，总要有人开这“第一枪”，有人开了头以后就算条件再不好，他们也会这么做的。(HMY)

七　结语与启示

（一）生活者视角对垃圾分类行为主体衡量过程的解读

首先，垃圾分类行为主体衡量的过程，是行为主体基于对日常生活实践中垃圾分类过程的判断而进行的心理过程。这一过程可以归纳为信息收集、行为准备、行为实施和行为反思四个阶段。在信息收集阶段，行为主体为衡量是否有必要进行行为准备而收集和理解已知信息。在行为准备阶

---

① Dahlstrand, U., Biel, "A Pro-environmental Habits: Propensity Levels in Behavioural Change," *Journal of Applied Social Psychology* 27 (1997): 588 - 601.

段，行为主体经过衡量实施垃圾分类行为的成本和可能风险而对后续行为的实施做出判断。在行为实施阶段，行为主体衡量依然存在，但是关注的内容转向更为抽象的效率、激励和价值三个方面的需求。在行为反思阶段，行为主体依然会对行为的全过程、相关因素加以回顾，尝试重塑垃圾分类价值与意义，再决定是否再次实施垃圾分类行为。垃圾分类行为主体衡量的四个阶段是连续的，而且任何一个阶段遇到的阻碍都会造成行为实施的困境，致使行为中止或放弃。当然，这四个阶段的划分带有理想类型的性质，以便于更好地理解主体衡量的过程。在居民日常生活实践中，四个阶段并非截然区分，时常混同一体，且可能呈跳跃反复而非单一线性方式演化。

其次，居民对垃圾分类行为的主体衡量，是其发挥主体性、判断哪些因素对自身垃圾分类行为的实施产生影响的过程。本研究发现，居民在主体衡量过程的不同阶段侧重的要素存在差异，主要包括信息、操作距离、物质资料、风险收益等要素。

在信息因素方面，居民侧重于关注垃圾分类信息是否易于理解与接受。虽然居民大多对垃圾分类有着基本的认识，亦具备一定的分类知识，但尚不完整。居民要做到正确合理的垃圾分类，依赖于可被理解的信息，通过理解这些信息指引自己的行为准备。但这些信息过于抽象、不够具体，不能最大程度地被城市居民接受，这就注定了城市居民无法实施正确的垃圾分类行为，预示着从一开始就不利于垃圾分类的开展。

在操作距离上，居民侧重于关注实施垃圾分类行为所需付出的时间和所要跨越的空间距离。垃圾分类需要耗费一定的时间和精力，一是信息理解程度越低或分类知识越缺乏，居民分类垃圾需耗费的时间越长；二是不合理放置的垃圾桶增加了居民实施垃圾分类行为所需的时间，同时也拉长了居民实施垃圾分类行为需要经过的距离。

在物质资料方面，居民关注的是实施垃圾分类行为所付出物质成本的多少。物质成本是一个较现实的衡量因素，所耗物质资料直接影响着居民垃圾分类的行为准备过程。若居民自身储存的垃圾回收物质资料有限，随着物质资料的不断消耗，居民实施垃圾分类行为的意愿也会逐渐降低。

从风险和收益的要素来看，居民关注的是若未实施垃圾分类行为可能需承担的不确定的风险，以及自己正确实施垃圾分类行为所可能获得的收益。这是控制居民实施垃圾分类行为的阀门。当居民衡量自己无法承担即将面临信用受损等不确定性风险，或者自己可以从实施垃圾分类行为中获得一定收益时，居民就会为实施垃圾分类行为做准备。

最后，居民对垃圾分类行为的主体衡量过程，是主体建构垃圾分类行为价值与意义的过程，具体包括行为效率、行为价值和主体角色的建构。对垃圾分类行为效率意义的建构，是行为主体结合实施垃圾分类行为所需信息的理解、操作距离的远近、物质成本的多少进行主体衡量，进而判断垃圾分类行为有效性的过程。在居民垃圾分类行为的过程之中重视有效性，提供更易理解的垃圾分类信息、拉近操作距离、提供物质资料，这些都有助于提升垃圾分类行为的有效性，促使垃圾分类行为更为便捷、有效地实施。

对垃圾分类行为价值的建构，是行为主体结合实施垃圾分类行为可能遭遇的不确定因素与自己已有的价值观进行主体衡量，来判断实施垃圾分类行为对于自己的价值意义的过程。在垃圾分类行为价值意义的建构过程中，不确定的因素包括行为主体可能遇到的对自己不利的风险和对自己有益的获利机会。结合自我价值观，居民会自觉在垃圾分类行为实施中“趋利避害”。

对垃圾分类行为主体角色的建构，是行为主体结合自己实施垃圾分类行为的作用与社会群体的作用进行主体衡量的过程，是行为主体确认自己行为主体性的过程。居民实施垃圾分类的行为，实则是期望自己的行为发挥作用。然而他们没有办法控制垃圾分类的后续处理和生活实践中其他主体的行为。居民们需要衡量垃圾分类的后续处理和其他主体的行为来判断自身垃圾分类行为的价值，让他们感受到自己进行垃圾分类是积极有效的，他们就会更加愿意进行垃圾分类。

（二）确立城市居民的主体性，更好地促进垃圾分类行为

生活垃圾分类问题是一个社会两难的问题。人们会觉得，为了我们的生活环境，垃圾分类是我们必须要做到的事情，但是自己懈怠亦没有多大的影响，或者即使自己做出了努力，也不会对客观现状做出实质性的改变。实际上，造成现如今城市生活垃圾分类的问题的重要原因在于行为主体性的缺失。每个个体都希望自己的生活环境变得更加美好。故本研究认

为若要突破生活垃圾分类问题的社会两难困境，就需要根据行为主体衡量的过程消除行为障碍，从根本上确立起居民的主体性①。

首先，重视有效性的“有用准则”。一是让在垃圾分类中传递的信息变得更加具体、清晰和形象，使行为主体可以更好地获悉与理解垃圾分类信息。二是完善专用垃圾桶、专门垃圾站等基础设施的建设，提供上门指导或者楼栋回收等服务，缩短居民实施垃圾分类行为的时间，拉近居民与垃圾分类的距离，进而促进居民更便捷、更有效地实施垃圾分类行为。三是为居民提供垃圾分类所需专用垃圾袋等物质资料，减少居民实施垃圾分类行为的成本投入。

其次，重视价值观的“原则准则”。垃圾分类行为的实施往往与生活者的价值观有着内在一致性。结合居民的日常生活实践，突出垃圾分类节约资源、改善环境质量、满足美好生活需求等特质，通过大力开展垃圾分类的宣传和持续有效的环境教育与环境体验，促使居民逐渐将垃圾分类这一新时尚内化到自身价值观之中，并付诸实践，逐渐养成垃圾分类的好习惯。

最后，重视与其他生命共鸣的“共感准则”。居民们需要衡量垃圾分类的后续处理环节和社区内其他成员的行为来判断自身垃圾分类行为的意义，这就需要政府部门及时公布垃圾分类各环节的具体信息，切实做到垃圾分类的全过程处理；同时增强社区居民之间的相互交流，让居民感受到自身实施的垃圾分类行为与其他人的行为有着内在一致的关联，形成以实施垃圾分类行为为荣的社区新风尚，共同为资源的节约利用、环境质量的改善做出应有的贡献。

从生活者的角度来说，重视以上三点准则再开展垃圾分类，就不仅仅是让居民们明白“生活垃圾需要我们分类”“不分类会造成环境污染”，还要让居民们明白垃圾分类是为了让我们生活得更好，不分类反而会遭遇麻烦。

不可避免，本研究亦存在诸多不足：本研究尝试将垃圾分类实施的结构制约与行为主体的能动反应相结合，以探讨生活者的主体衡量过程，故有必要在后续的研究中开展基于问题调查的实证研究，以检验本次研究成果。本研究的“田野点”是 QS 公寓和 P 园，这两个小区一个是试点小区

① 鸟越皓之：《环境社会学——站在生活者的角度思考》，宋金文译，中国环境科学出版社，2009，第 58 ~ 62 页。

而另一个不是，本研究未能就两个小区可能的区别展开对比研究，没有从两个小区的差别上理解被访者主体衡量的差异。另外，二者皆是中高档小区，相关结论是否适宜于老旧小区、贫困小区、农转居小区等其他类型的社区，值得进一步考虑。①

① 卢晖临、李雪：《如何走出个案：从个案研究到走出个案研究》，《中国社会科学》2007年第1期。

第七章 大学生环境行为*

本研究在梳理国内外学者有关环境态度、环境身份和环境行为研究成果的基础上，引入国外环境身份量表、环境行为量表和国内环境关心量表（CNEP），结合大学生环境素养调查数据，采用多元线性回归、路径分析等统计方法，着重探究环境身份、环境态度对大学生绿色消费行为和环境参与行为的相应影响。

一 问题的提出

改革开放以来，随着工业化和城市化进程的加速，我国经济飞速发展，居民生活水平有了极大的提高。然而在发展过程中未能处理好经济发展与环境保护之间的关系，致使我国环境问题形势严峻，给社会经济发展带来巨大损失的同时，对居民的生活和健康亦造成了严重的威胁。随着消费主义的盛行，生活型污染已成为环境问题的重要方面。实际上，公众在日常生活中产生的废弃物，如生活污水、生活垃圾和生活废气等，直接或间接地危害环境，成为环境污染与生态破坏的重要致因①。而长期以来，我国环境保护主要针对工业“三废”、农业面源污染等生产型环境问题进行治理，虽取得了较大成效，却相对忽视了生活型污染的治理。此外，我国奉行政府主导型的环境治理模式，更多地强调政府部门在环境保护与环境治

* 本章的主要内容以《环境身份、环境态度对大学生环境行为的影响分析》为题发表在《求索》2020 年第 4 期上。

① 彭远春：《试论我国公众环境行为及其培育》，《中国地质大学学报》（社会科学版）2011 年第 5 期。

理中的责任与作用，无形之中致使公众自我避责倾向严重、参与水平不高①，进而影响环境状况的改善与环境治理能力的提升。实际上，环境污染与公众日常行为密切相关，环境保护与环境治理需要公众广泛、持续地参与。

大学生作为特殊的社会群体，正接受着系统的教育，他们的价值观念与行为方式具有较强的可塑性。同时，作为公众的重要组成部分，大学生是环境保护工作的重要参与者，他们不仅塑造着自身的环境行为，亦对其他社会群体了解和参与环境保护产生影响。此外，大学生是社会建设的生力军，有相当一部分人将来会成为决策者，是环境保护和可持续发展的重要推动力。因此，注重培养大学生的环境素养，提升其环境关心与环境行为水平，挖掘大学生促进环境保护的潜力，对我国生态文明建设、践行可持续发展战略、实现现代化目标都有着重要的意义。由此，本研究基于大学生环境素养调查数据，侧重于探究环境身份、环境态度对大学生不同类型环境行为的可能影响。

二　文献回顾

20 世纪 70 年代以来，诸多学者侧重于探讨环境态度对环境行为的影响，但往往发现环境态度对环境行为的解释力较弱，甚至两者并不存在相关性。而近年来国外学者依据认同理论提出环境身份概念，并深入探究其对环境行为的影响，试图以此来弥补相关研究之不足。

（一）国内外关于环境态度与环境行为的研究

环境态度与环境行为的研究模式起源于态度与行为的关系研究，故诸多环境行为研究往往预设环境态度是环境行为的主要影响因素②，侧重于

① 谢秋山、彭远春：《政府、企业和公民：中国环境治理的责任困境》，《天府新论》2013 年第 5 期。

② Mainieri，T.，et al.，"Green Buying：The Influence of Environmental Concern on Consumer Behavior，" *Journal of Social Psychology* 137（1997）：189－204；Barr，S.，"Strategies for Sustainability：Citizens and Responsible Environ-mental Behavior，" *Area* 35（2003）：227－240；Tanner，C.，Kast，S. W.，"Promoting Sustainable Consumption：Determinants of Green Purchases by Swiss Consumer，" *Psychology and Marketing* 20（2003）：883－902；常跟应、李曼、刘书朋：《我国家庭废物回收的社会人口、心理机制研究》，《东北大学学报》（社会科学版）2010 年第 1 期；王国猛、黎建新、廖水香：《个人价值观、环境态度与消费者绿色购买行为关系的实证研究》，《软科学》2010 年第 4 期。

探讨如何界定与测量环境态度。早期的研究对环境态度的理解相对宽泛，时常与环境意识、环境素养、环境关心、环境价值观等概念交替使用，包含认知、情感、行为意向甚至实际行为等成分，后来逐渐将实际行为成分排除在环境态度之外。自 20 世纪 70 年代起，国外学者就设计了诸多环境态度量表来预测环境行为，如生态态度和知识量表、新环境范式量表（NEP）、环境意识量表等[①]。目前国际上普遍采用的环境态度量表是新环境范式量表[②]。相比于其他量表而言，新环境范式量表测量人的生态世界观，关注个人对环境以及人与环境关系的看法与信念，包括自然平衡、人类中心主义、人类例外主义、生态危机和增长极限等方面的内容，并在实际应用中反映出良好的内部一致性和单一维度。[③] 国内学者在测量环境态度时亦通常采用国外的 NEP 量表，然而该量表在国内应用时具有内部一致性不强、预测效度偏低等问题，因此学者们根据国内的现实情况对 NEP 量表进行了修正，构建出包含十个项目的中国版 NEP 量表，即 CNEP 量表[④]。

然而有研究发现用一般环境态度对特定环境行为的预测力很有限，如海因斯等通过对 128 项经验研究进行元分析发现，一般环境态度同特定环境行为之间的相关系数平均为 0.35[⑤]；另有学者对 17 项经验研究的元分析表明，其平均相关系数仅为 0.26[⑥]。进而有学者将环境态度分为对自然环境的一般环境态度和针对某一具体环境行为的特定环境态度。[⑦] 但相比于

---

① 周志家：《环境意识研究：现状、困境与出路》，《厦门大学学报》（哲学社会科学版）2008 年第 4 期。

② Dunlap, R. E., Van Liere, K. D., Mertig, A. G., et al., "Measuring Endorsement of the New Ecological Paradigm: A Revised NEP Scale," *Journal of Social Issues* 56 (2000): 425 - 442.

③ 洪大用：《环境关心的测量：NEP 量表在中国的应用评估》，《社会》2006 年第 5 期；肖晨阳、洪大用：《环境关心量表（NEP）在中国应用的再分析》，《社会科学辑刊》2007 年第 1 期。

④ 洪大用、范叶超、肖晨阳：《检验环境关心量表的中国版（CNEP）——基于 CGSS 2010 数据的再分析》，《社会学研究》2014 年第 4 期。

⑤ Hines, J. M., Hungerford, H. R., Tomera, A. N., "Analysis and Synthesis of Research on Responsible Environmental Behavior: A Meta-analysis," *The Journal of Environmental Education* 18 (1987): 1 - 8.

⑥ Bamberg, S., "How Does Environmental Concern Influence Specific Environmentally Related Behaviors? A New Answer to an Old Question," *Journal of Environmental Psychology* 23 (2003): 21 - 32.

⑦ Kaiser, F. G., Wölfing, S., Fuhrer, U., "Environmental Attitude and Ecological Behavior," *Journal of Environmental Psychology* 19 (1999): 1 - 19

具体环境态度而言，一般环境态度不易受情境改变的影响，具有一定的稳定性，因而能够超越客体和情境预测多种行为，而具体环境态度则不具有推广的功能。故环境态度与环境行为之间的关系需要引入其他一些因素加以解释。

此外，国内外学者把环境态度作为绿色消费的影响因素进行了大量研究，侧重于探讨环境态度和绿色消费行为之间到底有无关系。一种观点认为态度对绿色消费有着显著的影响。如有学者根据美国消费者的消费特点，将绿色购买态度分为食品添加剂的担忧和食品的营养含量，实证研究表明，消费者的绿色购买态度显著影响其绿色食品的购买行为。[①] 另有研究发现环境意识和绿色消费呈正相关，但这种相关程度会因为环境意识的维度不同以及样本构成的不同而发生变化。[②] 杨晓燕、王秀芝在梳理相关文献的基础上，将公众的生态环境意识分解为对绿色产品的信念、对环境危机的感知、对可持续生活方式的认识三个层面，并着重探讨其对消费者绿色购买的影响，发现消费者的绿色产品信念对绿色购买有显著影响。[③] 王国猛、黎建新、廖水香等在借鉴国外相关理论的基础上，从环境问题严重性、团体责任水平、环境友好不便性、环境友好重要性四个方面探讨了环境态度对绿色购买行为的影响，发现环境态度对绿色购买有着显著正向影响。[④]

另一种观点则认为绿色消费态度对绿色消费的影响较小，甚至没有相关性。如有学者从群体身份认同、重要他人、行为预期及有效性感知等方面解释了消费态度和能源消费行为间的偏差。[⑤] 有研究者则从产品供给、产品信息和价格、传统规范、生活习惯等方面阐述消费态度与消费行为的

---

① Homer, P. M., Kahle, L. R., "A Structural Equation Test of the Value-Attitude-Behavior Hierarchy," *Journal of Personality and Social Psychology* 4 (1988): 638 - 646.

② Schlegelmilch, B. B., Bohlen, G. M., Diamantopoulos, A., "The Link between Green Purchasing Decisions and Measures of Environmental Consciousness," *Journal of marketing* 1 (2013): 104 - 119.

③ 杨晓燕、王秀芝：《城市居民绿色消费现状及影响因素调查》，《消费经济》2009 年第 2 期。

④ 王国猛、黎建新、廖水香等：《环境价值观与消费者绿色购买行为：环境态度的中介作用研究》，《大连理工大学学报》（社会科学版）2010 年第 4 期。

⑤ Gupta, S., Ogden, D. T., "To Buy or Not to Buy? A Social Dilemma Perspective on Green Buying," *Journal of Consumer Marketing* 6 (2009): 376 - 391.

差异。[1] 陈凯、赵占波侧重于从群体压力、行为感知有效性及可获得性、产品信息等因素探讨个体态度与行为之间出现差距的原因。[2] 万松钱、鞠芳辉则采用实验研究的方法对大学生绿色消费进行了研究，结果表明：低水平的行为可获性感知和社会规则能够较好地解释绿色消费中的“态度-行为”差距。[3] 另有一些研究者借助计划行为理论对绿色消费展开探讨，如张露、帅传敏、刘洋发现行为意向显著影响消费者的绿色购买行为，知觉行为控制通过行为意向间接影响绿色消费行为；同时，主观规范对外向型的消费者影响更显著，态度变量对内向型的消费者更具影响力。[4]

可见，既有研究对环境态度和绿色消费行为之间关系的探讨多集中于个体微观层面的心理性视角，强调绿色消费的实施是个体在心理规律作用下的自主选择过程，相对忽视社会结构、社会制度等宏观条件的制约作用，故急需从消费的社会结构及其变化、消费分层及其社会意涵等方面来深化既有研究。总而言之，既有研究侧重于将环境态度界定为个体对环境这一客体以及个体对环境行为的态度，其遗漏了一个重要的成分，即个体对自我的态度。于是，对环境行为产生直接影响的因素——环境身份（Environmental Identity）[5] 逐渐引起了社会学者的普遍重视，成为研究环境行为的一个崭新的理论视角。

（二）国内外关于环境身份与环境行为的研究

既有的环境态度和环境行为间的关系研究仅仅强调了环境行为产生的

① Papaoikonomou, E., Ryan, G., Ginieis, M., “Towards a Holistic Approach of the Attitude Behaviour Gap in Ethical Consumer Behaviors: Empirical Evidence from Spain,” *International Advances in Economic Research* 1 (2011): 77-88.

② 陈凯、赵占波：《绿色消费态度-行为差距的二阶段分析及研究展望》，《经济与管理》2015年第1期。

③ 万松钱、鞠芳辉：《绿色消费中的“态度-行为意向”差距及其政策含义》，《东北大学学报》（社会科学版）2012年第3期。

④ 张露、帅传敏、刘洋：《消费者绿色消费行为的心理归因及干预策略分析——基于计划行为理论与情境实验数据的实证分析》，《中国地质大学学报》（社会科学版）2013年第5期。

⑤ Environmental Identity 一词有两种译法，即环境身份和环境认同，本研究借鉴刘立波等人的研究成果，采用第一种译法。本研究认为环境身份是指个体与自然环境的相关联时所产生的一系列有关自我的意义以及经由社会结构因素建构的自我概念。参见林兵、刘立波《环境身份：国外环境社会学研究的新视角》，《吉林师范大学学报》（人文社会科学版）2014年第5期；刘立波：《环境身份理论视角下的行动者环境行为研究》，《生态经济》2015年第10期。

心理过程因素，忽略了社会结构因素的作用，而环境身份的引入则有助于弥补这一不足。环境身份理论产生于20世纪90年代的美国，先后经历了从关注心理性因素到社会性因素的发展历程。首先，魏格特（Weigert）认为，环境身份是在个体与自然环境关联并互动的过程中，形成的一种动态性的自我概念。① 然而这种关于环境身份的分析侧重于关注社会过程，相对忽视了与社会相互作用的自然环境的影响。环境身份应当与性别、种族及国籍等其他身份相似，是来自与自然的交往和社会性的建构，进而提供了一种我们属于哪个组别或群体的意识②。斯代特（Stets）等人则提出了富有社会学意涵的环境身份概念，即环境身份是人与自然环境相关联时，所赋予自我的一系列意义；与性别、职业等身份一样，环境身份是个体多重身份体系的一个类型，并按照层级加以排列。③ 可见环境身份这一界定不仅包括环境身份的主观自我意识层面，还强调环境身份的身份类型化和多重身份的结构层级性，凸显其社会性特征。④

关于环境身份测量同样最先出现在心理学领域，最早的“IOS量表”（Inclusion of Other in Self Scale）假定个体具有与自然环境关联的信念，指出自我应包含他者的测量⑤。后有学者在此基础上提出了“INS量表”（Inclusion of Nature in Self Scale），侧重于测量自我中包含自然的信念程度⑥。尔后发展出了“24项环境身份量表”（24-item Environmental Identity Scale），包托显著性、自我认同、思想意识、积极的情感、自传五个方面的内容⑦。

---

① Weigert, A. J., *Self, Interaction and Natural Environment: Refocusing Our Eyesight* (New York: State University of New York Press, 1997), p. 159 - 175.

② Clayton, S., *Environmental Identity: A Conceptual and An Operational Definition*, In Clayton, S., Opotow, S. (Eds.), *Identity and the Nature Environment: The Psychological Significance of Nature* (Massachusetts: MIT Press, 2003).

③ Stets, J. E., Biga, C. E., " Bringing Identity Theory into Environmental Sociology," *Sociology Theory* 21 (2003): 409 - 435.

④ 林兵、刘立波：《环境身份：国外环境社会学研究的新视角》，《吉林师范大学学报》（人文社会科学版）2014年第5期。

⑤ Aron, A., Aron, E. N., Tudor, M., "Close Relationship as Including Other in the Self," *Journal of Personality and Social Psychology* 60 (1991): 241 - 253.

⑥ Dutcher, D., *Landowner Perceptions of Protecting and Establishing Riparian Forests in Central Pennsylvania* (Pennsylvania State University, 2000).

⑦ Clayton, S., *Environmental Identity: A Conceptual and An Operational Definition.* In Clayton, S., Opotow, S. (Eds.), *Identity and the Nature Environment: The Psychological Significance of Nature* (Massachusetts: MIT Press, 2003).

斯代特等则将环境身份置于多重社会层级结构之中，提出具有社会学特征的“11 项环境身份测量”，不仅包含整体环境身份的测量，还包括环境身份的显著性（salience）、突出性（prominence）和承诺性（commitment）等特性的测量。[①]

国外一系列研究证明，环境身份对各种环境行为具有直接的显著影响，如节约能源[②]、回收利用[③]以及环境运动[④]等。另有研究发现，具有积极行动者、环保主义者、动物关爱者身份的个体更倾向于实施环境行为，这三种身份能够解释环境参与行为 27% 的方差[⑤]。

上述研究主要针对某种具体或特定的环境行为开展，有学者则利用环境身份对一般意义上的环境行为进行探究，发现整体环境身份以及环境身份的显著性、突出性、承诺性对环境行为有着直接的影响，且相比于后果意识，环境身份对环境行为的影响更大；当控制个体的环境身份时，生态世界观对环境行为并无显著影响。[⑥] 环境身份不仅直接影响和预测环境行为，亦通过环境态度间接影响行为[⑦]，或在环境身份的调节作用下，影响环境行为的其他因素，如利己主义价值观、过度消费的生活方式之作用会消失，从而产生与环境身份相符的环境行为[⑧]。

---

① Stets, J. E., Biga, C. F., “Bringing Identity Theory into Environmental Sociology,” *Sociology Theory* 21 (2003): 409 - 435.

② Clayton, S., *Environmental Identity: A Conceptual and An Operational Definition.* In Clayton, S., Opotow, S. (Eds.), *Identity and the Nature Environment: The Psychological Significance of Nature* (Massachusetts: MIT Press, 2003).

③ Mainieri, T., Barnett, E. G., Valdero, T. R., et al., “Green Buying: The Influence of Environmental Concern on Consumer Behavior,” *Journal of Social Psychology* 137 (1997): 189 - 204.

④ Fielding, K. S., McDonald, R., Louis, W. R., “Theory of Planned Behaviour, Identity and Intensions to Engage in Environmental Activism,” *Journal of Environmental Psychology* 28 (2008): 318 - 326.

⑤ Kempton, W., Holland, D. C., *Identity and Sustained Environmental Practice.* In Clayton, S., Opotow, S. (Eds.), *Identity and the Natural Environment: The Psychological Significance of Nature* (Massachusetts: MIT Press, 2003): 317 - 342.

⑥ Stets, J. E., Biga, C. F., “Bringing Identity Theory into Environmental Sociology,” *Sociology Theory* 21 (2003): 409 - 435.

⑦ Stets, J. E., Biga, C. F., “Bringing Identity Theory into Environmental Sociology,” *Sociology Theory* 21 (2003): 409 - 435.

⑧ Fritsche, I., Hanfner, K., “The Malicious Effects of Existential Threat on Motivation to Protect the Natural Environment and the Role of Environmental Identity as a Moderator,” *Environment and Behavior* 44 (2012): 570 - 590.

另有研究发现环境身份对不同类型的环境行为有着不同的解释力。如环保主义者等身份变量对给政府写信、参与环保会议等环境参与行为有27%的解释力，而对回收利用、环保交通方式等日常环境行为只有6%的解释力。[①] 有研究则着重探究环境身份对消费行为、环境支付行为、环境参与行为以及环境运动的影响，发现环境身份通过环境参与行为对环境运动有60%的解释力，相比于消费行为和环境支付行为而言，环境身份对环境参与行为的解释力和预测力更大[②]。对此，有学者提出环境问题是集体主义取向的问题，自然环境系统具有相互依赖性的特点，因此要求履行广泛的责任和义务；相比于消费行为、环境支付行为等私人领域的环境行为而言，环境参与等公共领域的环境行为更倾向于关注范围更广的社区和生态圈的环境问题，更易受社会网络和社会结构的制约，进而具备结构性特征的环境身份对公共领域的环境行为具有更强的解释力。[③]

国内关于环境身份的研究仍处于翻译引介的阶段，尚无系统的实证研究。[④] 如林兵、刘立波指出环境身份研究凸显社会关系、社会结构因素的重要地位，即与身份相关联的行为势必受到个体社会关系及其所属群体和组织的影响，另把环境身份放到多重的身份集合中进行研究，便于呈现环境行为的结构性影响。[⑤]

（三）我国大学生环境行为研究

随着环境行为议题日益引起国内学者的关注，对居民、游客、企业

---

① Kempton, W., Holland, D. C., *Identity and Sustained Environmental Practice.* In Clayton, S., Opotow, S. (Eds.), *Identity and the Natural Environment: The Psychological Significance of Nature* (Massachusetts: MIT Press, 2003): 317 - 342.

② Dono, J., Webb, J., Richardson, B., "The Relationship between Environmental Activism, Pro-environmental Behavior and Social Identity," *Journal of Environmental Psychology* 30 (2010): 178 - 186.

③ Clayton, S., *Environmental Identity: A Conceptual and An Operational Definition.* In Clayton, S., Opotow, S. (Eds.), *Identity and the Nature Environment: The Psychological Significance of Nature* (Massachusetts: MIT Press, 2003).

④ 林兵、刘立波：《环境身份：国外环境社会学研究的新视角》，《吉林师范大学学报》（人文社会科学版）2014 年第 5 期；刘立波：《环境身份理论视角下的行动者环境行为研究》，《生态经济》2015 年第 10 期；刘立波：《环境身份与环境意识：异同辨析与启示》，《生态经济》2017 年第 6 期；刘立波：《环境身份理论视域下的青年群体环境行为研究》，《中国青年研究》2017 第 6 期。

⑤ 林兵、刘立波：《环境身份：国外环境社会学研究的新视角》，《吉林师范大学学报》（人文社会科学版）2014 年第 5 期。

员工等行为主体的研究不断增多，而对大学生环境行为及其影响因素的研究相对较少，且多围绕环境态度、外在条件、人口学特征等因素展开。故本研究侧重于从环境态度约束论、外在条件调控论、人口学特征因素等视角对我国大学生环境行为影响因素的相关研究成果进行较为全面的梳理。

1. 环境态度约束论

受环境心理学倾向于揭示环境行为背后复杂的内在心理机制的影响，我国学者往往遵循环境态度–环境行为的研究路径，侧重于从整体层面探讨环境态度抑或环境态度的不同构成成分如环境认知、环境情感、环境价值观对大学生环境行为的约束作用。如我国学者针对大学生群体的研究表明，环境态度与环境行为之间有着较为显著的正向关系①，但因环境行为的类型而异，环境态度是大学生私域环境行为的最有力的预测因素，但对公域环境行为并无显著影响②；有研究者对山西五所大学的调查发现，环境态度直接影响环境行为的同时，亦发挥着重要的中介作用③；有学者则认为环境态度最能影响大学生的环境行为意图④。另有研究发现，大学生环境意识与环境行为基本一致，但牵涉到自身生活时，环境意识与环境行为则产生背离现象⑤。而有研究则表明，大学生环境态度与环境行为脱节，且大学生环境行为存在消极倾向，其对新环境范式的接受度高但接受层次低⑥。

还有研究侧重于探讨环境认知、环境情感、环境价值观对大学生环境行为的相应影响。如环境基础知识对生态管理行为有着显著的正向影响，行为实施技能、专业环境知识则正向影响着环境参与行为以及购买行为⑦。

---

① 钟毅平、谭千保、张英：《大学生环境意识与环境行为的调查研究》，《心理科学》2003年第3期。

② 李莉、范叶超：《环境意识对大学生环境行为的影响研究》，《当代青年研究》2011第9期。

③ 沈立军：《大学生环境价值观、环境态度和环境行为的特点及关系研究》，硕士学位论文，山西大学，2008。

④ 邵艳军、时立荣、李岭：《对大学生公共环境意识及其影响因素的变量分析》，《创新》2011年第1期。

⑤ 徐永荣、佃袁勇、张欣等：《十年间武汉市大学生环境意识的变化及环境意识与环境行为的比较研究》，《教育教学论坛》2012年第31期。

⑥ 白丹丹：《大学生环境态度与行为的定量研究》，硕士学位论文，中央民族大学，2012。

⑦ 郭彬：《大学生环境意识与环境行为关系研究》，硕士学位论文，大连理工大学，2009。

而大学生所具备的生态知识与其绿色消费行为呈正相关[①]。大学生对环境污染所致的健康危害的正确认知以及规避危害的行为水平有待提高。[②] 有研究则发现，大学生环境知识与环境行为并不具有显著相关性，大学生环境知识水平较高，但参与环保活动、实施环境行为的比例并不高。[③] 另有研究表明，系统环境保护教育的缺乏与环境信息的不对称，使得大学生环境认知水平难以提高，如大学生对居住地环境问题、环境污染物的具体构成以及对身体健康的影响等专业性较强的环境知识缺乏了解；大学生普遍存在环境认同与环境行为之间的矛盾性，即认同环保活动的重要性，但主动参与度较低。[④] 而大学生对环境问题的关注程度和环境健康的知信行水平有待提高，尤其是在环境污染所致的健康危害的正确认知和如何规避危害的行为方面。[⑤]

有研究者认为环境行为“知易行难”背后的实质是“知强情弱”，即行为主体对环境问题或环境行为有基本认知却缺乏情感共鸣[⑥]，这可能与我国环境宣传教育侧重于知识传授而轻情感培育有关[⑦]。有研究认为自然共情是指行为主体理解并共享自然的情绪体验，采用自然拟人化量表、自然共情量表和自评环境行为量表对 528 名大学生进行调查，发现大学生的自然拟人化与自然共情呈显著正相关，同时自然拟人化和自然共情都对亲环境行为产生显著正向影响；自然拟人化直接影响环境行为的同时，还通过自然共情对环境行为产生间接影响[⑧]。而刘贤伟、吴建平的研究结果表明，利他价值观、利己价值观对私人领域的环境行为和公共领域环境行为

---

① 谢九梅：《北京市大学生绿色消费意识与行为模式研究》，硕士学位论文，首都经济贸易大学，2014。

② 邓芙蓉、王欣、卢秀玲等：《大学生环境健康知识、态度和行为及其影响因素的调查与分析》，《环境与健康杂志》2011 年第 8 期。

③ 黄永斌：《大学生环境行为的影响因素及其培育》，《集美大学学报》（哲学社会科学版）2014 年第 4 期。

④ 邹晓涓：《大学生环境意识调查与环保行为激励机制研究》，《当代青年研究》2016 年第 2 期。

⑤ 邓芙蓉、王欣、卢秀玲等：《大学生环境健康知识、态度和行为及其影响因素的调查与分析》，《环境与健康杂志》2011 年第 8 期。

⑥ 王建明：《环境情感的维度结构及其对消费碳减排行为的影响——情感－行为的双因素理论假说及其验证》，《管理世界》2015 年第 12 期。

⑦ 印卫东：《我国高校环境教育存在的问题与对策》，《江苏高教》2012 年第 5 期。

⑧ 宗阳、王广新：《自然拟人化与大学生亲环境行为的关系：自然共情的中介作用》，《心理技术与应用》2017 年第 11 期。

有着显著的直接效应，环境关心则在价值观和环境行为之间起着中介作用，在利己价值观和私人领域的环境行为之间起着部分中介作用，在生态圈价值观和私人领域的环境行为之间起着完全中介作用[①]。吴瑞林、沈述宜的研究发现，大学生利他价值观较强，但生态圈价值观较弱；生态圈价值观对大学生低碳经济行为产生显著正向影响，利己价值观却负向影响大学生低碳经济行为，而利他价值观仅对私人领域的低碳经济行为存在显著影响，对公共领域的低碳经济行为并无显著影响。[②] 另有研究表明，高校大学生感知环境情感、低碳消费认知与集体主义价值观、天人合一价值观均正向影响其低碳消费意向，低碳消费态度在上述影响过程中均起着中介作用。[③]

可见，现有研究在环境意识与环境行为的关系探讨上所得出的具体结论并不一致，甚至有相反的发现。原因可能在于，研究者对环境意识、环境认知、环境情感、环境价值观、环境态度等概念的理解与界定不够准确和清晰，对其测量时所选取的指标不尽相同，致使环境行为研究处于分散、割裂状态，难以进行有效对话并达成共识[④]。

2. 外在条件调控论

我国学者除开关注环境态度对环境行为的内在约束，亦有研究侧重于探究人际互动、社会规范、物质诱因、行为代价等外界条件对环境行为的制约作用或调节效应。无论是在私人领域还是在公共领域，社会关系对环境行为影响显著，而他人压力仅对私域环境行为有着显著的影响。[⑤] 徐大伟、段姗姗、王佳宏等通过对辽宁省高校大学生进行问卷调查，揭示出大学生个体环保行为在其群体效应中的相互影响与相互作用，群体效应对抑制负面的环境行为起到一定的作用，却不能促发正面的环境行为。[⑥] 张红

---

① 刘贤伟、吴建平：《大学生环境价值观与亲环境行为：环境关心的中介作用》，《心理与行为研究》2013 年第 6 期。

② 吴瑞林、沈述宜：《大学生环境关心与低碳经济行为的关系研究——以某高校为例》，《广义虚拟经济研究》2016 年第 3 期。

③ 张海涛：《高校大学生低碳消费意向影响因素研究》，硕士学位论文，江西农业大学，2013。

④ 王晓楠：《我国环境行为研究 20 年：历程与展望——基于 CNKI 期刊文献的可视化分析》，《干旱区资源与环境》2019 年第 2 期。

⑤ 刘计峰：《大学生环境行为的影响因素分析》，《当代青年研究》2008 年第 11 期。

⑥ 徐大伟、段姗姗、王佳宏等：《我国大学生环境行为群体效应的实证研究——基于 12 所高校的调研数据分析》，《中国高教研究》2011 年第 3 期。

肖发现结果感知和效能感对私域环境行为有着直接的正向影响，而感知行为控制对公域环境行为有着直接的正向影响，结果感知、效能感和感知行为控制均通过个人规范对私人领域与公共领域的环境行为产生间接影响。[①]

宋悦华通过对大连理工大学学生的调查，发现家庭收入水平与大学生环境意识水平存在一定程度的负相关[②]，即家庭收入越高的大学生，其环境素养反而有降低的趋势[③]。另有研究则发现，家庭收入水平越高的大学生，其环境技能水平和环境行为实施水平亦更高。[④] 李莉、范叶超基于2010年在厦门大学的调查数据，发现家庭经济水平在当地的层次对公共领域的环境行为并无影响，对私人领域的环境行为影响却十分显著；家庭经济水平较低的大学生，反而比来自家庭经济水平较高的大学生更倾向于实施私人领域的环境行为。[⑤] 在关注经济变量对环境行为的影响的基础上，有学者从经济学的角度研究如何运用经济因素引导大学生培育环境行为。李晓非、李达对大学生环保行为进行经济学实验研究，发现在制定环保政策时，惩罚措施比奖励措施更能有效避免搭便车现象；大学生作为特殊的社会群体，影响其利益的因素单一，声誉对大学生的约束作用比较明显，在推动大学生垃圾分类行为时应综合考虑影响学生声誉的因素，强化声誉机制。[⑥]

可见，我国学界对大学生环境行为的结构制约及其内在机理探讨尚不充分，尚未与更宏观的社会结构、制度政策与文化背景因素相结合，仅侧重于探讨经济因素的制约作用，如关注家庭经济水平对大学生环境行为的影响，以及如何借助经济方面的奖惩措施引导大学生实施环境行为。而情境性因素对环境行为的调节作用大多涵盖在心理学研究取向之下，注重行为主体在外部环境因素的影响下如何调适自己的行为或在内外因相结合的情况下如何进行行为选择。加之情境性因素难以准确测量，各研究者选取

① 张红肖：《学生亲环境行为及其影响因素研究》，硕士学位论文，天津师范大学，2017。

② 宋悦华：《公众环境意识测量指标研究——以大连理工大学环境意识调查为例》，《环境科学与管理》2007年第5期。

③ 曾昭鹏：《环境素养的理论与测评研究》，博士学位论文，南京师范大学，2004。

④ 杨文慧：《天津市大学生环境素养调查研究》，硕士学位论文，天津师范大学，2014年。

⑤ 李莉、范叶超：《环境意识对大学生环境行为的影响研究》，《当代青年研究》2011年第9期。

⑥ 李晓非、李达：《大学生环保行为的经济学实验研究》，《生态经济》2018年第2期。

的指标亦有差别，因而得出的结论存在差异。

3. 人口学特征的影响

诸多研究侧重于探讨性别、年龄、年级、专业、生源地、学校层次等人口学特征变量对大学生环境行为的影响。如有研究发现，年龄并非大学生环境行为的主要影响因素，年级对公共领域的环境行为有着显著的负向影响；性别对私人领域环境行为的影响较为明显，女生比男生实施更多的环境行为，但在公共领域的环境行为方面，男女生并无显著差异；生源地是农村抑或是城镇对大学生环境行为并无显著影响。① 另有研究发现，女生较男生实施更多的环境行为，而所学专业和生源地对大学生环境行为并无显著影响。② 而有学者则认为，生源地、性别和专业类别仅在一定程度上影响大学生环境行为，并不起决定性作用。③ 本科生的环境意识水平与环境行为水平要高于专科生，而且年级之间存在递增的关系；大学生的生源地不影响其环境意识和环境行为，即农村与城市出身的大学生在环境意识和环境行为方面并无显著差异。④

可见，现有研究虽在调查区域、抽样方式、分析方法等方面存在差异，得出的结论却具有较高的一致性，如性别显著影响大学生环境行为，女生较男生实施更多的环境行为；年级、专业、生源地等因素对大学生环境行为有一定影响。故有必要将性别、年级、专业、生源地等变量作为控制变量纳入模型。

4. 小结

我国大学生环境行为影响因素的研究尚处在起步阶段，相关研究者虽意识到大学生环境行为的重要性，但相关研究成果仍存在一定不足。首先，诸多研究对环境意识、环境态度、环境认知、环境情感、环境价值观、环境行为等核心概念并无清晰的界定与准确的理解，彼此时常交织且操作化指标复杂多样，加之部分研究仅对变量间的关系进行统计分析，缺

---

① 刘计峰：《大学生环境行为的影响因素分析》，《当代青年研究》2008 年第 11 期。

② 黄永斌：《大学生环境行为的影响因素及其培育》，《集美大学学报》（哲学社会科学版）2014 年第 4 期。

③ 沈昊婧、谢双玉、高悦等：《大学生环境行为调查及其影响因素分析——以武汉地区为例的实证研究》，《华中师范大学学报》（自然科学版）2010 年第 4 期。

④ 钟毅平、谭千保、张英：《大学生环境意识与环境行为的调查研究》，《心理科学》2003 年第 3 期。

乏理论关照与深度分析，进而不利于相关研究间的对话以及研究成果的累积，致使既有研究难以取得实质性突破。故后续研究应在明晰核心概念的基础上，遵循理论导向实证研究范式的要求，增强大学生环境行为研究的科学性与理论性。受环境心理学影响，现有研究大多认为环境行为是在自我约束与控制之下做出的个体选择，侧重于探讨大学生环境意识对环境行为的影响，对环境意识约束作用之外的结构制约作用、情境调节效应关注不足，亦忽视环境行为实施对环境意识提升的反促作用。另大多数研究采取问卷调查的方式对大学生自我报告的环境行为展开探讨，可能与其实际环境行为之间存有距离，故在后续的研究中，宜采用问卷调查、实地观察、深度访谈、实验法、自我报告与他人报告对比法等多元结合方法，深入探究心理性因素、结构性因素与情境性因素对大学生环境行为的交织作用，关注大学生环境行为的整体一致性与个体差异性，以期引导大学生更为积极地实施环境行为，助力生态文明建设。

其次，既有研究大多将居民或公众环境行为影响因素的研究框架直接对应大学生环境行为研究，忽视了大学生群体的主体特质。一是大学生处于预期社会化阶段，塑造个性与完善人格、内化价值观念以及习得社会技能是其社会化的主要任务，以便日后成为合格的社会成员。故在后续的研究中应关注到大学生群体与实际的社会生活尚有一定距离，应围绕其校园生活的日常生活实践展开研究。二是同辈群体、参照群体、代际的互动与交流对大学生心理塑造与行为实施有着较为重要的影响，其往往起着规范与比较的作用。故后续研究应关注大学生同辈群体、参照群体、日常生活实践中互动的其他主体对其环境行为实施的可能影响，当然亦应凸显大学生的主体能动作用。

最后，既有研究倾向于对大学生环境行为及其影响因素进行静态考察，对其动态的变化过程关注不足。一是大多数大学生通过高考等选拔手段离开家乡赴外地求学与生活，其经历着迁移流动的过程，但既有研究往往只是统计大学生的原居住地信息，并将之粗略区分为东部、中部、西部等地区，进而将不同地区大学生的环境行为加以比较，其实则忽视了迁移流动过程本身及其带来的生活世界变动对大学生环境行为的可能影响。二是既有研究侧重于对大学生某一时点的环境行为及其影响因素的分析与探讨，缺乏对某一或某些环境行为产生、维系、固化抑或转化的演变过程的分析，难以揭示不同因素在环境行为过程中的不同阶段之差异化效果；同时，对单一时点环境行为的分析实则割裂了过去、现在与未来的绵延关系，进而忽视了大学生环境记忆、环境体验与环境期望对其环境行为的可能影响。故在后续研究中，应结合大学生生命历程以及时空情境变化实际，对其环境行为的动态过程开展更加深入的研究。

（四）评述

综上所述，国内外诸多研究发现环境态度对环境行为的解释力较弱，其原因可能在于环境态度仅仅关注了个体对环境这一客体的态度，并没有涉及个体对自我的态度，而认同理论则有助于弥补这一不足。认同理论侧重于研究个体对自我的态度，环境社会学则基于认同理论提出了环境身份的概念，认为环境规制、激励与监督更有利于行为主体与自然环境建立正向的互动关系，形成强环境身份，促使行为主体倾向于正向的环境行为①，即环境身份凸显社会关系、社会结构因素的重要地位②，能较好地弥补既有环境行为研究仅仅关注环境态度等心理性因素而忽视结构性因素之不足。

近年来，国外学者积极开展环境身份研究，深入探讨环境身份对环境行为的作用机制。诸多研究发现环境身份对环境行为有较强的解释力，但对不同类型环境行为的解释力存在差异。然而国内的相关研究刚刚起步，尚无系统的实证研究，且国内环境行为研究大多侧重于探究环境态度等心理性因素对环境行为的影响，相对忽视环境行为的结构制约作用，而环境身份能有效联结结构制约与主体能动。加之我国学界对大学生环境行为的结构制约及内在机理探讨尚不充分，尚未与更宏观的社会结构、制度政策与文化背景因素相结合，而情境性因素对环境行为的调节作用大多涵盖在心理学研究取向之下。故本研究结合认同理论，引入环境身份概念，将心理性因素与结构性因素相结合分析环境身份、环境态度对大学生环境行为的影响，以推进既有研究。

① 刘立波：《环境身份理论视域下的青年群体环境行为研究》，《中国青年研究》2017 年第 6 期。

② 林兵、刘立波：《环境身份：国外环境社会学研究的新视角》，《吉林师范大学学报》（人文社会科学版）2014 年第 5 期。

三　研究设计

（一）研究假设

理性行为理论认为，态度和主观规范影响个体的行为意向，而行为实施受制于个体的行为意向，故态度是行为的主要影响因素。计划行为理论则认为，行为意向影响行为实施，而行为意向受态度、主观规范和感知到的行为控制的影响，可见态度对行为实施有着重要的影响。负责任的环境行为模式和多因素整合模式亦强调环境态度借助行为意向对环境行为产生影响，并且在大多数环境行为研究模式中，环境态度/环境关心常被视为关键性变量。[①] 由此，本研究提出环境态度假设：环境态度对环境行为有着显著的正向影响，即环境态度越强烈，则实施的环境行为越多（H_{16}）；环境态度直接影响环境行为的同时，亦通过环境行为意向对环境行为产生间接影响（H_{17}）。

认同理论认为自我是个体将自身视为客体的能力，是在同他人的交往或互动过程中产生的一系列对自己的看法与认识。自我经由社会建构而成，个体在社会中承担各种不同的角色、塑造不同的自我，进而社会通过影响自我来影响个体的社会行为。[②] 而认同则是个体对其所占据的结构性角色位置、结构层级身份类型的自我觉察、认可与赞同，其联结着社会结构和个人行动，通过理解个体的身份建构可以解释人们的行为。此外，环境身份具有显著性、突出性和承诺性的特性，其对环境行为实施产生影响：显著性侧重于呈现环境身份的外在认可程度，即环境身份是否得到他人的承认，能否从他处得到帮助与奖赏；突出性侧重于呈现环境身份的内在认可程度，在多层身份体系中凸显环境身份的可能性；而承诺性则是个体对环境身份的承诺程度，即依托环境身份指引自身交往和情感投入的程度。[③] 由此，本研究提出环境身份假设：整体环境身份对环境行为有着显著的正向影响（H_{18}）；环境身份的显著性越强，实施的环境行为越多

---

① 彭远春：《国外环境行为影响因素研究述评》，《中国人口·资源与环境》2013 年第 8 期。

② 周晓虹：《认同理论：社会学与心理学的分析路径》，《社会科学》2008 年第 4 期。

③ Stets, J. E., Biga, C. F., "Bringing Identity Theory into Environmental Sociology," *Sociology Theory* 21 (2003): 409 – 435.

(H_{19})；环境身份的突出性越强，实施的环境行为越多（H_{20}）；环境身份的承诺性越强，实施的环境行为越多（H_{21}）。

此外，斯代特等人认为环境身份直接影响环境行为的同时，亦通过环境态度对环境行为产生间接影响，进而构筑环境身份模型，提出研究环境行为的两条路径：环境身份 - 环境态度 - 环境行为、环境身份 - 环境行为。[①] 如前所述，在心理学取向的环境行为研究中，环境行为意向往往是环境行为实施的关键变量。由此，本研究亦将环境态度、环境行为意向作为影响环境行为的中介变量，进而提出如下假设：环境身份通过环境态度对环境行为产生间接影响（H_{22}）；环境身份通过环境行为意向对环境行为产生间接影响（H_{23}）。综上得到本研究的研究框架，见图 7 - 1。

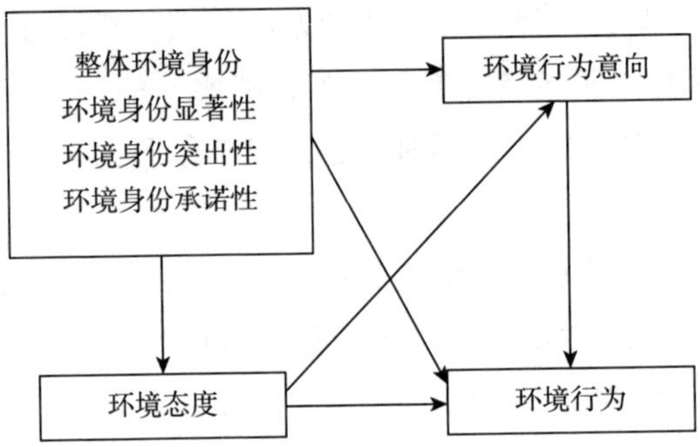

图 7 - 1　大学生环境行为影响因素模型

（二）变量测量

本章基于大学生环境素养调查数据进行实证分析，调查与样本的相关情况详见第一章的数据介绍内容。

1. 因变量及其测量

本章借鉴斯特恩（Stern）对环境行为的界定、私域环境行为与公域环境行为的类型划分及其设计的环境行为量表[②]，结合本研究侧重于对“日常生活实践中积极环境行为”的理解，将量表中激进环境行为的内容排除在问卷之外。最终本章的环境行为量表包含绿色消费行为、环境参与行为

① Stets, J. E., Biga, C. F., "Bringing Identity Theory into Environmental Sociology," *Sociology Theory* 21 (2003): 409 - 435.

② Stern, P. C., "Toward a Coherent Theory of Environmentally Significant Behavior," *Journal of Social Issues* 56 (2000): 407 - 424.

两个模块，另结合大学生这一研究对象和国内实际情况，本研究在问卷具体指标内容、语言描述上做了一定的本土化修改。如将原量表环境参与行为模块的“在政治选举中，我曾投票选举倡导环境保护的参选者”项目删除，增加了“我参与过某种环保活动”项目。

绿色消费行为量表包括“购买有机水果或蔬菜”“购买可降解塑料产品”“抵制购买高污染企业的产品”“购买无磷洗涤剂”四个题项①，回答选项分别为“总是”“经常”“有时”“从不”，相应赋值为3、2、1、0。统计分析发现，四项绿色消费行为项目的alpha值为0.605，R_{i-t}值分别为0.311、0.463、0.376、0.423，且在删除对应项目之后，alpha值普遍降低，即该量表的信度尚可接受、内部一致性较好。然后对绿色消费行为量表进行KMO检验和Bartlett球形检验，KMO值为0.678，Bartlett球形检验的卡方值的显著性概率是0.000，说明量表的各选项彼此相关，适合做因子分析。探索性因子分析发现，四项绿色消费行为项目聚集在一个公因子之上，故我们将四个题项直接相加生成绿色消费行为变量，均值为6.16，标准差为2.34。环境参与行为包含“参加环境保护活动”“成为环保组织的成员或志愿者”“给环保组织或环保活动捐款”“参加解决环境问题的投诉”四个题项②，回答选项分别为“有”“没有”，相应赋值为1、0。故将上述四个题项相加生成环境参与行为变量，均值为1.25，标准差为1.21。

2. 自变量及其测量

本章的自变量包括环境身份与环境态度两个方面。借鉴斯代特的界定，本研究认为环境身份是个人在与自然环境相关联时赋予自我的意义，强调环境身份的身份类型化和多重身份的结构层级性，并具有显著性、突出性和承诺性三大特性。本研究采用斯代特的“11项环境身份量表”来测量整体环境身份，其包含“我与自然环境是竞争关系/我与自然环境是合作关系”等11个题项，每个题项在左右两栏有对立的观点，以1~5分测量被调查者接近左右栏观点的程度，第3、4、6、9、10、11项与其他题项方向相反，将其方向调整后，相应赋值为5、4、3、2、1，分值越高，越倾向于右栏表述（见表7-1）。

① 具体频率及其基本情况详见本章数据分析之描述性统计内容。

② 具体频率及其基本情况详见本章数据分析之描述性统计内容。

表 7-1　整体环境身份量表旋转后的因子负荷矩阵

量表项目	提取因子	
	1	2
1. 我与自然环境是竞争关系/我与自然环境是合作关系	0.211	0.721
2. 我的生活与自然环境脱离/我的生活与自然环境息息相关	0.227	0.717
3. 我非常关心自然环境/我对自然环境漠不关心	0.770	0.191
4. 我努力保护自然环境/我完全没有保护自然环境	0.798	0.185
5. 人类比自然优越/自然优于人类	0.051	0.592
6. 我对自然环境充满热情/我对自然环境毫无热情	0.805	0.226
7. 我一点儿都不敬畏自然/我非常敬畏自然	0.349	0.682
8. 我的生活不依赖自然环境/我的生活依赖自然环境	0.220	0.726
9. 我拥护自然环境的利益/我不在乎自然环境的利益	0.783	0.232
10. 我想保护自然环境/我想利用自然环境	0.752	0.209
11. 我对自然环境充满感情/我对自然环境毫无感情	0.830	0.240

注：采用方差最大正交旋转法。

统计分析发现，整体环境身份量表的 alpha 值为 0.882，R_{i-t}值在 0.312～0.749 不等，且在删除对应项目之后，alpha 值普遍降低，即该量表具较好的信度和内部一致性。然后对整体环境身份量表进行 KMO 检验和 Bartlett 球形检验，KMO 值为 0.9，Bartlett 球形检验的卡方值的显著性概率是 0.000，说明量表的各选项彼此相关，适合做因子分析。而探索性因子分析发现，整体环境身份量表可以提取两个公因子，二者共解释了 60.62% 的变异量。参照既有研究①，本研究将负载在两个公因子之上的相应题项直接相加生成“对待自然环境的方式”和“自我与自然环境的联结”，相应均值分别为 25.54 和 21.15，标准差分别为 4.64 和 2.84（见表 7-1）。

环境身份显著性则通过对“环境保护主义者身份被大家承认”“因环境保护主义者身份，曾得到他人的帮助”“因环境保护主义者身份，曾受到奖励”三个题项来测量，“非常符合”“比较符合”“不太符合”“完全

① Stets, J. E., Biga, C. F., “Bringing Identity Theory into Environmental Sociology,” *Sociology Theory* 21 (2003): 409-435；林兵、刘立波：《环境身份：国外环境社会学研究的新视角》，《吉林师范大学学报》（人文社会科学版）2014 年第 5 期。

不符合”四个答项相应赋值为3、2、1、0。统计分析发现，环境身份显著性量表的alpha值为0.838，R_{i-t}值分别为0.640、0.689、0.788，且在删除对应项目之后，alpha值普遍降低，即该量表具较好的信度和内部一致性。然后对环境身份显著性量表进行KMO检验和Bartlett球形检验，KMO值为0.687，Bartlett球形检验的卡方值的显著性概率是0.000，说明量表的各选项彼此相关，适合做因子分析。而探索性因子分析发现，三个题项聚集在一个公因子之上，故将三者直接相加生成环境身份显著性变量，其均值为4.40、标准差为1.98。

环境身份突出性则通过询问被访者对“在与大学同学第一次见面、聚会时与人第一次见面、与新朋友第一次见面这三种情形下，最先介绍给对方的身份”的回答来测量，若最先将环境保护主义者身份介绍给互动对象，则表明被访者在社会交往过程中突出其环境身份，故本研究将最先介绍环境保护主义者的回答赋值为1、其他回答赋值为0，将三种情形下相应赋值相加生成环境身份突出性变量，其均值为0.15、标准差为0.54。

环境身份承诺性包含承诺广度和承诺深度两方面的指标，承诺广度以“是否在环保活动中认识了朋友”来测量，“是”赋值为1、“否”赋值为0。承诺深度则通过对“朋友将我看作环保人士对我很重要”“父母将我看作环保人士对我很重要”这两个问题的回答来测量，“非常符合”“比较符合”“不太符合”“完全不符合”四个答项相应赋值为3、2、1、0，将二者直接相加生成环境身份承诺深度变量，其均值为3.02、标准差为1.53。

本章探讨的是一般意义上的环境态度，等同于国内外学者普遍使用的环境关心概念，用我国学者修正的CNEP量表①加以测量。由于NEP8、NEP10这两项是负向问题，被访者越是赞同，其环境关心的程度则越低，故对其进行反向赋值，将答项“完全不同意”“比较不同意”“无所谓同意不同意”“比较同意”和“完全常同意”分别赋值为5、4、3、2、1，最终使整个量表十个题项方向保持一致。

---

① 洪大用、范叶超、肖晨阳：《检验环境关心量表的中国版（CNEP）——基于CGSS 2010数据的再分析》，《社会学研究》2014年第4期。

表 7－2　CNEP 量表项目的频率及因子负载

单位：%

量表项目	1＝完全不同意；2＝比较不同意；3＝无所谓同意不同意；4＝比较同意；5＝完全同意					因子负载
	1	2	3	4	5	
NEP1 目前的人口总量正在接近地球能够承受的极限	1.9	9.0	5.9	59.1	24.2	0.54
NEP3 人类对于自然的破坏常常导致灾难性后果	1.9	4.1	3.6	43.6	46.8	0.66
NEP5 目前人类正在滥用和破坏环境	0.8	7.1	4.5	55.4	32.2	0.72
NEP7 动植物与人类有着一样的生存权	1.2	2.3	4.0	26.0	66.6	0.56
NEP8 自然界的自我平衡能力足够强，完全可以应付现代工业社会的冲击	43.2	36.1	6.3	10.5	4.0	0.24
NEP9 尽管人类有着特殊能力，但是仍然受自然规律的支配	1.1	2.3	4.4	41.1	51.1	0.51
NEP10 所谓人类正在面临“环境危机”，是一种过分夸大的说法	37.2	42.1	7.9	9.9	2.9	0.31
NEP11 地球就像宇宙飞船，只有很有限的空间和资源	4.7	5.2	7.1	43.4	39.7	0.42
NEP13 自然界的平衡是很脆弱的，很容易被打乱	1.1	10.5	7.8	45.8	34.9	0.56
NEP15 如果一切按照目前的样子继续，我们很快将遭受严重的环境灾难	1.3	5.6	8.4	48.4	36.4	0.71

统计分析表明，CNEP 量表的 alpha 值为 0.777，R_{i-t} 值在 0.302 ~ 0.557 不等，删除其他项目之后，alpha 值普遍降低，故认为 CNEP 量表的信度和内部一致性均较好。对 CNEP 量表的验证性因子分析表明，模型拟合程度较好①，故本研究根据其因子负载（见表 7－2）进行加权累加，形成环境态度变量，得分越高，关心环境的态度越强烈，均值为 21.83，标准差为 2.86。

此外，环境行为意向是本研究的中介变量，通过被访者对“为了保护环境，我愿意放弃便利的产品或服务”“为了保护环境，我愿意购买环境产品而支付更高的价格”的回答来测量，回答选项“非常愿意”“比较愿意”“无所谓愿意不愿意”“不太愿意”“完全不愿意”相应赋值为 5、4、

① $\chi^2 = 82.549$、$df = 22$、$p = 0.000$、$GFI = 0.988$、$IFI = 0.980$、$CFI = 0.979$、$RMSEA = 0.046$。

3、2、1，并将其直接相加生成环境行为意向变量。考虑到大学生群体的特征，本研究引入性别、专业、年级、生源地作为控制变量。各变量的描述详见表7-3。

表7-3 大学生环境行为研究变量

变量	性质	说明
绿色消费行为	定距变量	分值越高，绿色消费行为水平越高；最小值为0，最大值为12，均值为6.16，标准差为2.34
环境参与行为	定距变量	分值越高，环境参与行为水平越高；最小值为0，最大值为4，均值为1.25，标准差为1.21
对待自然环境的方式	定距变量	分值越高，对待自然环境越友好；最小值为6，最大值为30，均值为25.54，标准差4.64
自我与自然环境的联结	定距变量	分值越高，自我与自然环境的联结程度越强；最小值为9，最大值为25，均值为21.15，标准差2.84
环境身份显著性	定距变量	分值越高，环境身份越显著；最小值为0，最大值为9，均值为4.40，标准差为1.98
环境身份突出性	定距变量	分值越高，环境身份越突出；最小值为0，最大值为3，均值为0.15，标准差为0.54
环境身份承诺广度	定类变量	否=0、1=是
环境身份承诺深度	定距变量	分值越高，环境身份承诺越深；最小值为0，最大值为6，均值为3.02，标准差为1.53
环境态度	定距变量	分值越高，环境关心水平越高；最小值为7.43，最大值为26.15，均值为21.83，标准差为2.86
环境行为意向	定距变量	分值越高，实施环境行为的意愿越强烈；最小值为3，最大值为10，均值为8.14，标准差为1.41
性别	定类变量	女=0、男=1
专业	定类变量	人文社科类=1、理工类=2、医学类=3、其他=4
年级	定序变量	大一=1、大二=2、大三=3、大四及以上=4
生源地	定类变量	城镇=0、农村=1

四 数据分析

（一）大学生环境行为的描述性统计

整体而言，大学生环境行为实施水平相对较低，绿色消费行为的实施水平相对高于环境参与行为的实施水平。如表 7－4 所示，大学生实施绿色消费行为的水平较低，大多数大学生有时购买有机水果或蔬菜、可降解塑料产品，尚有一定比例的大学生从不实施某类或全部绿色消费行为。我们将绿色消费行为的总分进行了百分制转换，其均值为 51.29、标准差为 19.51，72.4% 的被访大学生环境行为得分在 60 分及以下，19.8% 的被访大学生得分在 60～79 分，80 分及以上的比例仅为 7.8%。

表 7－4　绿色消费行为项目及其频率

单位：%

绿色消费行为	总是	经常	有时	从不
购买有机水果或蔬菜	12.7	30.7	47.2	9.3
购买可降解塑料产品	4.3	19.1	63.2	13.5
抵制购买高污染企业的产品	28.5	33.0	28.9	9.6
购买无磷洗衣粉	26.4	30.3	34.0	9.2

表 7－5 显示，相比于环境消费水平，大学生实施环境参与行为的水平更低，七成以上的大学生没有成为环保组织的成员或志愿者、给环保组织或环保活动捐款或者参加解决环境问题的投诉；近半数大学生没有参加环境保护活动。我们将环境参与行为的总分进行了百分制转换，其均值为 31.14、标准差为 30.20，85.5% 的大学生环境行为得分在 60 分及以下，7.5% 的大学生得分在 60～79 分，80 分及以上的比例仅为 6.9%。

表 7－5　环境参与行为项目及其频率

单位：%

环境参与行为	有	没有
参加环境保护活动	52.9	47.1
成为环保组织的成员或志愿者	26.4	73.6
给环保组织或环保活动捐款	25.0	75.0
参加解决环境问题的投诉	20.3	79.7

（二）各变量间的相关分析

本章首先考察对待自然环境的方式、自我与自然环境的联结、环境身份显著性、环境身份突出性、环境身份承诺深度、环境态度、环境行为意向、绿色消费行为、环境参与行为等定距变量间的相关关系，为后续分析做准备。

表7－6表明，环境身份各变量、环境态度与绿色消费行为并无显著相关。自我与自然环境的联结、环境态度与环境参与行为并无显著相关，其余变量与环境参与行为存在显著正相关。环境身份、环境态度与环境行为意向存在显著正相关，整体环境身份与环境态度显著正相关，但环境身份的特性与之并无显著相关。环境身份的显著性、突出性和承诺深度三者之间存在显著相关，且环境身份显著性与环境身份承诺深度之间的相关性更强，而自我与自然环境的联结、环境身份突出性之间并无显著相关，但自我与自然环境的联结与对待自然环境的方式之间有显著的正相关。当然，相关分析只能大致反映两个变量之间的关系，其并未排除第三方因素的影响，在控制其他变量的情况下，二者的关系究竟如何，则需借助多元线性回归分析方法来更好地呈现。另外，在后续的分析中，需注意各自变量是否通过中介变量间接影响环境行为以及控制自变量之间的相关关系，以便更确切地呈现自变量对环境行为的相应影响。

（三）大学生环境行为影响因素的多元线性回归分析

以性别、专业、年级、生源地为控制变量，逐步纳入环境身份、环境态度、环境行为意向等自变量，分别以大学生绿色消费行为、环境参与行为为因变量进行多元线性回归分析，结果详见表7－7。

首先，所有模型均通过了显著性检验，可被接受。对大学生绿色消费行为而言，对待自然环境的方式、环境身份显著性、环境身份突出性、环境身份承诺广度、环境行为意向、性别、医学类专业、生源地对其有着显著影响，环境态度对其并无显著影响。在纳入环境行为意向这一因素之后，模型解释力稍有增强，解释绿色消费行为的变异量由11.6%增至13.1%。而环境态度、环境行为意向对大学生环境参与行为并无显著影响，将其纳入模型之后，模型解释力并未提升，而环境身份变量对环境参与行为有着较为复杂的影响。可见，环境态度对大学生环境行为并无显著影响，故H_{16}、H_{22}在本研究中并未获得支持。

其次，在控制其他变量的情形下，环境行为意向、环境身份承诺广度、对待自然环境的方式、生源地、医学类专业、性别、环境身份显著性、环境身份突出性由大到小地影响着大学生绿色消费行为，即环境行为

表7-6 各变量间的相关性分析结果

变量	1	2	3	4	5	6	7	8	9
对待自然环境的方式	1								
自我与自然环境的联结	0.522***	1							
环境身份显著性	0.172***	0.116***	1						
环境身份突出性	0.073**	0.044	0.232***	1					
环境身份承诺深度	0.183***	0.133***	0.614***	0.230***	1				
环境态度	0.285***	0.377***	-0.019	-0.004	0.043	1			
环境行为意向	0.240***	0.194***	0.303***	0.121***	0.289***	0.184***	1		
绿色消费行为	0.215***	0.172***	0.210***	0.125***	0.191***	0.106***	0.242***	1	
环境参与行为	0.080**	0.042	0.438***	0.188***	0.306***	-0.047	0.165***	0.183***	1

注：* $p < 0.05$，** $p < 0.01$，*** $p < 0.001$。

意向越强烈、在环保活动中认识更多朋友、对待自然环境越友好、环境身份认可度越高且来自城镇的医学类专业的女大学生，其实施的绿色消费行为越多。而自我与自然环境的联结、环境身份承诺深度、环境态度、年级对大学生绿色消费行为并无显著影响。需要注意的是，纳入环境行为意向变量之后，自我与自然环境的联结对绿色消费行为的显著作用消失，其是否通过环境行为意向间接影响大学生绿色消费行为，有待在后文分析中加以验证。

最后，在控制其他变量的情形下，环境身份显著性、环境身份承诺广度、环境身份突出性、性别由大到小地影响着大学生环境参与行为，即外界越认可环境身份、在环保活动中认识更多朋友、在人际交往中越突出环境身份的男大学生，其实施的环境参与行为越多。而整体环境身份、环境身份承诺深度、环境态度、环境行为意向、年级、专业、生源地对大学生环境参与行为并无显著影响。与既有研究发现类似①，环境身份不同特性对环境参与行为有着更大的影响，环境行为意向则对大学生绿色消费行为有着显著的影响。整体而言，H_{15}、H_{19}、H_{20}、H_{21}在本研究中得到部分支持，需结合环境行为的具体类型加以修正。

表7-7　大学生环境行为的多元线性回归（OLS）之标准回归系数

变量	绿色消费行为			环境参与行为		
	模型1	模型2	模型3	模型4	模型5	模型6
对待自然环境的方式	0.118*** (0.016)	0.111*** (0.016)	0.096** (0.016)	-0.006 (0.007)	-0.001 (0.007)	-0.004 (0.008)
自我与自然环境的联结	0.079* (0.025)	0.064* (0.026)	0.059 (0.026)	-0.013 (0.012)	0.000 (0.012)	-0.001 (0.012)
环境身份显著性	0.087* (0.041)	0.092** (0.041)	0.066* (0.041)	0.309*** (0.019)	0.305*** (0.020)	0.299*** (0.020)
环境身份突出性	0.059* (0.116)	0.060* (0.116)	0.055* (0.115)	0.064** (0.055)	0.064* (0.055)	0.062* (0.055)

① Clayton, S., "*Environmental Identity: A Conceptual and An operational Definition*," In Clayton, S., Opotow, S. (Eds.), *Identity and the Nature Environment: The Psychological Significance of Nature* (Massachusetts: MIT Press, 2003); Dono, J., Webb, J., Richardson, B., "The Relationship between Environmental Activism, Pro-environmental Behavior and Social Identity," *Journal of Environmental Psychology* 30 (2010): 178-186.

续表

变量	绿色消费行为			环境参与行为		
	模型 1	模型 2	模型 3	模型 4	模型 5	模型 6
环境身份承诺广度	0.103** (0.140)	0.103** (0.140)	0.101** (0.139)	0.218*** (0.067)	0.218*** (0.067)	0.218*** (0.067)
环境身份承诺深度	0.037 (0.052)	0.035 (0.052)	0.018 (0.052)	0.002 (0.025)	0.004 (0.025)	0.000 (0.025)
环境态度	-	0.047 (0.023)	0.030 (0.023)	-	-0.042 (0.011)	-0.046 (0.011)
环境行为意向	-	-	0.137*** (0.046)	-	-	0.030 (0.022)
性别	-0.083** (0.128)	-0.083** (0.128)	-0.073** (0.127)	0.052* (0.061)	0.051* (0.061)	0.053* (0.061)
人文社科类	-0.043 (0.143)	-0.044 (0.143)	-0.043 (0.142)	-0.040 (0.068)	-0.039 (0.068)	-0.039 (0.068)
医学类	0.073* (0.196)	0.074* (0.196)	0.075** (0.194)	0.044 (0.093)	0.043 (0.093)	0.043 (0.093)
其他专业	-0.031 (0.601)	-0.031 (0.601)	-0.035 (0.596)	0.011 (0.287)	0.012 (0.287)	0.011 (0.287)
大一	0.087* (0.196)	0.085* (0.196)	0.074 (0.195)	0.057 (0.094)	0.059 (0.094)	0.057 (0.094)
大二	0.049 (0.207)	0.046 (0.207)	0.043 (0.205)	0.025 (0.099)	0.028 (0.099)	0.027 (0.099)
大三	0.009 (0.215)	0.009 (0.215)	0.008 (0.213)	0.019 (0.103)	0.019 (0.103)	0.019 (0.103)
生源地	-0.081** (0.123)	-0.081** (0.123)	-0.077** (0.122)	-0.041 (0.059)	-0.040 (0.059)	-0.039 (0.059)
调整后的 R^2	0.114	0.116	0.131	0.242	0.243	0.243
F	13.245	12.566	13.470	31.316	29.443	27.679
p	0.000	0.000	0.000	0.000	0.000	0.000

注：括号内的数字为标准误；* $p<0.05$，** $p<0.01$，*** $p<0.001$。专业以理工类为参照组；年级以大四及以上为参照组。

（四）环境身份、环境态度与大学生绿色消费行为的路径分析

本研究依据大学生环境行为影响因素模型（见图 7－1），结合多元线

性回归分析结果①（见表 7－7），删除了未通过显著性检验的自变量之间的相关关系，构筑出大学生绿色消费行为影响因素路径分析图（见图 7－2），并进行直接效应与间接效应分析，结果详见表 7－8。

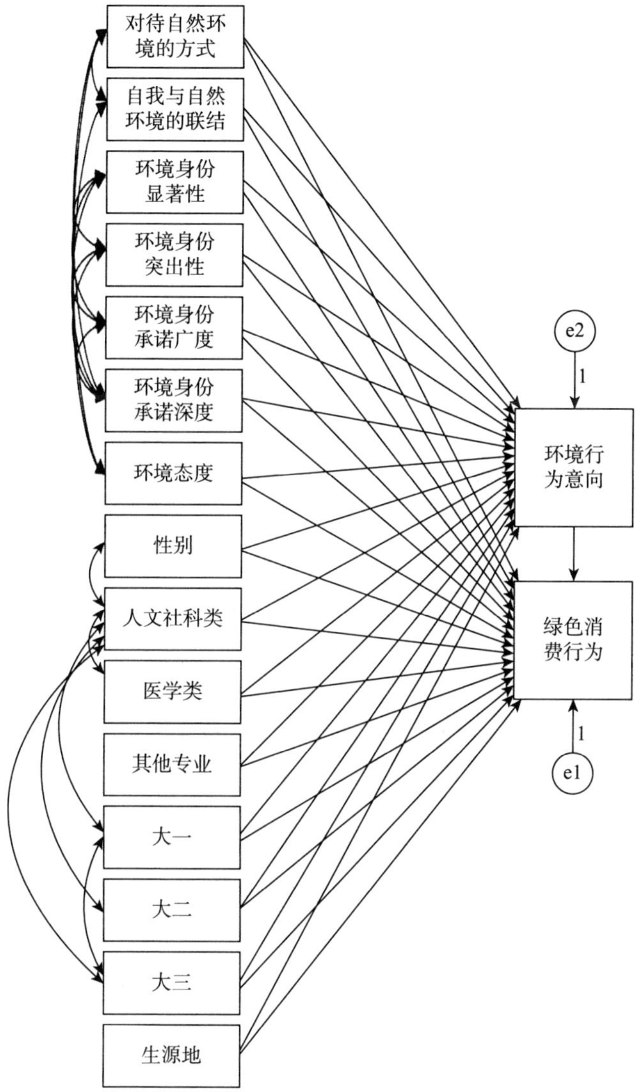

图 7－2　大学生绿色消费行为影响因素路径分析

① 鉴于环境态度、环境行为意向对环境参与行为并无显著影响，即二者并未发挥中介作用，故未将大学生环境参与行为纳入路径分析，后续研究需要努力挖掘关键性中介变量。

首先，模型的15项外生变量及两个误差变量的方差参数估计都达到了0.05的显著水平，表明模型没有违反估计，适合进行模型拟合度检验。模型的拟合系数分别为：$\chi^2 = 355.917$、$df = 87$、$p = 0.000$、$GFI = 0.969$、$IFI = 0.934$、$CFI = 0.933$、$RMSEA = 0.048$。综合起来考虑，模型具有较好的拟合度。

其次，环境行为意向作为大学生绿色消费行为的中介变量，对待自然环境的方式、环境身份显著性、环境身份承诺深度、环境态度、性别通过环境行为意向对大学生绿色消费行为产生显著的间接影响，而自我与自然环境的联结、环境身份突出性、环境身份承诺广度等其他变量对环境行为意向并无显著影响。具体而言，自我与自然环境的联结对大学生绿色消费行为并无显著影响；对待自然环境的方式、环境身份显著性不仅直接影响大学生绿色消费行为，亦通过环境行为意向间接影响大学生绿色消费行为；环境身份突出性、环境身份承诺广度等对大学生绿色消费行为有着显著的直接影响，但并未通过环境行为意向对大学生绿色消费行为产生显著的间接影响；环境身份承诺深度、环境态度虽通过环境行为意向对大学生绿色消费行为产生一定的间接影响，但总效应仍不显著。故 H_{17}、H_{23} 在本研究只得到部分验证，需结合身份的不同特性、环境行为的不同类型进行分析。

表 7-8　大学生绿色消费行为模型之标准化直接效应、间接效应与总效应

变量	环境行为意向	绿色消费行为		
	直接效应	直接效应	间接效应	总效应
对待自然环境的方式	0.116***	0.096**	0.016***	0.112**
自我与自然环境的联结	0.038	0.060	0.005	0.065
环境身份显著性	0.186***	0.067*	0.025***	0.093*
环境身份突出性	0.039	0.055*	0.005	0.061*
环境身份承诺广度	0.016	0.102**	0.002	0.104**
环境身份承诺深度	0.125***	0.018	0.017***	0.035
环境态度	0.131***	0.030	0.018***	0.048
环境行为意向	-	0.137***	-	0.137***
性别	-0.067*	-0.073**	-0.009**	-0.083**
人文社科类	-0.013	-0.043	-0.002	-0.045

续表

变量	环境行为意向	绿色消费行为		
	直接效应	直接效应	间接效应	总效应
医学类	-0.011	0.076**	-0.002	0.075*
其他专业	0.025	-0.035	0.003	-0.032
大一	0.083*	0.075	0.011*	0.086
大二	0.027	0.043	0.004	0.047
大三	0.007	0.008	0.001	0.009
生源地	-0.032	-0.078**	-0.004	-0.082**

注：* $p<0.05$，** $p<0.01$，*** $p<0.001$。专业以理工类为参照组；年级以大四及以上为参照组。基于 Bootstrap 法，抽取 5000 次进行间接效应的显著性检验。

五　讨论与结论

整体而言，环境态度对大学生绿色消费行为与环境参与行为并无显著影响，而涵盖对待自然环境的方式、自我与自然环境的联结两方面意涵的整体环境身份对大学生环境行为影响有限，仅对待自然环境的方式对大学生绿色消费行为存在显著影响。可能的原因在于，环境态度是一个较为复杂的观念体系，除开新环境范式，还隐含交织着自然功利主义、经济发展、科技进步等诸多其他观念，即新环境范式的持有者未必准确理解自然平衡、生态危机、增长极限、人类中心主义等理念，从而并不一定能实施环境行为。① 同时，大学生正处于预期社会化阶段，其观念具有较强的可塑性，观念体系处于建构与变动之中，进而可能对其环境行为产生影响。另外，环境态度对环境行为的影响可能受到其他因素的干扰或阻碍②，如本研究发现环境态度通过环境行为意向对大学生绿色消费行为产生间接

① Dunlap, R. E., Van Liere, K. D., "The 'New Environmental Paradigm': A Proposed Instrument and Preliminary Results," *Journal of Environmental Education* 9 (1978): 10-19.

② Gardner, G. T., Stern, P. C., *Environmental Problems and Human Behavior* (Boston: Allyn and Bacon, 1996); Blake, J., "Overcoming the 'Value-action Gap' in Environmental Policy: Tensions between National Policy and Local Experience," *Local Environment* 4 (1999): 257-278; Dunlap, R. E., Van Liere, K. D., Mertig, A. G., et al., "Measuring Endorsement of the New Ecological Paradigm: A Revised NEP Scale," *Journal of Social Issues* 56 (2000): 425-442.

影响。

整体环境身份实乃个体与自然环境相关联时所赋予自我的一系列意义，即个体对自我与自然环境之间相互关系的根本看法。可见环境态度与整体环境身份具有某种共通之处[①]，两者都是关于个体与自然环境之间关系较为宽泛的观念体系，尽管两者的指向有所不同，如环境态度侧重于揭示个体与自然环境之间关系的客观属性，环境身份则强调呈现其主观面向，但两者都具有抽象特质，而诸多研究发现一般层面的环境态度或理念对具体环境行为尤其是公域环境行为的影响较弱，甚至没有关联[②]。而对待自然环境的方式对大学生绿色消费行为存在显著影响，可能与其表述相对具体且蕴含日常环境行为倾向有关，进而更好地与绿色消费行为有着内在的契合性，另整体环境身份的公因子提取与正负向表述有关，其是否会影响统计结果，还需要更多研究加以检验，故如何结合我国社会文化实际以及不同群体的特质，进而准确地测量整体环境身份，尚需付出较大的努力。

其次，相比于整体环境身份而言，环境身份显著性、环境身份突出性和环境身份承诺性对大学生环境行为有着更大的影响。具体而言，环境身份显著性对大学生绿色消费行为和环境参与行为皆有显著的直接影响，且环境身份显著性通过环境行为意向间接影响大学生绿色消费行为，环境身份显著性对大学生环境参与行为的影响相对更大。环境身份突出性对大学生绿色消费行为有着显著的直接影响和总的影响，其亦对大学生环境参与行为产生显著影响。环境身份承诺广度对大学生环境行为有着显著的正向影响，而环境身份承诺深度对其并无显著影响。

这可能与环境身份特性的不同内涵以及环境行为所属的领域有关。一是绿色消费行为隶属于私人领域，与大学生自身的日常生活实践关联更为紧密，绿色购买、使用与处置等行为的实施更多地与自我的内在属性关

---

① 刘立波：《环境身份与环境意识：异同辨析与启示》，《生态经济》2017 年第 6 期。

② Axelrod, L. J., Lehman, D. R., "Responding to Environmental Concern: What Factors Guide Individual Action?," *Journal of Environmental Psychology* 13 (1993): 149 - 159; Grob, A., "A Structural Model of Environmental Attitudes and Behaviour," *Journal of Environmental Psychology* 15 (1995): 209 - 220; Dunlap, R. E., Van Liere, K. D., Mertig, A. G., et al., "Measuring Endorsement of the New Ecological Paradigm: A Revised NEP Scale," *Journal of Social Issues* 56 (2000): 425 - 442; 洪大用：《环境关心的测量：NEP 量表在中国的应用评估》，《社会》2006 年第 5 期。

联，同时在消费实践中他人尤其是同辈群体的认可起着外在支持的作用，进而环境身份在大学生认同体系中位置越高、越得到他人的承认，即环境身份越突出、越显著，就越倾向于实施绿色消费行为。二是环境参与行为发生在公共领域，公共领域行为的实施更多地需要他人的支持与配合，而环境参与通常以维护环境权益、缓解环境问题和提升环境质量为目标，受诸多因素的制约，需要动用和整合更多的资源[①]，故社会网络的扩大、环境身份的自我认同与他人认可及支持，有利于环境参与的实施，即环境身份承诺广度、环境身份显著性与环境身份突出性对环境参与行为有着积极正向的影响。大学生处于预期社会化阶段，为顺利进入社会做准备，其参与活动的目的更多地在于短时间之内锻炼能力、提升与完善自我，而日常环境保护活动收效较缓慢且成效不太明显，环境参与活动则因涉及诸多利益相关者而错综复杂，由此父母、朋友等重要他人对其环境身份的不太关注或者忽视，可能更有利于环境行为的实施。

再次，本研究发现整体环境身份对环境行为的解释力有限，而环境身份的显著性、突出性和承诺性对大学生环境行为有着较复杂的影响，其与认同理论、环境身份的来源与发展有关。如前所述，心理学与社会学都对认同进行了不少研究，有关认同的理论可分为心理学的认同理论和社会学的社会认同理论。而环境身份最早源自心理学的认同理论，该理论将其定义为人与自然环境互动过程中个体形成的一系列有关自然环境和身份的自我观念。尔后有学者利用社会认同理论对其进行拓展，增加了环境身份的身份类型化特征和多重身份的结构层级性特质[②]。本研究中的整体环境身份实则对应心理学的环境身份界定，环境身份的显著性、突出性和承诺性则体现出社会认同理论的特质。故本研究的结论揭示，具有社会结构意涵的环境身份特性更能有效理解与解释大学生不同类型的环境行为。

最后，环境行为意向对大学生绿色消费行为有着显著的正向影响，而对大学生环境参与行为并无显著作用。可能的原因在于，一方面本研究的环境行为意向的测量更多地涉及放弃便利的产品和服务、承担更高的价格等支付方面的内容，距离绿色消费行为相对较近，而与环境参与行为的距

① 冯仕政：《沉默的大多数：差序格局与环境抗争》，《中国人民大学学报》2007年第1期。

② Stets, J. E., Biga, C. F., "Bringing Identity Theory into Environmental Sociology," *Sociology Theory* 21 (2003): 409-435.

离相对较远。另一方面，正如斯特恩[①]所言，环境行为意向仅仅是环境行为的影响因素之一，并非其最为关键的因素。实际上，环境行为的实施往往需要克服一定障碍或者承担相应代价，故条件是否具备、制度是否完善、规范是否明确、重要他人是否期待、金钱与时间成本是否适宜等因素都可能对环境行为产生影响，故后续研究应深度挖掘关键中介变量。

与既有研究发现不同[②]，本研究发现女大学生实施的绿色消费行为更多，而男大学生实施的环境参与行为更多。可能的原因在于：大学生尚处于预期社会化阶段，需完成从“自然人”到“社会人”最为关键的蜕变，为积极融入社会做准备。我国社会认为男性应承担起养家糊口的责任，理应具备崇尚竞争、勇于挑战的市场品格，而女性则承担起照料家庭的责任，相应具备关爱家人、抚育子辈的母性品格，由此男性可能更多地参与环境治理等公共活动，女性则更多关注私人领域的事务，有更多实施绿色消费的可能。而母性品格可能使得女性更为关心环境[③]，进而可能实施更多环境行为，但本研究发现环境态度对环境行为并无直接显著影响，性别的负向间接效应亦侧面反映了这一点（见表 7 - 8）。

与既有研究发现类似[④]，专业对大学生环境行为的影响有限，仅医学类专业大学生实施的绿色消费行为更多，而年级对大学生环境行为并无显著影响。原因可能在于，医学类专业的学生直面疾病等健康问题，对健康与环境间的关系更为了解与关注，故更可能在日常生活实践中关心与保护环境，从而实施更多的绿色消费行为。而环境保护活动需要投入一定的时间和精力、并且需要有相应能力去推动环境保护活动的开展，不同年级的学生在这些方面可能并无实质差别。

本研究发现来自城镇的大学生实施的绿色消费行为更多，而生源地对大学生环境参与行为并无显著影响。原因可能在于，因城乡类型、生活条

---

① Stern, P. C., “Toward a Coherent Theory of Environmentally Significant Behavior,” *Journal of Social Issues* 56 (2000): 407 - 424.

② 刘计峰：《大学生环境行为的影响因素分析》，《当代青年研究》2008 年第 11 期；黄永斌：《大学生环境行为的影响因素及其培育》，《集美大学学报》（哲学社会科学版）2014 年第 4 期。

③ 洪大用、肖晨阳：《环境关心的性别差异分析》，《社会学研究》2007 年第 2 期。

④ 钟毅平、谭千保、张英：《大学生环境意识与环境行为的调查研究》，《心理科学》2003 年第 3 期；沈昊婧、谢双玉、高悦等：《大学生环境行为调查及其影响因素分析——以武汉地区为例的实证研究》，《华中师范大学学报》（自然科学版）2010 年第 4 期。

件等的差异，来自城镇的大学生在绿色消费方面有着更多的选择机会与更完备的实施条件。需要注意的是，大学生属于文化素养较高的群体，其中的绝大多数个体通过高考等选拔手段进入大学所在城市生活，深处其间的大学生更易受到都市观念的熏陶，且接受高等教育的过程势必会重塑其价值观念和情感态度，其行为选择亦会发生改变，从而易消解居住地或生源地对其环境行为的影响。实际上，既有研究以及本研究只是统计大学生的原居住地信息，将之分为城镇、农村两类或东部、中部、西部地区等类别，对不同居住地的大学生环境行为进行比较，实则仍将大学生环境行为的影响因素做静态处理，忽视了迁移过程对大学生环境行为的可能影响以及大学生环境行为本身的动态变化过程。

综上所述，本研究认为：一是高校要充分发挥大学生在环境保护中的主体作用，宣扬环境保护、人人有责的理念，将其融入每一个学子的观念里，并将生态文化纳入校园文化建设体系之中，促使大学生对人类与环境之间的关系有更深入的体会与反思，进而在日常生活交往与交流过程中呈现其环境保护者身份的显著性、突出性与承诺性，为生态文明建设做出应有的贡献；二是重视校内环保组织的发展与壮大，鼓励其宣扬绿色发展、绿色生活、绿色实践的理念，积极开展形式活泼、内容丰富的环境保护活动，吸引更多的大学生参与到关心与保护环境的行列中来，促使他们成为忠实的环境保护倡导者和践行者；三是推进环境教育改革，如开设系列环境保护课程，加强环境知识传授、环境信息传播与环境价值观熏陶力度，促使学生们充分意识到环境问题与环境风险的严峻性，明确环境问题的社会致因及社会影响，同时丰富环境教育与环境宣传形式，使学生能够在多样化的活动中汲取更多的环境知识、内化环境价值理念，并贯彻落实到日常生活实践之中。

当然，新型冠状病毒肺炎疫情期间采取网络问卷调查方式收集资料，可能影响研究结论的解释力，故尚需更多、更深入的研究加以验证与推进。另外本研究虽然结合我国实际以及大学生群体特征，对环境身份量表、环境行为量表进行了一定的本土化探索，但仍存在较大的改进空间，期待后续研究加以完善。

第八章　结论与展望

一　研究结论

（一）公众环境行为的基本情况

我国公众实施环境行为的水平较低，呈现日常性、浅层性、弱参与、简易性等特征。相对而言，城市居民较农村居民实施更高水平的环境行为。根据实施领域的不同，我国公众的环境行为可分为私域环境行为与公域环境行为两大类别，虽然二者整体水平皆较低，但私域环境行为的实施水平相对较高；城市居民较农村居民实施更高水平的私域环境行为，但城乡居民在公域环境行为实施方面并无显著差别。2003～2013 年十年间，我国城市居民环境行为并没有显著变化，整体处于较低水平。相比于 2003 年城市居民私域环境行为与公域环境行为的水平，2013 年城市居民私域环境行为水平有一定提升，但公域环境行为水平则有一定幅度的下降。

（二）公众环境行为的城乡差异

我国城乡居民环境行为存在显著差异，且相比于农村居民，城市居民实施的环境行为更多。信息分割假设、环境意识假设在本书均得到验证，但阶层地位假设未获支持，环境污染驱动假设、环境保护二元控制体系假设仅得到部分验证。具体而言，大众传媒接触越多、环境意识水平越高、对居住地环境保护力度有着明确判断的城乡居民，实施的环境行为越多，而阶层地位对环境行为并无显著影响，环境意识作为中介变量，对城乡居民环境行为的实施起着较为重要的作用，且内在约束的影响相对大于外在制约的作用。进而本书提出完善环保设施与环保服务、加强环境信息披露、提升环境意识水平以促进环境行为的培育与激发。

（三）健康状况与公众环境行为

居民的客观健康状况越差，则其获取的环境健康知识越丰富，并会积极采取健康促进行为，进而实施越多的私域环境行为与公域环境行为。居民的主观健康状况越好，越倾向于实施私域环境行为，并通过环境忧虑感、环境健康知识、健康促进行为对私域环境行为和公域环境行为产生间接影响，其中环境忧虑感、环境健康知识和健康促进行为对私域环境行为起着部分中介作用，对公域环境行为则存在着遮掩效应。总体而言，健康促进论在本书中得到部分验证并修正，居民的自评健康状况越好，则在环境认知驱动机制下实施的环境行为越多；不良健康状况则在环境情感驱动机制下反促环境行为的实施，即健康状况对环境行为的影响遵循“环境问题内生化－主体体验策略化－行为选择外展化”的内在逻辑。

基于此，在环境治理的进程中，除开我国传统的政府主导型环境治理模式，应采取适宜的策略以提升个体的积极性和参与水平。要注重“健康中国”战略下的健康社区建设，构建多层次的居民健康促进机制，鼓励居民实行更多的环境行为。在环境教育与环境宣传过程中，应基于居民健康状况等因素采取差异化策略，以唤起其环境情感共鸣或提升其环境认知水平，使之掌握适宜的健康促进方法，增促其实施更多的环境行为。

（四）社会结构制约、主观规范约束与公众节能行为

整体而言，在我国居民的节能行为影响因素当中，社会结构制约的作用并不明显，而主观规范则起着重要的促进作用。若要对节能行为加以引导，则要更注重激发居民主体的能动性。

首先，用于衡量客观阶层地位的职业和收入指标对节能行为均无显著影响，而主观阶层地位却对节能行为存在显著负向影响，即客观阶层地位假设在本书中并未获得支持，主观阶层地位假设则被推翻。原因可能在于，我国社会的阶层结构尚处于不稳定的建构期，未形成稳定的阶层状态。对于节能行为来说，这样的碎片化、模糊性的阶层特点难以切实反映出其影响作用。故从阶层地位方面对节能行为的解释需结合“经济理性”的考量，并依据中国的阶层状况来展开。

其次，在与西部地区居民节能行为的比较当中，中部地区居民没有显示出显著差别，而东部地区居民则显示出显著的负效应，这说明东部地区

居民的节能行为水平要低于中西部地区居民。与农村居民相比，城市居民的节能行为水平并不显著提升或降低。故对于实施节能行为来说，“污染驱动”的解释力度不如“习惯驱动”和“经济驱动”。此外，主观规范水平越高，居民的节能行为水平也越高，即随着社会规范内化程度以及个体能动性的提升，其节能行为水平也相应地提高。行动者节能实践主要依靠其主观能动性而产生影响，而主观能动性正是通过内化社会“规训”而得以再生产。

（五）生活者对垃圾分类主体衡量

居民实施垃圾分类的水平较低，即正确实施垃圾分类与正确投放垃圾的行为比例有待提升。垃圾分类的主体衡量过程包括信息收集、行为准备、行为实施和行为反思四个阶段。在信息收集阶段，行为主体侧重于收集和理解垃圾分类的相关信息。在行为准备阶段，行为主体经由衡量实施垃圾分类行为的成本和可能风险而对后续行为的实施做出判断。在行为实施阶段，行为主体侧重于衡量效率、利益和价值三方面的需求。在行为反思阶段，行为主体尝试建构垃圾分类的价值与意义，以决定是否再次实施垃圾分类行为。

居民在主体衡量过程的不同阶段侧重的要素存在差异，主要包括信息、操作距离、物质资料、风险收益等要素。在信息因素方面，居民侧重于关注垃圾分类信息是否易于理解与接受；在操作距离上，居民侧重于关注实施垃圾分类行为所需付出的时间和空间距离；在物质资料方面，居民关注的是实施垃圾分类行为所付出的物质成本。在风险和收益方面，居民关注的是若未实施垃圾分类行为可能需承担的不确定的风险，以及自己正确实施垃圾分类行为所可能获得的收益。

居民对垃圾分类行为的主体衡量包括行为效率、行为价值和主体角色的建构。对垃圾分类行为效率意义的建构，是行为主体结合实施垃圾分类行为所需信息的理解、操作距离的远近、物质成本的多少进行主体衡量，进而判断垃圾分类行为有效性的过程。对垃圾分类行为价值的建构，是行为主体结合实施垃圾分类行为可能遭遇的不确定因素与自己已有的价值观进行主体衡量，来判断实施垃圾分类行为对于自己的价值意义的过程。对垃圾分类行为主体角色的建构，是行为主体结合自己实施垃圾分类行为的作用与社会群体的作用进行主体衡量的过程，是行为主体确认自己行为主体性的过程。若要突破城市生活垃圾分类问题的社会两难困境，就需要根据行为主体衡量的过程消除行为障碍，在根本上确立起居民的主体性。

（六）环境身份、环境态度与大学生环境行为

大学生环境行为实施水平相对较低，绿色消费行为的实施水平相对高于环境参与行为的实施水平。环境态度对大学生绿色消费行为与环境参与行为并无显著影响，而涵盖对待自然环境的方式、自我与自然环境的联结两方面意涵的整体环境身份对大学生环境行为影响有限，仅对待自然环境的方式对大学生绿色消费行为存在显著影响。环境身份显著性对大学生绿色消费行为和环境参与行为皆有显著的直接影响，且环境身份显著性通过环境行为意向间接影响大学生绿色消费行为，环境身份显著性对大学生环境参与行为的影响相对更大。环境身份突出性对大学生绿色消费行为有着显著的直接影响和总的影响，其亦对大学生环境参与行为产生显著影响。环境身份承诺广度对大学生环境行为有着显著的正向影响，而环境身份承诺深度对其并无显著影响。环境行为意向对大学生绿色消费行为有着显著的直接影响和一定的中介作用，而环境行为意向对大学生环境参与行为并无显著影响。进而本书提出明晰与突出大学生环境保护者的身份、重视校内环保组织的发展与壮大以及推进环境教育改革等措施，促使大学生将环境行为落实到日常生活实践之中。

二　研究展望

（一）对多元主体的环境行为开展深入研究

本书在通常意义上将公众理解为社会个体的集合体，并在公众同质性的预设下开展研究。在后续研究中应关注到公众的异质多元性，立足于不同群体的特质，拓展与推进既有研究。如斯特恩基于私人领域与公共领域区分、激进与否、直接与间接效果等方面的考虑，将环境行为分为激进的环境行为、公共领域的非激进环境行为、私人领域环境行为、组织内的其他环境行为四类，且他认为参加环保组织并做出贡献、支持公共政策等公共领域的非激进环境行为往往对环境起着间接但较大的作用，而工程师设计环保产品、决策者选择环保标准、消费者是否采用环保材料装修等组织内环境行为则对环境直接产生较大的作用。① 由此可见，政策制定者与执

① Stern, P. C., "Toward a Coherent Theory of Environmentally Significant Behavior," *Journal of Social Issues* 56 (2000): 407 - 424.

行者、环境友好技术研发者与绿色产品设计者、环境保护组织者与参与者、不同类型的消费者、大学生与中小学生在环境行为实施及其效应方面存在显著差异，故应在正视这些差异的基础上，结合群体特质，对多元主体及其相互间的环境行为开展深入研究。

（二）对不同类别的环境行为展开深入探讨

本书对一般意义上的环境行为与节约能源、垃圾分类、环境消费、环境参与等具体环境行为开展了研究，但对说服行为、经济行为、生态管理行为、教育行为、法律行为、公民行为等中观层面的环境行为缺乏关注与探讨，故应在全面梳理国内外具体环境行为研究的基础上，从环境行为的实施领域、层次及特质等方面对环境行为类型及内在关系做进一步的理论与实证分析。此外，有研究者认为人类行为具有保护与破坏环境之双重性质，进而区分环境保护行为与环境破坏行为[①]、逆环境行为[②]、非环境行为等类型，应结合其行为实践，对其影响因素及其生成机制展开深入探讨。

（三）探究影响环境意识与环境行为关系的调控因素及内在机制

某些研究发现环境意识与环境行为之间的关系并非预设的那般强烈，甚至较弱，于是着重探寻彼此间的调控因素。如瓜纳诺德等人提出 A - B - C 模型，认为环境行为是环境态度与外在条件共同作用的结果，并指出环境态度对环境行为的作用取决于外在条件的具体情形。[③] 迪茨等人则将环境行为分为亲环境消费行为、环境政治行动等不同类别，不同类型的环境行为有着不同的社会心理与社会结构影响因素。[④] 布莱克（Blake）认为环境关心与亲环境行为之间存在个性、责任与可行性三个方

---

① 崔凤、邢一新：《环境行为的社会学研究回顾》，《南京工业大学学报》（社会科学版）2012 年第 2 期。

② 王民：《环境意识及测评方法研究》，中国环境科学出版社，1999，第 12 页。

③ Guagnano, G. A., Stern, P. C., Dietz, T., "Influences on Attitude-Behavior Relationships: A Natural Experiment with Curbside Recycling," *Environment and Behavior* 27 (1995): 699 - 718.

④ Dietz, T., Stern, P. C., Guagnano, G. A., "Social Structural and Social Psychological Bases of Environmental Concern," *Environment and Behavior* 30 (1998): 450 - 470.

面的阻碍。[①] 日本学者山际章则认为个体的环保行为是在对他人环保行为判断、评价及互动的背景下产生的，并将环境行为分为“主动环保型”“从众环保型”“逆反型”“困境成立型”四种类型。[②]

在后续的研究中，可着重研究环境政策与环保工作评价、环境事件与环境舆论、社会经济状况、社会网络、人际压力、行动机会与障碍、生活习惯、个性特征等调控因素对环境认知、环境情感、环境价值观、环境信念、环境行为意向等环境意识的构成成分与具体环境行为之间的关系有何影响，以及对不同类型的环境行为有何直接效应，揭示调控公众环境意识与环境行为关系的内在机制，详见图 8－1。

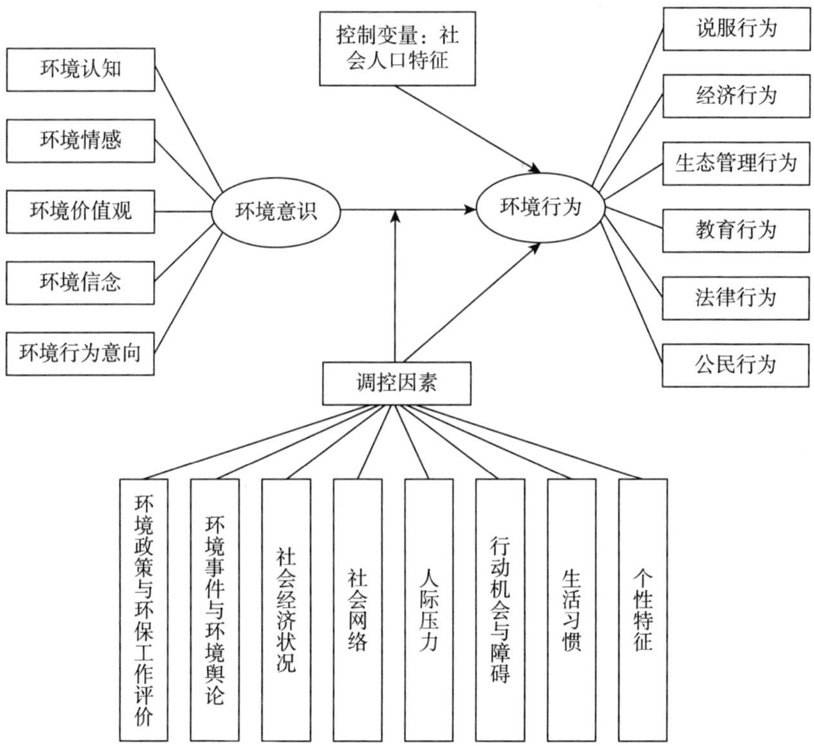

图 8－1　进一步研究的分析框架

① Blake, J., “Overcoming the ‘Value-action Gap’ in Environmental Policy: Tensions between National Policy and Local Experience,” *Local Environment* 4 (1999): 257－278.

② 转引自“中国公众环境素质评估指标体系研究”项目组《中国公众环境素质评估指标体系研究》，中国环境科学出版社，2010。

（四）推进环境行为实践的动态过程分析

现有研究侧重于对某一时点、一般意义上的环境行为的静态考察，忽视了环境行为实践的时间维度及动态过程。实际上，不同因素在环境行为实践过程中的不同阶段可能起着不同作用，如环境行为早期阶段更多地被环境价值观所影响，而在后期更多地受到来自具体观念、行为技巧与策略的影响。① 故应对某一或某类环境行为产生、维系、固化抑或转化的动态过程进行深入研究，以期进一步揭示环境行为实践的内在机制。此外，绵延的行动进程中，蕴含着过去经验、当下体验以及未来筹划等时间面向，故应对环境记忆、环境体验、环境期望对环境行为实践的交织作用，结构制约与主体能动之间的相互影响开展深入研究。

（五）采用多种研究方法深化既有研究

国内外学者大多采取问卷调查方法测量被访者自我报告的环境行为，由于社会期望效应、主观偏差、客观情境等因素的影响，自我报告的环境行为与实际环境行为可能存在一定的差距。当然，绝大多数的学者认为自我报告的环境行为能大致反映实际环境行为，故常将自我报告的环境行为等同为实际环境行为，只是在得出结论和做出解释时应保持谨慎。此外，除开问卷调查法，可采用观察法、实验法、自我报告与他人报告对比法、内容分析法等多种研究方法以推进既有环境行为研究。此外，应采用定量研究与定性分析相结合的方法，发掘不同类型环境行为的生成机制，明晰相应生成机制对促进环境教育、环保倡导、环境政策落实以及环境治理有何积极效应，具体识别并细分实施环境行为的居民类型，进而夯实推进环境保护与生态文明建设的社会基础。

---

① Dahlstrand, U., Biel, A., "Pro-environmental Habits: Propensity Levels in Behavioural Change," *Journal of Applied Social Psychology* 27 (1997): 588 - 601. 本书第五章垃圾分类实践中的主体衡量过程亦体现了这一点。

参考文献

安东尼·吉登斯:《社会的构成》,李康、李猛译,生活·读书·新知三联书店,1998。

白丹丹:《大学生环境态度与行为的定量研究》,硕士学位论文,中央民族大学,2012。

包智明:《环境问题研究的社会学理论——日本学者的研究》,《学海》2010 年第 2 期。

边燕杰:《理论导向的实证社会学研究》,《中国社会科学评价》2015 年第 2 期。

曾昭鹏:《环境素养的理论与测评研究》,博士学位论文,南京师范大学,2004。

常跟应、李曼、刘书朋:《我国家庭废物回收的社会人口、心理机制研究》,《东北大学学报》(社会科学版)2010 年第 1 期。

陈阿江:《次生焦虑》,中国社会科学出版社,2010。

陈阿江:《探索城市生活垃圾处置新方向》,《中国社会科学报》2012 年 8 月 3 日。

陈阿江、罗亚娟、陈涛:《"先污染后治理"的路径与后果——环保与卯集皮革业发展之案例研究》,《广西民族大学学报》(哲学社会科学版)2011 年第 3 期。

陈阿江:《"癌症村"内外》,《广西民族大学学报》(哲学社会科学版)2013 第 2 期。

陈阿江、程鹏立:《村民是如何化解环境健康风险的?》,《南京农业大学学报》(社会科学版)2011 年第 2 期。

陈阿江、程鹏立:《"癌症 - 污染"的认知与风险应对——基于若干"癌症村”的经验研究》，《学海》2011 年第 3 期。

陈刚：《创意传播管理：数字时代的营销革命》，机械工业出版社，2012。

陈海滨、杨龑：《社会化与专业化相结合的垃圾分类“双轨策略”探究》，《环境卫生工程》2016 第 8 期。

陈凯、赵占波：《绿色消费态度 - 行为差距的二阶段分析及研究展望》，《经济与管理》2015 年第 1 期。

陈绍军、李如春、马永斌：《意愿与行为的悖离：城市居民生活垃圾分类机制研究》，《中国人口·资源与环境》2015 年第 5 期。

陈向明：《质的研究方法与社会科学研究城市居民环境行为研究》，教育科学出版社，2000。

陈肖静：《基于层次分析法的中国城市生活垃圾分类收集方案优选——以上海市浦东新区为例》，《中国人口·资源与环境》2015 年第 S2 期。

陈学金：《“结构”与“能动性”：人类学与社会学中的百年争论》，《贵州社会科学》2013 年第 11 期。

陈智鹏：《探索垃圾分类中的多元主体合作共治模式——基于南京“志达模式”的实证研究》，《江苏第二师范学院学报》2016 年第 5 期。

程鹏立、唐争翠：《工业污染与癌症高发的社会学分析》，《医学与社会》2010 年第 6 期。

程鹏立：《日本“水俣病”的社会学研究》，《河海大学学报》（哲学社会科学版）2008 年第 4 期。

崔凤、唐国建：《环境社会学：关于环境行为的社会学阐释》，《社会科学辑刊》2010 年第 3 期。

崔凤、邢一新：《环境行为的社会学研究回顾》，《南京工业大学学报》（社会科学版）2012 年第 2 期。

邓芙蓉、王欣、卢秀玲等：《大学生环境健康知识、态度和行为及其影响因素的调查与分析》，《环境与健康杂志》2011 年第 8 期。

邸菲菲：《中国居民行为态度、生活方式、幸福感与环境行为关系的研究——基于 CGSS2013 数据》，《干旱区资源与环境》2018 年第 3 期。

丁瑜、李会：《住院康复精神病人日常生活实践中的充权——一个广州的个案研究》，《社会》2013 年第 4 期。

丁志华、刘振华、冯猜猜等：《城乡居民能源消费行为差异性分析——以江苏省为例》，《商业经济研究》2016 第 3 期。

段文杰、盛君榕、慕文龙等：《环境知识异质性与环保行为》，《科学决策》2017 年第 10 期。

饭岛伸子：《环境社会学》，包智明译，社会科学文献出版社，1999。

范文宇、薛立强：《历次生活垃圾分类为何收效甚微——兼论强制分类时代下的制度构建》，《探索与争鸣》2019 年第 8 期。

范叶超：《社会实践论：欧洲可持续消费研究的一个新范式》，《国外社会科学》2017 年第 1 期。

范叶超、洪大用：《差别暴露、差别职业和差别体验——中国城乡居民环境关心差异的实证分析》，《社会》2015 年第 3 期。

冯仕政：《沉默的大多数：差序格局与环境抗争》，《中国人民大学学报》2007 年第 1 期。

冯怡琳：《城镇居民的节能意识和节能状况》，《中国统计》2008 年第 8 期。

龚文娟：《中国城市居民环境友好行为之性别差异分析》，《妇女研究论丛》2008 年第 6 期。

郭彬：《大学生环境意识与环境行为关系研究》，硕士学位论文，大连理工大学，2009。

郭华、李后建：《能源节约行为影响因素的实证研究》，《宏观经济研究》2017 年第 9 期。

郭利京、赵瑾：《非正式制度与农户亲环境行为——以农户秸秆处理行为为例》，《中国人口·资源与环境》2014 年第 11 期。

郭琪、樊丽明：《城市家庭节能措施选择偏好的联合分析——对山东省济南市居民的抽样调查》，《中国人口·资源与环境》2007 年第 3 期。

国家环境保护总局、教育部编《全国公众环境意识调查报告》，中国环境科学出版社，1999。

韩洪云、张志坚、朋文欢：《社会资本对居民生活垃圾分类行为的影响机理分析》，《浙江大学学报》（人文社会科学版）2016 年第 3 期。

韩磊：《华东某煤矿粉尘污染变化趋势、煤工尘肺发病特征及其预测研究》，博士学位论文，南京医科大学，2016。

郝明月：《垃圾分类中环境意识与环境行为的相关性探究——北京市居民垃圾分类现状及环保意识的调查》，《环境与发展》2009 年第 2 期。

何孟伟、黄世伟、刘婧楠等：《助推上海市垃圾分类的“C－GSSC”循环研究》，《中国人口·资源与环境》2015 年第 S2 期。
洪大用：《我国公众环境保护意识的调查与分析》，《中国人口·资源与环境》1997 年第 2 期。
洪大用：《我国城乡二元控制体系与环境问题》，《中国人民大学学报》2000 年第 1 期。
洪大用：《环境关心的测量：NEP 量表在中国的应用评估》，《社会》2006 年第 5 期。
洪大用：《理论自觉与中国环境社会学的发展》，《吉林大学社会科学学报》2010 年第 3 期。
洪大用：《环境社会学的研究与反思》，《思想战线》2014 年第 4 期。
洪大用：《复合型环境治理的中国道路》，《中共中央党校学报》2016 年第 3 期。
洪大用等：《中国民间环保力量的成长》，中国人民大学出版社，2007。
洪大用等：《环境友好的社会基础——中国市民环境关心与行为的实证研究》，中国人民大学出版社，2012。
洪大用、范叶超、肖晨阳：《检验环境关心量表的中国版（CNEP）——基于 CGSS 2010 数据的再分析》，《社会学研究》2014 年第 4 期。
洪大用、卢春天：《公众环境关心的多层分析——基于中国 CGSS2003 的数据应用》，《社会学研究》2011 年第 6 期。
洪大用、肖晨阳：《环境关心的性别差异分析》，《社会学研究》2007 年第 2 期。
侯漪：《中国居民的环境行为分析》，硕士学位论文，上海社会科学院，2015。
胡锦涛：《坚定不移沿着中国特色社会主义道路前进 为全面建成小康社会而奋斗——在中国共产党第十八次全国代表大会上的报告》，人民出版社，2012。
胡连生：《从物质主义到后物质主义——现代西方社会价值理念的转向》，《当代世界与社会主义》2006 年第 2 期。
胡澎：《日本社会变革中的“生活者运动”》，《日本学刊》2008 年第 4 期。
胡晓云：《湖北省居民健康素养状况及其对健康状况的影响》，博士学位论文，华中科技大学，2009。

黄永斌：《大学生环境行为的影响因素及其培育》，《集美大学学报》（哲学社会科学版）2014 年第 4 期。

贾春增：《外国社会学史》（修订本），中国人民大学出版社，2000。

贾子利：《北京市生活垃圾分类及处置方式研究》，硕士学位论文，北京林业大学，2011。

焦开山：《健康不平等影响因素研究》，《社会学研究》2014 年第 5 期。

金玉萍：《电视实践与维吾尔族村民日常生活研究——基于托台村民族志调查》，《新闻与传播研究》2012 年第 1 期。

亢楠楠、王尔大：《主观幸福感对居民环境行为的影响研究》，《统计研究》2017 年第 5 期。

李春玲：《社会阶层的身份认同》，《江苏社会科学》2004 年第 6 期。

李飞、杜云素：《阶层分化与农民乡城永久迁移——基于 CGSS 2010 数据分析》，《人口与经济》2017 年第 3 期。

李航、任学慧：《北京市居民能源消费行为研究》，《商业时代》2013 年第 25 期。

李浩华：《集中居住区与分散居住区农户环境行为的对比分析——以南京市为例》，《湖南农业科学》2013 年第 11 期。

李金兵、唐方方、白晨：《城市居民环境行为模型构建——基于北京城市居民的调研数据分析》，《技术经济与管理研究》2014 年第 2 期。

李莉、范叶超：《环境意识对大学生环境行为的影响研究》，《当代青年研究》2011 第 9 期。

李强：《从“整体型社会聚合体”到“碎片化”的利益群体——改革开放 30 年与我国社会群体特征的变化》，《新视野》2008 年第 5 期。

李强：《当前我国社会分层结构变化的新趋势》，《江苏社会科学》2004 年第 6 期。

李强：《农民工与中国社会分层》（第二版），社会科学文献出版社，2012。

李文娟：《影响个人环境保护行为的多因素分析》，硕士学位论文，厦门大学。

李晓非、李达：《大学生环保行为的经济学实验研究》，《生态经济》2018 年第 2 期。

李玉红、李旭东：《贵阳市城市居民能源使用行为影响因素分析》，《曲靖师范学院学报》2017 年第 6 期。

栗治强、王毅杰：《垃圾桶的功能及其社会建构——基于一个高校社区的社会学考察》，《河海大学学报》（哲学社会科学版）2010 年第 2 期。

练玉春：《论米歇尔·德塞都的抵制理论——避让但不逃离》，《河北学刊》2004 年第 2 期。

廖银章：《国外城市生活垃圾管理政策及启示》，《软科学》2000 年第 1 期。

林兵、刘立波：《环境身份：国外环境社会学研究的新视角》，《吉林师范大学学报》（人文社会科学版）2014 年第 5 期。

林晓珊：《国外汽车消费社会学研究述评》，《社会》2008 年第 6 期。

刘计峰：《大学生环境行为的影响因素分析》，《当代青年研究》2008 年第 11 期。

刘精明、李路路：《阶层化：居住空间、生活方式、社会交往与阶层认同——我国城镇社会阶层化问题的实证研究》，《社会学研究》2005 年第 3 期。

刘静、李伦兰、甘玉云等：《健康行为相关测评工具的研究进展》，《中国全科医学》2019 年第 13 期。

刘立波：《环境身份理论视角下的行动者环境行为研究》，《生态经济》2015 年第 10 期。

刘立波：《环境身份理论视域下的青年群体环境行为研究》，《中国青年研究》2017 第 6 期。

刘立波：《环境身份与环境意识：异同辨析与启示》，《生态经济》2017 年第 6 期。

刘敏：《低碳经济背景下构建湖南低碳消费生活方式研究》，《消费经济》2009 年第 5 期。

刘贤伟、吴建平：《大学生环境价值观与亲环境行为：环境关心的中介作用》，《心理与行为研究》2013 年第 6 期。

刘宇伟：《国外住户节能行为的机理、促进策略及对我国的启示》，《科学经济社会》2011 年第 2 期。

卢晖临、李雪：《如何走出个案：从个案研究到走出个案研究》，《中国社会科学》2007 年第 1 期。

鲁先锋：《垃圾分类管理中的外压机制与诱导机制》，《城市问题》2013 年第1期。
陆歆弘：《城市居民居住节能行为与意识实证研究》，《城市问题》2012年第3期。
陆学艺：《当代中国社会阶层的分化与流动》，《江苏社会科学》2003年第4期。
陆学艺主编《当代中国社会阶层研究报告》，社会科学文献出版社，2002。
吕维霞、杜鹃：《日本垃圾分类管理经验及其对中国的启示》，《华中师范大学学报》（人文社会科学版）2016年第1期。
马果等：《城镇消费者节能家电购买行为及影响因素研究》，《重庆大学学报》（社会科学版）2012年第6期。
马戎、郭建如：《中国公民在环境意识与环保态度方面的差异》，《社会科学战线》2000年第1期。
毛哲山、刘珍玉：《中国和国外社会阶层结构的比较分析》，《新疆社会科学》2012年第1期。
芈凌云、顾曼、杨洁等：《城市居民能源消费行为低碳化的心理动因——以江苏省徐州市为例》，《资源科学》2016年第4期。
穆泉、张世秋、马训舟：《北京市居民节水行为影响因素实证分析》，《北京大学学报》（自然科学版）2014年第3期。
鸟越皓之：《环境社会学——站在生活者的角度思考》，宋金文译，中国环境科学出版社，2009。
鸟越皓之：《日本的环境社会学与生活环境主义》，闰美芳译，《学海》2011年第3期。
牛建林：《人口流动对中国城乡居民健康差异的影响》，《中国社会科学》2013年第2期。
牛云翥、牛叔文、张馨等：《家庭能源消费与节能减排的政策选择》，《中国软科学》2013年第6期。
潘春梅：《元阳县箐口村哈尼族日常生活实践中的妇女角色》，《中南民族大学学报》（人文社会科学版）2008年第2期。
潘绥铭、姚星亮、黄盈盈：《论定性调查的人数问题：是“代表性”还是“代表什么”的问题——“最大差异的信息饱和法”及其方法论意义》，《社会科学研究》2010年第4期。

彭玉生：《"洋八股"与社会科学规范》，《社会学研究》2010年第2期。
彭远春：《我国环境行为研究述评》，《社会科学研究》2011年第1期。
彭远春：《试论我国公众环境行为及其培育》，《中国地质大学学报》（社会科学版）2011年第5期。
彭远春：《城市居民环境行为的结构制约》，《社会学评论》2013年第4期。
彭远春：《国外环境行为影响因素研究述评》，《中国人口·资源与环境》2013年第8期。
彭远春：《城市居民环境行为研究》，光明日报出版社，2013。
彭远春：《城市居民环境认知对环境行为的影响分析》，《中南大学学报》（社会科学版）2015年第3期。
彭远春：《环境身份、环境态度对大学生环境行为的影响分析》，《求索》2020年第4期。
彭远春、毛佳宾：《行为控制、环境责任感与城市居民环境行为——基于2010CGSS数据的调查分析》，《中南大学学报》（社会科学版）2018年第1期。
彭远春、曲商羽：《居民健康状况对环境行为的影响——基于CGSS 2013数据的分析》，《南京工业大学学报》（社会科学版）2020年第4期。
彭远春、张甜甜：《环境约束下的我国社会管理新趋向》，《天府新论》2012年第1期。
齐亚强、牛建林：《地区经济发展与收入分配状况对我国居民健康差异的影响》，《社会学评论》2015年第2期。
钱卫冲、郭剑涛、张文生等：《体重指数过低与总死亡率关系的前瞻性研究》，《中华医学杂志》2001年第19期。
青平、聂坪、陶蕊：《城市居民节水行为的实证分析——基于消费者计划行为理论的视角》，《华中农业大学学报》（社会科学版）2012年第6期。
曲英、朱庆华：《情境因素对城市居民生活垃圾源头分类行为的影响研究》，《管理评论》2010年第9期。
邵艳军、时立荣、李岭：《对大学生公共环境意识及其影响因素的变量分析》，《创新》2011年第1期。

沈昊婧、谢双玉、高悦等：《大学生环境行为调查及其影响因素分析——以武汉地区为例的实证研究》，《华中师范大学学报》（自然科学版）2010 年第 4 期。

沈立军：《大学生环境价值观、环境态度和环境行为的特点及关系研究》，硕士学位论文，山西大学，2008。

施维：《广州城市生活垃圾分类与处理的政府作用研究》，硕士学位论文，华南理工大学，2014。

石洪景：《低碳政策对城市居民节能行为的影响》，《北京理工大学学报》（社会科学版）2016 年第 5 期。

石志恒、晋荣荣、穆宏杰：《信息传播培养理论视域下的农户亲环境行为研究——对甘肃省 19 个县（区）542 农户的调研分析》，《西部论坛》2018 年第 2 期。

时立荣、常亮、闫昊：《对环境行为的阶层差异分析——基于 2010 年中国综合社会调查的实证分析》，《上海行政学院学报》2016 年第 6 期。

宋金文：《生活环境主义的社会学意义——生活环境主义中的“生活者视角”》，《河海大学学报》（哲学社会科学版）2009 年第 2 期。

宋言奇：《发达地区农民环境意识调查分析——以苏州市 714 个样本为例》，《中国农村经济》2010 年第 1 期。

宋燕平、滕瀚：《农业组织中农民亲环境行为的影响因素及路径分析》，《华中农业大学学报》（社会科学版）2016 年第 3 期。

宋玉玉：《生活者概念的发展嬗变与反思——从马克思的“生活者”思想到数字生活空间的“生活者”》，《广告大观》2018 年第 4 期。

宋悦华：《公众环境意识测量指标研究——以大连理工大学环境意识调查为例》，《环境科学与管理》2007 年第 5 期。

孙涛：《公众环境行为的影响因素及其作用机制研究》，硕士学位论文，华中农业大学，2017。

孙岩：《城市居民环境行为影响因素的实证研究》，《管理学报》2012 年第 1 期。

孙岩、冯立芳、庞阿荣：《城市居民能源使用行为的影响因素分析》，《科研管理》2013 年第 8 期

孙岩、江凌：《城市居民能源消费的群体细分与行为特征》，《城市问题》

2013 年第 9 期。

孙岩、江凌：《心理因素对城市居民能源消费行为的影响研究》，《消费经济》2013 第 3 期。

孙岩、刘富俊：《城市居民能源购买行为影响因素的实证研究》，《生态经济》2013 年第 10 期。

汤艳梅、耿柳娜：《环保行为和多维幸福感的关系研究》，《青年探索》2017 年第 4 期。

童昕、陶栋艳、冯凌等：《可持续转型社区行动：社区生活垃圾分类实验反思》，《北京大学学报》（自然科学版）2018 年第 1 期。

万翀昊、司汉武：《宗教信仰对居民环境行为影响的回归分析——基于 CGSS 2010 年数据库》，《忻州师范学院学报》2015 年第 6 期。

万松钱、鞠芳辉：《绿色消费中的“态度－行为意向”差距及其政策含义》，《东北大学学报》（社会科学版）2012 年第 3 期。

王冰雪：《调侃・狂欢・抵抗——网络空间中民众化转向的另类表达与实践》，《新闻大学》2014 年第 5 期。

王财玉、雷雳：《消费者健康促进行为的类型及形成机制》，《心理科学进展》2015 年第 4 期。

王芳：《行动者及其环境行为博弈：城市环境问题形成机制的探讨》，《上海大学学报》（社会科学版）2006 年第 6 期。

田翠琴、赵志林、赵乃诗：《农民生活型环境行为对农村环境的影响》，《生态经济》2011 年第 2 期。

王甫勤：《地位束缚与生活方式转型——中国各社会阶层健康生活方式潜在类别研究》，《社会学研究》2017 年第 6 期。

王甫勤：《社会经济地位、生活方式与健康不平等》，《社会》2012 年第 2 期。

王甫勤：《谁应对健康负责：制度保障、家庭支持还是个体选择?》，《社会科学》2015 年第 12 期。

王国猛、黎建新、廖水香等：《环境价值观与消费者绿色购买行为：环境态度的中介作用研究》，《大连理工大学学报》（社会科学版）2010 年第 4 期。

王建明：《资源节约意识对资源节约行为的影响——中国文化背景下一个

交互效应和调节效应模型》,《管理世界》2013 年第 8 期。

王建明:《环境情感的维度结构及其对消费碳减排行为的影响——情感 - 行为的双因素理论假说及其验证》,《管理世界》2015 年第 12 期。

王建明、王俊豪:《公众低碳消费模式的影响因素模型与政府管制政策——基于扎根理论的一个探索性研究》,《管理世界》2011 年第 4 期。

王建明、吴龙昌:《家庭节水行为响应机制研究:道家价值观视阈下的 TPB 拓展模型》,《财经论丛》2016 年第 5 期。

王建明、吴龙昌:《亲环境行为研究中情感的类别、维度及其作用机理》,《心理科学进展》2015 年第 12 期。

王磊、钟杨:《中国城市居民环保态度、行为类别及影响因素研究——基于中国 34 个城市的调查》,《上海交通大学学报》(哲学社会科学版)2014 年第 6 期。

王玲:《农村居民环境行为的影响机制研究》,硕士学位论文,西北农林科技大学,2012。

王民:《环境意识及测评方法研究》,中国环境科学出版社,1999。

王培刚、陈心广:《社会资本、社会融合与健康获得——以城市流动人口为例》,《华中科技大学学报》(社会科学版)2015 年第 3 期。

王睿、姜雯、申俊龙:《基于多中心治理理论的视角探讨中国特色的健康社区治理模式》,《中国全科医学》2018 年第 5 期。

王婷婷:《公众生活垃圾源头分类行为影响因素研究》,硕士学位论文,浙江理工大学,2015。

王晓楠:《我国环境行为研究 20 年:历程与展望——基于 CNKI 期刊文献的可视化分析》,《干旱区资源与环境》2019 年第 2 期。

王玉君、韩冬临:《经济发展、环境污染与公众环保行为——基于中国 CGSS 2013 数据的多层分析》,《中国人民大学学报》2016 年第 2 期。

王远:《论吉登斯结构化理论建构的创新综合模式——对传统社会学理论二元对立的超越》,《社会科学战线》2012 年第 5 期。

乌尔里希·贝克:《风险社会》,何博闻译,译林出版社,2004。

巫维云、陆智健:《城市居民垃圾分类行为研究——以南京市例》,《科技创新导报》2014 年第 21 期。

吴飞：《"空间实践"与诗意的抵抗——解读米歇尔·德塞图的日常生活实践理论》，《社会学研究》2009年第2期。

吴曼妮、魏赟、吴龙昌：《情感和认知要素下的家庭节水行为研究》，《市场周刊》（理论研究）2016年第11期。

吴明隆：《SPSS统计应用实务——问卷分析与应用统计》，科学出版社，2003。

吴瑞林、沈述宜：《大学生环境关心与低碳经济行为的关系研究——以某高校为例》，《广义虚拟经济研究》2016年第3期。

武春友、孙岩：《环境态度与环境行为及其关系研究的进展》，《预测》2006年4期。

夏路：《"实践"下的兼容并蓄》，《学理论》2015年第3期。

肖晨阳、洪大用：《环境关心量表（NEP）在中国应用的再分析》，《社会科学辑刊》2007年第1期。

肖文涛：《中国中间阶层的现状与未来发展》，《社会学研究》2001年第3期。

肖瑛：《从"理性vs非（反）理性"到"反思vs自反"社会理论中现代性诊断范式的流变》，《社会》2005年第2期。

谢九梅：《北京市大学生绿色消费意识与行为模式研究》，硕士学位论文，首都经济贸易大学，2014。

谢秋山、彭远春：《政府、企业和公民：中国环境治理的责任困境》，《天府新论》2013年第5期。

邢朝国、时立荣：《环境态度的阶层差异——基于2005年中国综合社会调查的实证分析》，《西北师大学报》（社会科学版）2012年第6期。

徐大伟、段姗姗、王佳宏等：《我国大学生环境行为群体效应的实证研究——基于12所高校的调研数据分析》，《中国高教研究》2011年第3期。

徐国伟：《低碳消费行为研究综述》，《北京师范大学学报》（社会科学版）2010年第5期。

徐永荣、佃袁勇、张欣等：《十年间武汉市大学生环境意识的变化及环境意识与环境行为的比较研究》，《教育教学论坛》2012年第31期。

徐志刚、张炯、仇焕广：《声誉诉求对农户亲环境行为的影响研究——以家禽养殖户污染物处理方式选择为例》，《中国人口·资源与环境》

2016 年第 10 期。
许进杰：《居民能源消费行为研究述评》，《创新》2014 第 5 期。
岩佐茂：《马克思的“生活者”思想》，邹皓丹译，《国外理论动态》2014 年第 7 期。
杨奎臣、胡鹏辉：《社会公平感、主观幸福感与亲环境行为——基于 CGSS2013 的机制分析》，《干旱区资源与环境》2018 年第 2 期。
杨媚茹、谭德庆、毕丽杰：《补贴政策下节能环保汽车购买行为实证研究》，《西南交通大学学报》（社会科学版）2013 第 5 期。
杨明主编《环境问题与环境意识》，华夏出版社，2002。
杨冉冉、龙如银：《基于扎根理论的城市居民绿色出行行为影响因素理论模型探讨》，《武汉大学学报》（哲学社会科学版）2014 年第 5 期。
杨善华：《当代西方社会学理论》，北京大学出版社，1999。
杨文慧：《天津市大学生环境素养调查研究》，硕士学位论文，天津师范大学，2014。
杨晓燕、王秀芝：《城市居民绿色消费现状及影响因素调查》，《消费经济》2009 年第 2 期。
杨阳：《社区环境行为：垃圾分类回收机制研究》，硕士学位论文，中国海洋大学，2012。
姚宏文、石琦、李英华：《我国城乡居民健康素养现状及对策》，《人口研究》2016 年第 2 期。
姚建平：《论家庭能源消费行为研究》，《能源研究与利用》2009 年第 4 期。
印卫东：《我国高校环境教育存在的问题与对策》，《江苏高教》2012 年第 5 期。
于启武、陈立平、郭慧婷：《北京城镇居民节能电器消费及节能效果分析》，《北京工商大学学报》（社会科学版）2012 第 6 期。
虞佳丽：《环境知识与环境态度、环境行为的关系研究》，硕士学位论文，华东理工大学，2013。
张登国：《城市拾荒者的透视与思考》，《河北青年管理干部学院学报》2007 年第 2 期。
张海涛：《高校大学生低碳消费意向影响因素研究》，硕士学位论文，江西农业大学，2013。

张红肖：《学生亲环境行为及其影响因素研究》，硕士学位论文，天津师范大学，2017。

张红叶、杨军、周北凡等：《我国十组人群脑卒中危险因素的前瞻性研究》，《中国慢性病预防与控制》1996年第4期。

张露、帅传敏、刘洋：《消费者绿色消费行为的心理归因及干预策略分析——基于计划行为理论与情境实验数据的实证分析》，《中国地质大学学报》（社会科学版）2013年第5期。

张萍、晋英杰：《大众媒介对我国城乡居民环保行为的影响——基于2013年中国综合社会调查数据》，《中国人民大学学报》2016年第4期。

张馨、牛叔文、赵春升等：《中国城市化进程中的居民家庭能源消费及碳排放研究》，《中国软科学》2011年第9期。

张一澜：《对中国城市生活垃圾分类的思考及建议》，《再生资源与循环经济》2016年第3期。

张毅祥、王兆华：《基于计划行为理论的节能意愿影响因素——以知识型员工为例》，《北京理工大学学报》（社会科学版）2012年第6期。

张云鹏：《试论吉登斯结构化理论》，《社会科学战线》2005年第4期。

赵鼎新：《从美国实用主义社会科学到中国特色社会科学——哲学和方法论基础探究》，《社会学研究》2018年第1期。

赵婧：《环境价值观与亲环境行为的关系研究》，硕士学位论文，中国海洋大学，2015。

郑杭生主编《中国社会学30年（1978－2008）》，中国社会科学出版社，2008。

中国肥胖问题工作组数据汇总分析协作组：《我国成人体重指数和腰围对相关疾病危险因素异常的预测价值：适宜体重指数和腰围切点的研究》，《中华流行病学杂志》2002年第1期。

“中国公众环境素质评估指标体系研究”项目组：《中国公众环境素质评估指标体系研究》，中国环境科学出版社，2010。

中国环境文化促进会：《中国公众环保民生指数绿皮书（2005）》，《绿叶》2006年（增刊）。

钟毅平、谭千保、张英：《大学生环境意识与环境行为的调查研究》，《心理科学》2003 年第 3 期。

周锦、孙杭生：《江苏省农民的环境意识调查与分析》，《中国农村观察》2009 年第 3 期。

周娟：《环保运动参与：资源动员论与后物质主义价值观》，《中国人口·资源与环境》2010 年第 10 期。

周穗明：《后物质主义价值观和全球环境主义》，《当代世界与社会主义》1998 年第 3 期。

周晓虹：《认同理论：社会学与心理学的分析路径》，《社会科学》2008 年第 4 期。

周志家：《环境意识研究：现状、困境与出路》，《厦门大学学报》（哲学社会科学版）2008 年第 4 期。

朱光磊、陈娟：《中国阶层分化与重组 30 年：过程、特征与思考》，《教学与研究》2008 年第 10 期。

朱启臻：《农民环境意识的问题与对策》，《世界环境》2000 年第 4 期。

宗阳、王广新：《自然拟人化与大学生亲环境行为的关系：自然共情的中介作用》，《心理技术与应用》2017 年第 11 期。

邹晓涓：《大学生环境意识调查与环保行为激励机制研究》，《当代青年研究》2016 年第 2 期。

Arcury, T. A., Christianson, E. H., "Environmental Worldview in Response to Environmental Problems: Kentucky 1984 and 1988 Compared," *Environment Behavior* 22 (1990): 387 - 407.

Arimura, T. H., Katayama, H., Sakudo, M., "Do Social Norms Matter to Energy Saving Behavior? Endogenous Social and Correlated Effects," *Social Science Electronic Publishing* 3 (2013): 525 - 553.

Aron, A., Aron, E. N., Tudor, M., "Close Relationship as Including Other in the Self," *Journal of Personality and Social Psychology* 60 (1991): 241 - 253.

Axelrod, L. J., Lehman, D. R., "Responding to Environmental Concern: What Factors Guide Individual Action?," *Journal of Environmental Psychology* 13 (1993): 149 - 159.

Bamberg, S. , "How Does Environmental Concern Influence Specific Environmentally Related Behaviors? A New Answer to An Old Question," *Journal of Environmental Psychology* 23 (2003): 21 – 32.

Barr, S. , "Strategies for Sustainability: Citizens and Responsible Environmental Behavior," *Area* 35 (2003): 227 – 240.

Blake, J. , "Overcoming the 'Value-action Gap' in Environmental Policy: Tensions between National Policy and Local Experience," *Local Environment* 4 (1999): 257 – 278.

Brügger, A. , Höchli, B. R. , "The Role of Attitude Strength in Behavioral Spillover: Attitude Matters-But not Necessarily as A Moderator," *National Institutes of Health*, 2019, DOI: 10. 3389/fpsyg. 2019. 01018.

Buttel, F. H. , Flinn, W. L. , "Social Class and Mass Environmental Beliefs: A Reconsideration," *Environment and Behavior* 10 (1978): 433 – 450.

Catton, W. R. , Dunlap, R. E. , "A New Ecological Paradigm for Post-Exuberant Sociology," *American Behavioral Scientist* 24 (1980): 15 – 47.

Catton, W. R. , Dunlap, R. E. , "Environmental Sociology: A New Paradigm," *The American Sociologist* 13 (1978): 41 – 49.

Clayton, S. , "*Environmental Identity: A Conceptual and An operational Definition*," In Clayton, S. , Opotow, S. (Eds.), I*dentity and the Nature Environment: The Psychological Significance of Nature* (Massachusetts: MIT Press, 2003).

Dahlstrand, U. , Biel, A. , "Pro-environmental Habits: Propensity Levels in Behavioural Change," *Journal of Applied Social Psychology* 27 (1997): 588 – 601.

Davies, S. , Line, C. , "Activism and Conservation Behavior in an Environmental Movement: The Contradictory Effects of Gender," *Society and Natural Resources* 16 (2003): 909 – 932.

Diepen, A. , *Households and Their Spatial-energetic Practices: Searching for Sustainable Urban Forms* (Netherlands: University of Groningen, 2000).

Dietz, T. , Gardner, G. T. , Gilligan, J. , et al. , "Household Actions Can Provide A Behavioral Wedge to Rapidly Reduce US Carbon Emissions,"

Proceedings of the National Academy of Sciences of the United States of America 106 (2009): 18452 - 18456.

Dietz, T., Stern, P. C., Guagnano, G. A., "Social Structural and Social Psychological Bases of Environmental Concern," *Environment and Behavior* 30 (1998): 450 - 471.

Do Valle, Patrícia, O., Reis, E., et al., "Behavioral Determinants of Household Recycling Participation," *Environment and Behavior* 36 (2004): 505 - 540.

Dono, J., Webb, J., Riohardson, B., "The Relationship between Environmental Activism, Pro-environmental Behavior and Social Identity," *Journal of Environmental Psychology* 30 (2010): 178 - 186.

Dunlap, R. E., Jones, R. E., "Environmental Concern: Conceptual and Measurement Issues," in Dunlap, R. E., William Michelson (Eds.), *Handbook of Environmental Sociology* (Westport, CT: Greenwood Press, 2002).

Dunlap, R. E., Van Liere, K. D., Mertig, A. G., et al., "Measuring Endorsement of the New Ecological Paradigm: A Revised NEP Scale," *Journal of Social Issues* 56 (2000): 425 - 442.

Dunlap, R. E., Van Liere, K. D., "The 'New Environmental Paradigm': A Proposed Instrument and Preliminary Results," *Journal of Environmental Education* 9 (1978): 10 - 19.

Dunlap, R. E., "Environmental Sociology: A Personal Perspective on Its First Quarter Century," *Organization and Environment* 15 (2002): 10 - 29.

Dutcher, D., *Landowner Perceptions of Protecting and Establishing Riparian Forests in Central Pennsylvania* (Pennsylvania State University, 2000).

Fielding, K. S., McDonald, R., Louis, W. R., "Theory of Planned Behaviour, Identity and Intensions to Engage in Environmental Activism," *Journal of Environmental Psychology* 28 (2008): 318 - 326.

Fishbein, M., Ajzen, I., *Belief, Attitude, Intention, and Behavior: An Introduction to Theory and Research* (Reading, MA: Addison-Wesley, 1975).

Fransson, N., Gärling, T., "Environmental Concern: Conceptual Definitions, Measurement Methods, and Research Findings," *Journal of Environmental*

Psychology 19 (1999): 369 – 382.

Fritsche, I., Hanfner, K., "The Malicious Effects of Existential Threat on Motivation to Protect the Natural Environment and the Role of Environmental Identity as a Moderator," *Environment and Behavior* 44 (2012): 570 – 590.

Gamba, R. J., Oskamp, S., "Factors Influencing Community Residents' Participation in Commingled Curbside Recycling Programs," *Environment and Behavior* 26 (1994): 587 – 612.

Gardner, G. T., Stern, P. C., *Environmental Problems and Human Behavior* (Boston: Allyn and Bacon, 1996).

Gatersleben, B., Steg, L., Vlek, C., "Measurement and Determinants of Environmentally Significant Consumer Behavior," *Environment and Behavior* 34 (2016): 335 – 362.

Gifford, R., Nilsson, A., "Personal and Social Factors that Influence Pro-environmental Concern and Behaviour: A Review," *International Journal of Psychological* 49 (2014): 141 – 157.

Gotschi, E., Vogel, S., Lindenthal, T., et al., "The Role of Knowledge, Social Norms, and Attitudes toward Organic Products and Shopping Behavior: Survey Results from High School Students in Vienna," *The Journal of Environmental Education* 41 (2009): 88 – 100.

Grob, A., "A Structural Model of Environmental Attitudes and Behaviour," *Journal of Environmental Psychology* 15 (1995): 209 – 220.

Guagnano, G. A., Stern, P. C., Dietz, T., "Influences on Attitude-Behavior Relationships: A Natural Experiment with Curbside Recycling," *Environment and Behavior* 27 (1995): 699 – 718.

Gupta, S., Ogden, D. T., "To Buy or Not to Buy? A Social Dilemma Perspective on Green Buying," *Journal of Consumer Marketing* 6 (2009): 376 – 391.

Hines, J. M., Hungerford, H. R., Tomera, A. N., "Analysis and Synthesis of Research on Responsible Environmental Behavior: A Meta-analysis," *The Journal of Environmental Education* 18 (1987): 1 – 8.

Homer, P. M., Kahle, L. R., "A Structural Equation Test of the Value-Attitude-Behavior Hierarchy," *Journal of Personality and Social Psychology* 54 (1988): 638 -646.

Hoot, R. E. , Friedman, H. , " Connectedness and Environmental Behavior: Sense of Interconnectedness and Pro-Environmental Behavior," *International Journal of Transpersonal Studies* 30 (2011).

Hori, S. , Kondo, K. , Nogata, D. , et al. , "The Determinants of Household Energy-saving Behavior: Survey and Comparison in Five Major Asian Cities," *Energy Policy* 529 (2013): 354 -362.

Hungerford, H. R. , Peyton, R. B. , *Teaching Environmental Education* (Portland: Me. J. Weston Walch, 1976).

Hunter, L. M. , Hatch, A. , Johnson, A. , "Cross-National Gender Variation in Environmental Behaviors," *Social Science Quarterly* 85 (2004): 677 -694.

Inglehart, R. , "Public Support for Environmental Protection: Objective Problems and Subjective Values in 43 Societies," *Political Science and Politics* 28 (1995): 57 -72.

Janz, N. K. , Becker, M. H. , "The Health Belief Model: A Decade Later," *Health Education Quarterly* 11 (1984): 1 -47.

Kaiser, F. G. , Wölfing, S. , Fuhrer, U. , "Environmental Attitude and Ecological Behavior," *Journal of Environmental Psychology* 19 (1999): 1 -19.

Kaynak, R. , Eksi, S. , " Effects of Personality, Environmental and Health Consciousness on Understanding the Anti-Consumptional Attitudes," *Procedia-social and Behavioral Sciences* 114 (2014): 771 -776.

Kempton, W. , Holland, D. C. , "*Identity and Sustained Environmental Practice*," In Clayton, S. , Opotow, S. (Eds.), *Identity and the Nature Environment: The Psychological Significance of Nature* (Massachusetts: MIT Press, 2003).

Kennedy, E. H. , Beckley, T. M. , McFarlane, B. L. , et al. , " Rural-urban Differences in Environmental Concern in Canada," Rural sociology 74 (2009): 309 -329.

Kollmuss, A. , Agyeman, J. , " Mind the Gap: Why Do People Act Environmentally and What Are the Barriers to Pro-environmental Behavior? " *Environmental Education Research* 8 (2002): 239 -260.

Korfiatis, K. J. , Hovardas, T. , Pantis, J. D. , "Determinants of Environmental Behavior in Societies in Transition: Evidence from Five European Countries," *Population and Environment* 25 (2004): 563 –584.

Maiman, L. A. , Becker, M. H. , "The Health Belief Model: Origins and Correlates in Psychological Theory," *Health Education Monographs* 2 (1974): 336 –353.

Mainieri, T. , Barnett, E. G. , Valdero, T. R. , et al. , "Green Buying: The Influence of Environmental Concern on Consumer Behavior," *Journal of Social Psychology* 137 (1997): 189 –204.

Matlock, S. , *The Effects of Social Norms and Educational Information on Pro-Environmental Behaviors* (Missouri Southern State University, 2015).

Papaoikonomou, E. , Ryan, G. , Ginieis, M. , "Towards a Holistic Approach of the Attitude Behaviour Gap in Ethical Consumer Behaviors: Empirical Evidence from Spain," *International Advances in Economic Research* 17 (2011): 77 –88.

Pollard, C. , *Applying the Theory of Planned Behavior to Individual Computer Energy Saving Behavioral Intention and Use at Work* (paper reprsented at the Twenty-first Americas Conference on Information Systems, Puerto Rico, 2015).

Poortinga, W. , Steg, L. , Vlek, C. , "Values, Environmental Concern, and Environmental Behavior: A Study into Household Energy Use," *Environment and Behavior* 36 (2004): 70 –93.

Schlegelmilch, B. B. , Bohlen, G. M. , Diamantopoulos, A. , "TheLink Between Green Purchasing Decisions and Measures of Environmental Consciousness," *European Journal of marketing* 30 (1996): 35 –55.

Schultz, P. W. , Oskamp, S. , Mainieri, T. , "Who Recycles and When? A Review of Personal and Situational factors," *Journal of Environmental Psychology* 15 (1995): 105 –121.

Schultz, P. W. , "New Environmental Theories: Empathizing with Nature: the Effects of Perspective Taking on Concern for Environmental Issues," *Journal of Social Issues* 56 (2000): 391 –406.

Shimoda, A. , Hayash, H. , Sussman, D. , et al. , "Our Health, Our Planet: A Cross-sectional Analysis on the Association between Health Consciousness and Pro-environmental Behavior among Health Professionals," *International Journal of Environmental Health Research* 30 (2020): 63 - 74.

Smith-Sebasto, N. J. , "The Revised Perceived Environmental Control Measure: A Review and Analysis," *The Journal of Environmental Education* 23 (1992): 24 - 33.

Soytas, U. , Sari, R. , Ewing, B. T. , "Energy Consumption, Income, and Carbon Emissions in the United States," *Ecological Economics* 62 (2007): 482 - 489.

Steg, Bolderdijk, L. , Keizer, J. W. , et al. , "An Integrated Framework for Encouraging Pro-environmental Behaviour: The Role of Values, Situational Factors and Goals," *Journal of Environmental Psychology* 38 (2014): 104 - 115.

Stern, P. C. , Gardner, G. T. , "Psychological Research and Energy Policy," *American Psychologist* 36 (1981): 329 - 342.

Stern, P. C. , "Toward a Coherent Theory of Environmentally Significant Behavior," *Journal of Social Issues* 56 (2000): 407 - 424.

Stets, J. E. , Biga, C. F. , " Bringing Identity Theory into Environmental Sociology," *Sociology Theory* 21 (2003): 398 - 423.

Tanner, C. , Kast, S. W. , "Promoting Sustainable Consumption: Determinants of Green Purchases by Swiss Consumer," *Psychology and Marketing* 20 (2003): 883 - 902.

Tarrant, M. A. , Cordell, H. K. , "The Effect of Respondent Characteristics on General Environmental Attitude-behavior Correspondence," *Environment and Behavior* 29 (1997): 618 - 637.

Taylor, S. , Todd, P. , "An Integrated Model of Waste Management Behavior: A Test of Household Recycling and Composting Intentions," *Environment and Behavior* 27 (1995): 603 - 630.

Tremblay, K. R. , Dunlap, R. E. , "Rural-urban Residence and Concern with Environmental Quality: A Replication and Extension," *Rural Sociology* 43 (1978): 474 - 491.

Truelove, H. B. , Carrico, A. R. , Weber, E. U. , et al. , "Positive and Negative Spillover of Pro-environmental Behavior: An Integrative Review and Theoretical Framework," *Global Environmental Change* 29 (2014): 127 – 138.

Ture, R. S., Ganesh, M. P., "Effect of Health Consciousness and Material Values on Environmental Belief and Pro-environmental Behaviors," *International Proceedings of Economics Development and Research* 43 (2012): 41 – 45.

Van Der Werff, E., Steg, L., "Spillover Benefits: Emphasizing Different Benefits of Environmental Behavior and Its Effects on Spillover," *National Institutes of Health* 9 (2018): 2347.

Van Liere, K. D., Dunlap, R. E., "The Social Bases of Environmental Concern: A Review of Hypotheses, Explanations and Empirical Evidence," *Public Opinion Quarterly* 44 (1980): 181 – 197.

Weigert, A. J., *Self, Interaction and Natural Environment: Refocusing Our Eyesight* (New York: State University of New York Press, 1997), p. 159 – 175.

Westhoek, H., Lesschen, J. P., Rood, T., et al., "Food Choices, Health and Environment: Effects of Cutting Europe' s Meat and Dairy Intake," *Global Environmental Change* 26 (2014): 196 – 205.

Whitmee, S., Haines, A., Beyrer, C., et al., "Safeguarding Human Health in the Anthropocene Epoch: Report of the Rockefeller Foundation-lancet Commission on Planetary Health," *The Lancet* 386 (2015): 1973 – 2028.

World Health Organization. *Health and Environment in Sustainable Development: Five Years After the Earth Summit* (Geneva: World Health Organization, 1997).

Young, D., " When Do Energy-efficient Appliances Generate Energy Savings? Some Evidence from Canada," *Energy Policy* 36 (2008): 34 – 46.

Yue, T., Long, R., Chen, H., "Factors Influencing Energy-saving Behavior of Urban Households in Jiangsu Province," *Energy Policy* 62 (2013): 665 – 675.

Zhang, X., Cheng, X., "Energy Consumption, Carbon Emissions, and Economic Growth in China," *Ecological Economics* 68 (2009): 2706 – 2712.

附　录

附录一　中国综合社会调查（CGSS 2003、CGSS 2013）问卷节选①

一、您的教育程度：

0）未受过正式教育　1）小学　2）初中　3）高中　4）职高、技校

5）中专　6）大专（非全日制）　7）大专（全日制）

8）本科（非全日制）　9）本科（全日制）　10）研究生及以上

11）私塾　12）其他（请说明）

二、根据您自己的判断，整体上看，您觉得我国面临的环境问题是否严重？

1）非常严重　2）比较严重　3）一般　4）不太严重

5）根本不严重　8）说不清/不关心　9）没有环境问题

三、以下是各种类型的环境问题，请问您是否知道它们？如果知道，那么它们在您所在地区的严重程度是怎样的？请您仔细阅读每一项，并逐项回答，在相应选项的序号上画圈。（调查员请注意：如果被访者对某项环境问题表示不知道，那么该项环境问题所对应的B部分跳过，直接提问下一项环境问题。）

① CGSS 2013 问卷对 CGSS 2003 问卷部分问题进行了十年回顾，包括附录一的第三、第四和第五题，但第三题缺省较严重，难以做进一步分析。

环境问题类型	A、您是否知道？ 1）知道 2）不知道	B、在您所在地区的严重程度如何？ 1）很严重　2）比较严重　3）一般　4）不太严重 5）根本不严重　a）没关心/说不清　c）没有该问题
1）空气污染	1－2	1－2－3－4－5，a，c
2）水污染	1－2	1－2－3－4－5，a，c
3）噪声污染	1－2	1－2－3－4－5，a，c
4）工业垃圾污染	1－2	1－2－3－4－5，a，c
5）生活垃圾污染	1－2	1－2－3－4－5，a，c
6）绿地不足	1－2	1－2－3－4－5，a，c
7）森林植被破坏	1－2	1－2－3－4－5，a，c
8）耕地质量退化	1－2	1－2－3－4－5，a，c
9）淡水资源短缺	1－2	1－2－3－4－5，a，c
10）食品污染	1－2	1－2－3－4－5，a，c
11）荒漠化	1－2	1－2－3－4－5，a，c
12）野生动植物减少	1－2	1－2－3－4－5，a，c

四、我们想了解一下，在最近的一年里，您是否从事过下列活动或行为？请逐项回答，并在相应选项的序号上画圈。

活动或行为	1）从不　2）偶尔　3）经常
1）垃圾分类投放	1——2——3
2）与自己的亲戚朋友讨论环保问题	1——2——3
3）采购日常用品时自己带购物篮或购物袋	1——2——3
4）对塑料包装袋进行重复利用	1——2——3
5）为环境保护捐款	1——2——3
6）主动关注广播、电视和报刊中报道的环境问题和环保信息	1——2——3
7）积极参加政府和单位组织的环境宣传教育活动	1——2——3
8）积极参加民间环保团体举办的环保活动	1——2——3
9）自费养护树林或绿地	1——2——3
10）积极参加要求解决环境问题的投诉、上诉	1——2——3

五、我们想了解一下您对有关环境保护知识的掌握情况。请您仔细阅读以下每一项说法，并根据您的了解判断它们是否正确，在相应选项的序号上画圈：

环境保护知识	1）正确　2）错误　3）不知道
1）汽车尾气对人体健康不会造成威胁	1 —— 2 —— 3
2）过量使用化肥农药会导致环境破坏	1 —— 2 —— 3
3）含磷洗衣粉的使用不会造成水污染	1 —— 2 —— 3
4）含氟冰箱的氟排放会成为破坏大气臭氧层的因素	1 —— 2 —— 3
5）酸雨的产生与烧煤没有关系	1 —— 2 —— 3
6）物种之间相互依存，一个物种的消失会产生连锁反应	1 —— 2 —— 3
7）空气质量报告中，三级空气质量意味着比一级空气质量好	1 —— 2 —— 3
8）单一品种的树林更容易导致病虫害	1 —— 2 —— 3
9）水体污染报告中，Ⅴ（5）类水质意味着要比Ⅰ（1）类水质好	1 —— 2 —— 3
10）大气中二氧化碳成分的增加会成为气候变暖的因素	1 —— 2 —— 3

附录二　中国综合社会调查（CGSS 2010）问卷节选

一、您个人去年全年的总收入是多少？ __________元

二、过去一年，您对以下媒体的使用情况是：

	从不	很少	有时	经常	总是
1. 报纸	1	2	3	4	5
2. 杂志	1	2	3	4	5
3. 广播	1	2	3	4	5
4. 电视	1	2	3	4	5
5. 互联网（包括手机上网）	1	2	3	4	5
6. 手机定制消息	1	2	3	4	5

三、在我们的社会里，有些群体居于顶层，有些群体则处于底层。“10”分代表最顶层，“1”分代表最底层。您认为您自己目前在哪个等级上？ __________分

四、您工作经历及状况是？

1. 目前从事非农工作

2. 目前务农，曾经有过非农工作

3. 目前务农，没有过非农工作

4. 目前没有工作，而且只务过农

5. 目前没有工作，曾经有过非农工作

6. 从未工作过

五、根据您自己的判断，整体上看，您觉得中国面临的环境问题是否严重？

1. 非常严重　　2. 比较严重　　3. 既严重也不严重

4. 不太严重　　5. 根本不严重　　8. 无法选择

六、您认为哪个问题对您和您的家庭影响最大？

1. 空气污染　2. 化肥和农药污染　3. 水资源短缺　4. 水污染

5. 核废料　6. 生活垃圾处理　7. 气候变化　8. 转基因食品

9. 自然资源枯竭　10. 以上都不是

七 a、为了保护环境，您在多大程度上愿意支付更高的价格？

1. 非常愿意　2. 比较愿意　3. 既非愿意也非不愿意

4. 不太愿意　5. 非常不愿意　8. 无法选择

七 b、为了保护环境，您在多大程度上愿意缴纳更高的税？

1. 非常愿意　2. 比较愿意　3. 既非愿意也非不愿意

4. 不太愿意　5. 非常不愿意　8. 无法选择

七 c、为了保护环境，您在多大程度上愿意降低生活水平？

1. 非常愿意　2. 比较愿意　3. 既非愿意也非不愿意

4. 不太愿意　5. 非常不愿意　8. 无法选择

八、您对下述议题的看法

	1. 对环境极其有害　2. 非常有害 3. 有些危害　4. 不是很有害 5. 完全没有危害　8. 无法选择
1. 您认为汽车尾气造成的空气污染对环境的危害程度是？	1 - 2 - 3 - 4 - 5 - 8
2. 您认为工业排放废气造成的空气污染对环境的危害程度是？	1 - 2 - 3 - 4 - 5 - 8
3. 您认为农业生产中使用的农药和化肥对环境的危害程度是？	1 - 2 - 3 - 4 - 5 - 8
4. 您认为中国的江、河、湖泊的污染对环境的危害程度是？	1 - 2 - 3 - 4 - 5 - 8
5. 大体上，您认为由气候变化变化引起的全球气温升高对环境的危害程度是？	1 - 2 - 3 - 4 - 5 - 8
6. 那么，您认为转基因作物对环境的危害程度是？	1 - 2 - 3 - 4 - 5 - 8
7. 您认为核电站对环境的危害程度是？	1 - 2 - 3 - 4 - 5 - 8

九、在解决您所在地区环境问题方面，您认为近五年来，地方政府做得怎么样？

1. 片面注重经济发展，忽视了环境保护工作

2. 重视不够，环保投入不足

3. 虽尽了努力，但效果不佳

4. 尽了很大努力，有一定成效

5. 取得了很大的成绩

十 a、您经常会特意将玻璃、铝罐、塑料或报纸等进行分类以方便回收吗？

1. 总是　2. 经常　3. 有时　4. 从不　8. 我居住的地方没有回收系统

十 b、您经常会特意购买没有施用过化肥和农药的水果和蔬菜吗？

1. 总是 2. 经常 3. 有时 4. 从不 8. 我居住的地方没有提供

十 c、您经常会特意为了环境保护而减少开车吗？

1. 总是 2. 经常 3. 有时 4. 从不 8. 我没有汽车或不能开车

十 d、您经常会特意为了保护环境而减少居家的油、气、电等能源或燃料的消耗量吗？

1. 总是 2. 经常 3. 有时 4. 从不

十 e、您经常会特意为了环境保护而节约用水或对水进行再利用吗？

1. 总是 2. 经常 3. 有时 4. 从不

十 f、您经常会特意为了环境保护而不去购买某些产品吗？

1. 总是 2. 经常 3. 有时 4. 从不

十一、您是否加入了任何以保护环境为目的的社团？

1. 是 2. 否

十二、在过去 5 年中，您是否有过以下行动？

就某个环境问题签过请愿书 1. 有 2. 没有

给某环保团体捐钱 1. 有 2. 没有

十三、我们想了解一下您对有关环境保护知识的掌握情况。请您仔细听以下每一项说法，并根据您的了解判断它们是否正确。

	1. 正确 2. 错误 3. 无法选择
1. 汽车尾气对人体健康不会造成威胁	1 —— 2 —— 3
2. 过量使用化肥农药会导致环境破坏	1 —— 2 —— 3
3. 含磷洗衣粉的使用不会造成水污染	1 —— 2 —— 3
4. 含氟冰箱的氟排放会成为破坏大气臭氧层的因素	1 —— 2 —— 3
5. 酸雨的产生与烧煤没有关系	1 —— 2 —— 3
6. 物种之间相互依存，一个物种的消失会产生连锁反应	1 —— 2 —— 3
7. 空气质量报告中，三级空气质量意味着比一级空气质量好	1 —— 2 —— 3
8. 单一品种的树林更容易导致病虫害	1 —— 2 —— 3
9. 水体污染报告中，V（5）类水质意味着要比I（1）类水质好	1 —— 2 —— 3
10. 大气中二氧化碳成分的增加会成为气候变暖的因素	1 —— 2 —— 3

十四、最后，我们想了解一下您对人类社会与环境关系的一般看法。请问您对下列说法的同意程度如何？

	1. 完全不同意 2. 比较不同意 3. 无所谓同意不同意 4. 比较同意 5. 完全同意 8. 无法选择
1. 目前的人口总量正在接近地球能够承受的极限	1－2－3－4－5－8
2. 人是最重要的，可以为了满足自身的需要而改变自然环境	1－2－3－4－5－8
3. 人类对于自然的破坏常常导致灾难性后果	1－2－3－4－5－8
4. 由于人类的智慧，地球环境状况的改善是完全可能的	1－2－3－4－5－8
5. 目前人类正在滥用和破坏环境	1－2－3－4－5－8
6. 只要我们知道如何开发，地球上的自然资源是很充足的	1－2－3－4－5－8
7. 动植物与人类有着一样的生存权	1－2－3－4－5－8
8. 自然界的自我平衡能力足够强，完全可以应付现代工业社会的冲击	1－2－3－4－5－8
9. 尽管人类有着特殊能力，但是仍然受自然规律的支配	1－2－3－4－5－8
10. 所谓人类正在面临“环境危机”，是一种过分夸大的说法	1－2－3－4－5－8
11. 地球就像宇宙飞船，只有很有限的空间和资源	1－2－3－4－5－8
12. 人类生来就是主人，是要统治自然界的其他部分的	1－2－3－4－5－8
13. 自然界的平衡是很脆弱的，很容易被打乱	1－2－3－4－5－8
14. 人类终将知道更多的自然规律，从而有能力控制自然	1－2－3－4－5－8
15. 如果一切按照目前的样子继续，我们很快将遭受严重的环境灾难	1－2－3－4－5－8

附录三　中国综合社会调查（CGSS 2015）问卷节选

一、过去一年，您对以下媒体的使用情况是：

	从不	很少	有时	经常	总是
7. 报纸	1	2	3	4	5
8. 杂志	1	2	3	4	5
9. 广播	1	2	3	4	5
10. 电视	1	2	3	4	5
11. 互联网（包括手机上网）	1	2	3	4	5
12. 手机定制消息	1	2	3	4	5

二、在我们的社会里，有些人处在社会的上层，有些人处在社会的下层。最高“10 分”代表最顶层，最低“1 分”代表最底层。

您认为您自己目前在哪个等级上？__________分

三、您的工作经历及状况是？

1. 目前从事非农工作　　2. 目前务农，曾经有过非农工作

3. 目前务农，没有过非农工作　　4. 目前没有工作，而且只务过农

5. 目前没有工作，曾经有过非农工作　　6. 从未工作过

四、您目前的工作：

1. 自己是老板（或者是合伙人）
2. 个体工商户
3. 受雇于他人（有固定雇主）
4. 劳务工/劳务派遣人员
5. 零工、散工（无固定雇主的受雇者）
6. 在自己家的生意/企业中工作/帮忙，领工资
7. 在自己家的生意/企业中工作/帮忙，不领工资
8. 自由职业者
9. 其他（请注明：______________________________）

五、如果别人有以下行为，您的反应/看法是怎样的呢？

	不反感	不太反感	无所谓	比较反感	很反感
1. 在公众/共场合大声喧哗	1	2	3	4	5
2. 吸烟者在非吸烟者面前或附近吸烟	1	2	3	4	5

续表

	不反感	不太反感	无所谓	比较反感	很反感
3. 随地吐痰	1	2	3	4	5
4. 随手扔垃圾	1	2	3	4	5
5. 讲粗话/脏话	1	2	3	4	5
6. 不排队购物/付款/办事，夹塞/插队	1	2	3	4	5
7. 不按照交通灯指示和行人线过马路	1	2	3	4	5
8. 不守时间	1	2	3	4	5
9. 不守信用	1	2	3	4	5
10. 不关照/协助老、（病）弱、（伤）残、孕、幼	1	2	3	4	5

六、您家里一共有几台电视机？________台

每天工作时间	关闭电视机的方式一般是
1. 小于 1 小时 2. 1 – 2 小时 3. 2 – 3 小时 4. 3 – 5 小时 5. 5 – 8 小时 6. 8 小时及以上 注明：2 小时算 2 – 4 小时，4 小时算 4 – 6 小时，以此类推	1. 用遥控器关机 2. 关闭电视机的电源开关 3. 关闭电视，并拔掉电源插头

七、您是否知道阶梯电价政策？也就是电力消费超过一定度数之后每度电价会上涨？

1. 知道　2. 不知道

附录四　垃圾分类访谈提纲

本次研究是基于城市居民日常生活中垃圾分类行为实践进行的访谈调查。访谈基于总体度量－情景设置－障碍描述－反思回顾的结构，按照行为过程的顺序进行调查。本访谈是半结构式访谈，随着访谈的深入，调查者遵循访谈提纲的方向，但是在访谈过程适当进行追问，让被访者的想法能够突破访谈结构的束缚。

1. 对垃圾分类的了解与认识：H 市垃圾分类标准、分类意识、分类关注点、分类行为趋向、H 市垃圾分类政策及其推进过程的关注与了解等。

2. 自评日常生活中是否做到垃圾分类：垃圾分类行为的阻碍、困难、促进因素、实施垃圾分类的体验、收获等。

3. 如何处理厨余垃圾、可回收垃圾、有害垃圾等：相关垃圾类型的认识、相应处理方式、处理缘由、后续处理环节、如何改善等。

4. 垃圾分类收费：怎么看待收费、收费的可能影响、垃圾分类收费下的垃圾处理方式。

5. 垃圾分类的奖惩：实施垃圾分类的奖励、未实施垃圾分类行为所遭遇的处罚等。

6. 实施垃圾分类基础设施：了解程度、方便与否、改进举措、实地对已有设施的观察等。

7. 周围其他人实施垃圾分类行为的情况：是否观察其他人的垃圾分类行为、其他人行为对垃圾分类行为的看法、行为间的相互影响等。

8. 个人背景：家庭、收入、职业、休闲方式、获取信息的方式等。

附录五　大学生环境素养调查问卷节选

一、你的性别：

（1）男　（2）女

二、你的专业属于：

（1）人文社科类　（2）理工类　（3）医学类

（4）其他________

三、你的年级：

（1）大一　（2）大二　（3）大三　（4）大四

（5）其他________

四、你的生源地（高考时户籍所在地）为：

（1）农村　（2）城镇

五、平日里，你是否有以下行为？

	总是	经常	有时	从不
购买有机水果或蔬菜	（1）	（2）	（3）	（4）
购买可降解塑料产品	（1）	（2）	（3）	（4）
抵制购买高污染企业的产品	（1）	（2）	（3）	（4）
购买无磷洗衣粉	（1）	（2）	（3）	（4）

六、为了保护环境，你愿意放弃使用便利的产品或服务（如一次性筷子、杯子、饭盒等）

（1）非常愿意　（2）比较愿意　（3）无所谓愿意不愿意

（4）不太愿意　（5）非常不愿意

七、为了保护环境，你愿意购买环保产品而支付更高的价格？

（1）非常愿意　（2）比较愿意　（3）无所谓愿意不愿意

（4）不太愿意　（5）非常不愿意

八、在过去一年中，你是否有过以下行动？

	有	没有
参加环境保护活动	（1）	（2）
成为环保组织的成员或志愿者	（1）	（2）

续表

	有	没有
给环保组织或环保活动捐款	(1)	(2)
参加解决环境问题的投诉	(1)	(2)

九、接下来，我们想了解一下你对人类社会与环境关系的一般看法。请问你对下列说法的同意程度如何？

	完全不同意	比较不同意	无所谓同意不同意	比较同意	完全同意
(1) 目前的人口总量正在接近地球能够承受的极限	1	2	3	4	5
(2) 人是最重要的，可以为了满足自身的需要而改变自然环境	1	2	3	4	5
(3) 人类对于自然的破坏常常导致灾难性后果	1	2	3	4	5
(4) 由于人类的智慧，地球环境状况的改善是完全可能的	1	2	3	4	5
(5) 目前人类正在滥用和破坏环境	1	2	3	4	5
(6) 只要我们知道如何开发，地球上的自然资源是很充足的	1	2	3	4	5
(7) 动植物与人类有着一样的生存权	1	2	3	4	5
(8) 自然界的自我平衡能力足够强，完全可以应付现代工业社会的冲击	1	2	3	4	5
(9) 尽管人类有着特殊能力，但是仍然受自然规律的支配	1	2	3	4	5
(10) 所谓人类正在面临"环境危机"，是一种过分夸大的说法	1	2	3	4	5
(11) 地球就像宇宙飞船，只有很有限的空间和资源	1	2	3	4	5
(12) 人类生来就是主人，是要统治自然界的其他部分的	1	2	3	4	5
(13) 自然界的平衡是很脆弱的，很容易被打乱	1	2	3	4	5
(14) 人类终将知道更多的自然规律，从而有能力控制自然	1	2	3	4	5
(15) 如果一切按照目前的样子继续，我们很快将遭受严重的环境灾难	1	2	3	4	5

十、你认为以下自我与环境的两种对立关系中，你在多大程度上符合？数字 1 到 5 分别表示你与两者的接近程度，1 表示最接近左栏的观点，5 表示最接近右栏的观点，3 表示中立。

观点						观点
（1）我与自然环境是竞争关系	1	2	3	4	5	我与自然环境是合作关系
（2）我的生活与自然环境脱离	1	2	3	4	5	我的生活与自然环境息息相关
（3）我非常关心自然环境	1	2	3	4	5	我对自然环境漠不关心
（4）我努力保护自然环境	1	2	3	4	5	我完全没有保护自然环境
（5）人类比自然优越	1	2	3	4	5	自然优于人类
（6）我对自然环境充满热情	1	2	3	4	5	我对自然环境毫无热情
（7）我一点儿都不敬畏自然	1	2	3	4	5	我非常敬畏自然
（8）我的生活不依赖于自然环境	1	2	3	4	5	我的生活依赖于自然环境
（9）我拥护自然环境的利益	1	2	3	4	5	我不在乎自然环境的利益
（10）我想保护自然环境	1	2	3	4	5	我想利用自然环境
（11）我对自然环境充满感情	1	2	3	4	5	我对自然环境毫无感情

十一、你的环境保护主义者身份是被大家承认的？

（1）非常符合　（2）比较符合　（3）不太符合　（4）完全不符合

十二、因为环境保护主义者的身份，你曾经得到过他人的帮助？

（1）非常符合　（2）比较符合　（3）不太符合　（4）完全不符合

十三、因为环境保护主义者的身份，你得到过不同程度或类型的奖励？

（1）非常符合　（2）比较符合　（3）不太符合　（4）完全不符合

十四、与大学同学第一次见面时，你最先介绍给对方的身份是？

（1）学生身份　（2）环境保护主义者身份　（3）其他社会活动身份

十五、在聚会时与人第一次见面，你最先介绍给对方的身份是？

（1）学生身份　（2）环境保护主义者身份　（3）其他社会活动身份

十六、与新朋友第一次见面时，你最先介绍给对方的身份是？

（1）学生身份　（2）环境保护主义者身份　（3）其他社会活动身份

十七、你的朋友将你看作环保人士对你很重要？

（1）非常符合　（2）比较符合　（3）不太符合　（4）完全不符合

十八、你的父母将你看作环保人士对你很重要？

（1）非常符合　（2）比较符合　（3）不太符合　（4）完全不符合

后　记

后记的撰写按理应是欢快、愉悦的，毕竟写作即将告一段落，可以停歇放松一番。可当我敲下后记二字时，心情颇为沉重：为未达成目标遗憾、为过度拖延自责、为停滞不前焦虑……不管怎样，时光终是逝去了，就以这部书稿警醒自己：不忘初心、勤勉努力吧！

早在攻读博士学位期间，我就对环境行为议题感兴趣，尝试将结构性因素纳入公众环境行为研究，以构筑结构性因素与心理性因素相结合的分析框架，并做了相应探讨。之后我总感觉意犹未尽，因为公众环境行为离不开行为者的日常生活实践，除开结构制约，行为主体有着能动的反应，且一般意义上的环境行为与具体环境行为的实施机理存在着差异，故尝试对应我国社会实际，基于行为者的日常生活实践，结合生活环境主义等理论视角，以期推进公众环境行为及其影响因素研究。然而由于自身学识有限以及时间、精力的限制，研究思路未能有效贯彻落实，预期的研究目标未能实现，此等缺陷只能留待日后慢慢弥补。需加说明的是，本书稿的完成离不开学生们的参与和支持，在此深表谢意！我指导曲商羽、郝磊、王晨晖、孙慧慧分别完成第四章、第五章、第六章和第七章的初稿写作，之后我再对初稿进行修改完善；另外曲商羽、曹文倩、袁淑雅、段灏搜集整理了部分资料，徐岚岚、谭紫璇协助整理了参考文献格式。大体上，全书分工如下：第一章、第二章、第三章、第八章，彭远春；第四章，彭远春、曲商羽；第五章，郝磊、彭远春；第六章，王晨晖、彭远春；第七章，彭远春、孙慧慧、曲商羽。

衷心感谢我的博士生导师洪大用教授对我的关心和帮助！当我陷入困境无法自拔时，洪老师及时指点迷津，“踏实做人、认真做事、心怀理想、乐观生活”，让我豁然开朗；当我慵懒不前时，他也不忘鞭策：“带好小孩的同时，也要抬头向前”……我清楚地知道，这几年我的状态实在是辜负了洪老师对我的期望！衷心感谢我的硕士生导师王茂福教授对我的鼓励和帮助！王老师不时提醒我这位“奶爸”要好好努力，以免落后太多！的确，我唯有脚踏实地、加倍努力，才能尽快突破瓶颈期！

家人对我无私的爱是我前行的动力！我的父亲彭中柳先生和母亲田秀莲女士，年已八旬，毅然离开熟悉的生活环境，来长沙帮我照看小孩，还时常叮嘱我：“我们不能为你做什么，你自己多努力，按时完成想做的事”……我的岳父陈旺青先生与岳母魏娥姑女士克服重重困难，在我们小家庭最需帮助的时候鼎力相助，这份深情厚谊我铭记于心！我的哥哥姐姐亦给了我很多关爱与支持！两个小宝贝的健康成长带给我无穷的欢乐，亦让我体会到身为人父的责任，回首这几年的“奶爸”生活，一切都是值得的！不经意间，晓晓已背着书包上小学了，开始了正式的学校教育生涯，愿努力向学、不断成长进步！小九也不再跟我一起“办公”，开始关注“打扰爸爸工作，爸爸会留到天黑才回家”。当然，两个娃娃的茁壮成长离不开我的妻子陈能凤女士的辛勤付出，她在繁重的工作之余承担了大量琐碎的家务，并督促我推进写作，特地在此说声辛苦了！

衷心感谢中南大学公共管理学院、中南大学社会学系的领导与同事对我的包容与帮助，来这儿工作已进入第九个年头，我深刻地体会到这是一个有信念、有担当、有温暖的集体，我的点滴进步都离不开大家对我的支持与帮助！另外我也碰到了许多奋发向上、青春飞扬的年轻学子，他们反促我不断进步！

简单平和的生活，不断成长与完善自我，这是一种理想的状态，我需要付出更多的努力！

彭远春

2020 年 7 月于长沙佳阳小区

图书在版编目(CIP)数据

公众环境行为及其影响因素 / 彭远春著. -- 北京 : 社会科学文献出版社, 2020.8

ISBN 978-7-5201-7125-0

Ⅰ. ①公… Ⅱ. ①彭… Ⅲ. ①居民-社会行为-研究-中国 Ⅳ. ①D669.3

中国版本图书馆 CIP 数据核字(2020)第 151785 号

公众环境行为及其影响因素

著　　者 / 彭远春

出 版 人 / 谢寿光
组稿编辑 / 谢蕊芬
责任编辑 / 庄士龙　佟英磊

出　　版 / 社会科学文献出版社·群学出版分社(010)59366453
地址:北京市北三环中路甲 29 号院华龙大厦　邮编:100029
网址:www.ssap.com.cn
发　　行 / 市场营销中心(010)59367081　59367083
印　　装 / 三河市尚艺印装有限公司

规　　格 / 开 本:787mm × 1092mm　1/16
印 张:14.25　字 数:232 千字
版　　次 / 2020 年 8 月第 1 版　2020 年 8 月第 1 次印刷
书　　号 / ISBN 978-7-5201-7125-0
定　　价 / 98.00 元